数字时代普通高等教育新文科建设语言学专业系列教材

编写委员会

顾　问

李运富（郑州大学）　　　陆俭明（北京大学）　　　王云路（浙江大学）

尉迟治平（华中科技大学）　赵世举（武汉大学）

总主编

黄仁瑄（华中科技大学）

编　委（以姓氏拼音为序）

丁　勇（湖北工程学院）　　杜道流（淮北师范大学）　高永安（中国人民大学）

黄　勤（华中科技大学）　　黄仁瑄（华中科技大学）　黄晓春（武汉大学）

姜永超（燕山大学）　　　　亢世勇（鲁东大学）　　　刘春卉（四川大学）

刘根辉（华中科技大学）　　史光辉（杭州师范大学）　孙道功（南京师范大学）

孙德平（浙江财经大学）　　王彤伟（四川大学）　　　王　伟（淮北师范大学）

杨爱姣（深圳大学）　　　　杨怀源（西南大学）　　　张　磊（华中师范大学）

张延成（武汉大学）　　　　周赛华（湖北大学）　　　周文德（四川外国语大学）

数字时代普通高等教育新文科建设语言学专业系列教材

○ 安徽省高等学校省级质量工程重大教学改革研究项目"内地高校少数民族汉语教学改革及MHK应试策略研究"（项目编号：2018jyxm1447）成果

MHK（三级）国家通用语言教程

主　编◎王　伟
副主编◎杜道流　高再兰

华中科技大学出版社
http://www.hustp.com
中国·武汉

图书在版编目(CIP)数据

MHK(三级)国家通用语言教程/王伟主编. —武汉:华中科技大学出版社,2022.10
ISBN 978-7-5680-8582-3

Ⅰ.①M… Ⅱ.①王… Ⅲ.①汉语-少数民族教育-水平考试-自学参考资料 Ⅳ.①H19

中国版本图书馆 CIP 数据核字(2022)第 168591 号

MHK(三级)国家通用语言教程　　　　　　　　　　　　　　　　　　　王　伟　主编
MHK（Sanji）Guojia Tongyong Yuyan Jiaocheng

策划编辑：周晓方　杨　玲
责任编辑：刘　凯
封面设计：原色设计
责任校对：张江娟
责任监印：周治超

出版发行：华中科技大学出版社(中国·武汉)　　电话：(027)81321913
　　　　　武汉市东湖新技术开发区华工科技园　　邮编：430223
录　　排：华中科技大学惠友文印中心
印　　刷：武汉市籍缘印刷厂
开　　本：787mm×1092mm　1/16
印　　张：12.5　插页:2
字　　数：292 千字
版　　次：2022 年 10 月第 1 版第 1 次印刷
定　　价：49.90 元

本书若有印装质量问题，请向出版社营销中心调换
全国免费服务热线：400-6679-118　竭诚为您服务
版权所有　侵权必究

总序

2020年4月20日,教育部办公厅印发《关于启动部分领域教学资源建设工作的通知》(教高厅函〔2020〕4号),明确指出:

> 为深入贯彻全国教育大会精神,全面落实新时代全国高等学校本科教育工作会议精神,推进"四新"(新工科、新农科、新医科、新文科)建设,经研究,决定启动部分领域教学资源建设工作,探索基于"四新"理念的教学资源建设新路径,推动高等教育"品质革命"。

为回应"新文科"建设这一时代需要,结合学科专业的发展要求,我们协调了全国20余所高校的教研骨干力量,决定编写"数字时代普通高等教育新文科建设语言学专业系列教材"(教材拟目见相关教材封底,实践中或有微调)。

教材编写的总原则是:应变,足用,出新。

所谓"应变",指的是教材编写工作要顺应数字时代的变化。数字时代是一个知识发生巨变的时代,当前正处在建国以来第三次学术大转型与"新文科"建设时期,"而更加强调学以致用,可能将会成为未来新文科的突出特征"①。时代呼唤"语言学+"人才,教材的编写工作实在有必要因应时代巨变,围绕培养适应时代需求的"语言学+"人才而展开。

所谓"足用",指的是教材规模能够满足学科教学的基本要求。学科是相对独立而又稳定发展的知识体系。如何反映这一知识体系,就教学实践而言,主要和教材内容的丰歉和教材种类的多寡有关。具体到当下的汉语言学专

---

① 参见王学典:《何谓"新文科"?》,《中华读书报》2020年6月4日。

业、语言理论、古今汉语、国际中文传播等是必须切实掌握的内容，这是学科发展的坚实基础；文字、音韵、训诂、语法与逻辑、语言与文化、语言信息技术等是需要了解或掌握的知识与技能，这是学科发展的内在要求。一套涵盖这两方面内容的教材，必须能够保证汉语言学专业的基本教学需要。

所谓"出新"，表现在三个方面：一是观念新，最大程度地体现学科的交叉与融合，这是"新文科"建设的基本要求；二是方法新，最大程度地结合计算机相关技术，这是数字时代学科发展的必由之路；三是知识新，最大程度地利用新发明和新发现（包括事实和案例），这是教材编写工作的根本动力，也是其重要意义之所在。

为了贯彻"从教学实践中来，到教学实践中去"的编写理念，最大程度地保证教材的使用效果，遵循"学习过程的全时支持与监测，学习效果的动态测评与回馈，个性化学习的深度实现，'云端+线下'教学方式的有机衔接"的原则，我们先期开发建设了"古代汉语在线学习暨考试系统"（http://ts.chaay.cn）[①]。整个系统包括学习系统和测评系统两个部分，是学生古代汉语能力数字化训练与养成的重要环节。也可以为其他同类课程的信息化积累经验和提供借鉴。

随着本系列教材的陆续推出，我们还将开发建设"语言学系列课程在线学习暨考试系统"，以适应数字时代语言学专业全时教学的需要。

- 怀进鹏强调，要全面落实党的教育方针，共同推动科学教育深度融入各级各
- 类教育，统筹大中小学课程设计，根据各学段学生认知特点和学习规律改进教育
- 教学。要合作推动教材建设，鼓励和支持一大批政治立场坚定、学术专业造诣精
- 深、实践经验丰富的院士和一流科学家打造一批具有权威性、示范性的优质教材。
- 要不断丰富科学教育模式，充分发挥高水准大学和科研院所作用，构建一批重点
- 突出、体系完善、能力导向的基础学科核心课程、教材和实验，加大数字资源共建
- 共用力度，着力提升培养水准。[②]

鼓励编写高品质教材，我们的工作可谓恰逢其"时"！教材编写却是一件费力未必能讨好的活儿：

---

① 参见黄仁瑄、张义：《"古代汉语"在线学习暨考试系统设计与实现》，《湖北工程学院学报》2022年第3期。

② 高雅丽：《中科院与教育部会商科学教育工作》，《中国科学报》2022年3月21第1版"要闻"。

集体编教材,不容易。必须做好充分的编前准备工作,重要的是,第一,要统一思想。特别要参与人员吃透"新文科建设"的核心思想和基本精神,并要能贯穿在教材之中,真使教材有个新面貌,能有所创新,真能成为精品教材①,而不让人感到在肆意标新立异。第二,得强调参与人员少为自己考虑,多为事业、为学科、为国家考虑,多为学生、为读者考虑。

这是陆俭明教授对本系列教材编写提出的指导性意见,也是我们全体编者的奋斗目标。同时,我们衷心感谢李运富教授、陆俭明教授、王云路教授、尉迟治平教授和赵世举教授的鼎力支持,是你们给予了我们迎难而上、勇于编撰的力量源泉。

本系列教材主编是编委会的当然人选,教材的可能微调必然影响到编委会的构成。不管风吹浪打,本编委会都是一个特别能战斗的集体,始终是本系列教材编写工作顺利推进和编写组攻坚克难的强力保证。

编委会
2022 年 06 月

---

① 本套教材原拟名"数字人文视域下语言学专业精品教材",经多方沟通,最后决定采用"数字时代普通高等教育新文科建设语言学专业系列教材"这个名称。

目 录

绪论	1
第一章 中国少数民族汉语水平等级考试概述	
第一节　中国少数民族汉语水平等级考试等级标准	2
第二节　中国少数民族汉语水平等级考试方式及用途	5
第二章 中国少数民族汉语水平等级考试（三级）介绍	
第一节　MHK（三级）笔试考试结构与内容	8
第二节　MHK（三级）口试考试结构与内容	12
第三章 MHK（三级）应试指导	
第一节　MHK（三级）听力理解考题分析及应试技巧	15
第二节　MHK（三级）阅读理解考题分析及应试技巧	20
第三节　MHK（三级）书面表达（客观性试题）考题分析及应试技巧	34
第四节　MHK（三级）书面表达（作文）考题分析及应试技巧	41
第五节　MHK（三级）口语考试考题分析及应试技巧	54
第四章 MHK（三级）实践强化训练	
第一节　笔试部分	73
第二节　口试部分	125
第五章 普通话语音基础知识	
第一节　普通话概说	129
第二节　普通话语音基本知识	136
第三节　普通话语音系统	141
第六章 国家普通话水平测试	
第一节　国家普通话水平测试简介	171
第二节　普通话测试单音节字词的应试技巧	180
第三节　普通话测试多音节词语的应试技巧	182
第四节　普通话测试朗读短文的应试技巧	184
第五节　普通话测试命题说话的应试技巧	189

绪　　论

我国是一个多民族的国家,各个民族都有自己的语言。作为多民族、多语种、多方言的国家,普及国家通用语言文字是增进民族间、地区间交流,促进经济、文化等各项事业发展的必要条件。由于使用人口数量和文化影响力等因素,汉语成为国内各民族之间共同使用的交际语言,是国际上代表中国的语言,也是世界上使用人口最多的语言。

我国的通用语言文字是普通话和规范汉字。众所周知,除汉语外,我国还有藏语、蒙古语、维吾尔语等多种语言文字。然而,我国地域辽阔,藏语、蒙古语、维吾尔语等少数民族语言的使用地域相对较窄,使得少数民族之间的交流受到不同因素的限制。因此,推行国家通用语言文字,有利于实现各地区、各民族的交流。

对民族地区来说,学习使用好国家通用语言文字,是民族地区繁荣发展的重要推动力。推广普及国家通用语言文字能使少数民族地区更好地融入全国统一大市场,推动区域密切联系,促进社会交往。同时,学习和使用好国家通用语言文字,也是实现中华民族大团结、走向中华民族伟大复兴的迫切需求。作为文化的载体,国家通用语言文字是文化认同的重要纽带之一。学习和使用好国家通用语言文字,能更好地夯实文化认同,培植民族团结之根,构筑各民族共有精神家园,不断增强各族群众对伟大祖国、中华民族的认同,铸牢中华民族共同体意识,实现共同团结奋斗、共同繁荣发展。

为了满足少数民族地区汉语教学的需要,建立适合少数民族学习汉语的科学评价体系,全面推进汉语教学改革,进行教学目标、教学内容、教学方法和教学管理的完善,提高少数民族实际运用汉语的能力,适应其生活、学习、工作和社会交往的需要,教育部民族教育司于2001年正式启动中国少数民族汉语水平等级考试(简称民族汉考,缩写为MHK)项目的研制工作,并于2002年10月24日下发《在有关省区试行中国少数民族汉语水平等级考试的通知》(教民函〔2002〕7号)。从2003年起,民族汉考开始在吉林、青海、四川、内蒙古、新疆等有关省区推广,随后被用于高考、中考、学业水平质量监测、社会化考试等领域。从2009年开始,民族汉考的实施由教育部考试中心具体负责,主要负责命制试题、建设和更新题库、修订大纲、组织有关省区和考点的考务管理。

中国少数民族汉语水平等级考试作为我国少数民族地区测试考生汉语应用能力的标准化等级考试,对我国少数民族地区发展国家通用语言发挥了十分重要的作用。经过几十年的努力,中国少数民族汉语水平等级考试在少数民族地区不断得到发展,测试过程更加趋向完善、合理,考题特点由零散、单一、主观性强逐渐向统一、全面、客观性强发展,这一点突出表现在考题形式、考查范围、结合考生特点等方面,使少数民族汉语水平等级考试不断借鉴第二语言学习的优点,注重对听说能力的测验,突出汉语基础知识和表达方式的掌握,凸显少数民族考生实际运用汉语解决现实问题的能力,进一步促进少数民族汉语水平等级考试向科学、有效、完善的方向发展。

第一章
中国少数民族汉语水平等级考试概述

中国少数民族汉语水平等级考试(MHK)是专门测试母语非汉语少数民族汉语学习者汉语水平的国家级标准化考试。主要考查应考者实际运用汉语进行交际的能力,考查应试者运用汉语工具完成生活、学习、工作和社会交往任务的能力。考试对象是母语非汉语的中国各少数民族汉语学习者。

第一节　中国少数民族汉语水平等级考试等级标准

中国少数民族汉语水平等级考试从低到高分为互相衔接的四个等级。对经考试达到某一等级标准者,授予相应的等级证书。从一级到四级,考生汉语水平的发展不仅体现为语言知识不断积累,而且表现出语言交际能力的不断提高。这种变化体现在以下几个方面。

第一,接受汉语正规教育学时的增加。
第二,掌握汉语字、词数量和语法知识的增加。
第三,可以完成的语言交际任务由简单到复杂。
第四,可以理解和表达的语言内容从具体到抽象。
第五,伴随对汉语的听、读等理解和接受能力的提高,逐步形成运用汉语进行表达的能力。

中国少数民族汉语水平等级考试等级标准及具体要求如下(见表1-1)。

表1-1　中国少数民族汉语水平等级考试等级标准

等级	汉语学习时长	掌握词汇量和语法知识	可完成的语言交际任务	可理解和表达的语言内容
一级	400—800学时	①掌握全部甲级词和少部分乙级词;②可适应初级民族中学中用汉语授课课程的学习;③基本正确地理解简单的陈述句、祈使句和疑问句	①听懂日常生活和学习活动中的简单用语;②完成简单的口头交际任务	①认知一些很具体的信息,包括人物、地点、事件、时间和事物特征,以及数量、类型、动作、过程等;②正确地书写常用汉字,能用一些最基本的词语写出一些简单句子

续表

等级	汉语学习时长	掌握词汇量和语法知识	可完成的语言交际任务	可理解和表达的语言内容
二级	800—1200学时	①掌握全部甲级词、乙级词和部分丙级词；②可以适应高级民族中学中用汉语授课课程的学习；③基本掌握汉语单句句式和一部分复句句式，较为熟练地使用简单的陈述句、祈使句和疑问句	①能用汉语就日常生活、学习和一定范围内的社会活动进行交际；②可以完成一般日常生活的语言交际任务	①能用汉语对具体行为和活动的目标、途径、条件、方法、各种可能性做出判断、说明和概括；②能用汉语进行一些简单的推理，根据所提供的信息材料判断一些前提、条件；③能用较多的常用汉字完成简单的书面表达任务，可以写简单的通知和条据类日常应用文
三级	1200—1600学时	①掌握全部甲级词、乙级词、丙级词和部分丁级词；②可适应汉语授课的普通高等学校的学习	在生活、学习和工作中能使用汉语进行正常交际	①在汉语授课的学习中基本没有障碍；②可以理解一些比较抽象的概念，概括事物的基本特征和要点，分析事情的原因，做出合理的推断；③可以用汉语以口头和书面的方式简单叙述事情的发展过程，做出简单的评议；④可以较熟练地正确书写常用句子、使用常用标点符号，写作基本无障碍；⑤可以阅读科普文章和新闻报道；⑥可以按要求完成书面表达任务；⑦可以撰写一般性学习活动的经验总结和常见的记叙文、应用文
四级	1600—2000学时	①掌握全部甲级词、乙级词、丙级词、丁级词和一些四级词表以外的词；②能听懂广播、电视中的时事新闻、专题节目和娱乐节目	①汉语口语流利，能自如地进行各种社会交际活动；②可以运用汉语进行专业工作方面的交际	①可以用汉语进行演讲，用汉语撰写专业文章；②基本可以用汉语进行思维；③可以理解一些抽象的概念；④在语调、语气和语感的把握和运用方面，基本上与母语为汉语者没有明显的差距

一级标准

通常接受过400—800学时的现代汉语正规教育的初学者可以达到此标准。达标者掌握全部甲级词和少部分乙级词,可以适应初级民族中学中用汉语授课课程的学习;可以听懂日常生活和学习活动中简单的用语,完成简单的口头交际任务;可以用汉语认知一些很具体的信息,包括人物、地点、事件、时间和事物特征,以及数量、类型、动作、过程等;可以正确地书写常用汉字,能用一些最基本的词语写出一些简单的句子,且基本正确地理解简单的陈述句、祈使句和疑问句。

二级标准

通常接受过 800—1200 学时现代汉语正规教育的学习者可以达到此标准。达标者掌握全部甲级词、乙级词和部分丙级词,可以适应高级民族中学中用汉语授课课程的学习;能用汉语就日常生活、学习和一定范围内的社会活动进行交际,完成一般日常生活和语言交际任务;能用汉语对具体行为和活动目标、途径、条件、方法、各种可能性做出判断、说明和概括;能用汉语进行一些简单的推理,根据所提供的信息材料判断一些前提、条件;基本掌握汉语单句句式和一部分复句句式,较为熟练地使用简单的陈述句、祈使句和疑问句;在日常生活和社会交往中,可以正确使用较多的常用汉字完成简单的书面表达任务,写简单的通知和条据类日常应用文。

三级标准

通常接受过 1200—1600 学时现代汉语正规教育的学习者可以达到此标准。达标者掌握全部甲级词、乙级词、丙级词和部分丁级词,可以适应汉语授课的普通高等学校的学习;在生活、学习和工作中能使用汉语进行正常交际;在汉语授课课程的学习中基本没有听力和阅读方面的障碍;可以理解一些比较抽象的概念,概括事物的基本特征和要点,分析事情的原因,做出合理的推断;可以用汉语以口头和书面的方式简单叙述事情的发展过程,做出简单的评论;可以较熟练地正确书写常用句子,会使用常用标点符号;在一般的叙述、说明、分析性语段写作上,基本没有语言文字、一般句式和常见汉文化方面的障碍;可以阅读科普文章和新闻报道;可以做笔记、记录、写信,并能按要求完成归纳、概括、缩写等书面表达任务;可以撰写一般性学习活动的经验总结和常见的记叙文、应用文。

四级标准

通常接受过 1600—2000 学时现代汉语正规教育的学习者可以达到此标准。达标者掌握全部甲级词、乙级词、丙级词、丁级词和一些四级词表以外的词;能听懂广播、电视中的时事新闻、专题节目和娱乐节目;汉语口语流利,能自如地进行各种社会交际活动;可以运用汉语进行专业工作方面的交际;可以用汉语进行演讲,用汉语撰写专业文章;基本可以用汉语进行思维;可以理解一些抽象的概念,包括原因、结果、理由、证明、对比、类比等;在语调、语气和语感的把握和运用方面,基本上与母语为汉语者没有明显的差距。

第二节　中国少数民族汉语水平等级考试方式及用途

一、考试方式

中国少数民族汉语水平等级考试分为笔试和口试两个部分。

四个不同等级分别从听力理解、阅读理解、书面表达和口语表达等方面通过主观试题和客观试题相结合的方式，全面考查考生运用汉语进行交际的能力。民族汉考将对语法的考查寓于对听、说、读、写等语言技能的考查之中，在语用之中考查语法，没有专门设立语法知识考试项目。

各个级别的听力、阅读考试均采用客观性试题，在一、二级考试中包含汉字书写，在三、四级考试中，包含书面表达。书面表达考试中包含客观性、半主观性和主观性试题。口语表达采用主观性试题。

各个级别的笔试项目如下。

一级考试：听力理解、阅读理解和书面表达（汉字书写）；

二级考试：听力理解、阅读理解和书面表达（日常应用文写作）；

三级考试：听力理解、阅读理解和书面表达（一篇作文）；

四级考试：听力理解、阅读理解和书面表达（两篇作文）。

在笔试之外，设置独立的主观性口语考试。口试使用"人机对话"基础上的口试测评系统进行，该系统采用国际先进的人工智能与语音识别技术，实现了口试测试的无纸化、朗读的计算机自动评分和回答问题的辅助评分，不仅提高了工作效率，而且还提高了阅卷的质量，保障了考试的科学性和公平性。

二、考试用途

（1）为有关部门在招生、招工、人员任用等决策过程中评价应试者汉语水平提供参考依据。

（2）为各级各类学校允许学生免修相应汉语课程提供参考依据。

（3）为以汉语授课的少数民族学校教师任职资格评审提供参考依据。

（4）为汉语教学机构的汉语教学效果评价提供参考依据。

（5）为少数民族地区双语教育质量监测提供评价依据。

（6）评价应试者在不同汉语学习阶段中是否达到预期的学习目标，帮助他们了解自己在学习进程中的学习效果。

三、成绩证书

应试者将收到成绩通知单,通过考试者还会收到《中国少数民族汉语水平等级证书》。

(1)《中国少数民族汉语水平等级证书》分为笔试等级证书和口试等级证书两种。任何考生按考试要求参加笔试和口试,均可以得到相应级别的笔试和口试成绩通知单。笔试达标者可以获得相应级别的笔试等级证书,口试合格者可以获得相应级别的口试等级证书。不同级别的证书是应试者实际汉语水平的证明。

(2)笔试成绩包括总成绩和听力理解、阅读理解、书面表达三项单项成绩。

(3)笔试总成绩和单项成绩均以标准分方式报告。各个级别的笔试总成绩满分为300分,各个单项成绩的满分为100分。

本章附录为《中华人民共和国国家通用语言文字法》。

第一章　附录

第二章
中国少数民族汉语水平等级考试(三级)介绍

中国少数民族汉语水平等级考试(三级)是教育部民族教育司于2001年正式启动的国家级标准化考试。考试依据《中国少数民族汉语水平等级考试大纲(三级)》,通过对汉语听说读写能力的考查,评价应试者是否达到三级标准。

MHK(三级)考试的标准,适用于接受过1200-1600学时现代汉语正规教育的学习者,达标者可以掌握全部甲级、乙级、丙级、和部分丁级汉语词;可以适应汉语授课的普通高等学校的学习,能用汉语就日常生活、学习和工作,进行正常交际,在视听、阅读、接受信息上无障碍;可以认知所学专业内容和社会事务中一些比较抽象的信息;可以按照要求用汉语做出一些简单的口头和字面的推理、解释;可以用口语分析事情的原因,叙述事物的主要发展过程和变化,概括事物的基本特征和要点,对学习中的问题和社会生活中的一些现象做出简要的评论;可以较快地正确书写常用汉语句子,在一般的叙述、说明、分析性的语段写作上,基本没有语言文字一般句式和常见汉语文化规范方面的障碍;可以做笔记、记录、写信,并能按要求完成归纳、概括、缩写等书面表达任务,撰写一般性学习活动的经验总结和常见的记叙文、应用文。MHK(三级)以《全日制民族中小学汉语课程标准(试行)》和《汉语水平词汇与汉字等级大纲》为依据。

一、报考条件

接受过或相当于接受过1200学时以上现代汉语正规教育的少数民族汉语学习者。

二、考试依据

(1)《中国少数民族汉语水平等级考试大纲(三级)》。
(2)《中国少数民族汉语水平等级标准》(编写中)。
(3)《中国少数民族汉语水平等级标准与语法等级大纲》(编写中)。

在《中国少数民族汉语水平等级标准》正式颁布以前,可参考国家对外汉语教学领导小组办公室汉语水平考试部编写的《汉语水平等级标准与语法等级大纲》(高等教育出版社,1996)。

三、成绩与证书

(1)笔试达标且听力成绩达到70分者,可报名参加口试。笔试成绩包括总成绩和听力理解、阅读理解、书面表达三项单项成绩。笔试总成绩和单项成绩均以标准分方式报告。各个级别的笔试总成绩满分为300分。各个单项成绩的满分为100分。

（2）口试采用"考评员负责制"，以"一对一"方式进行，考评员根据考试标准，以面试的方式对应试者的实际口语表达水平进行考查。口试可以在一次面试中完成，也可以根据需要通过多次面试完成。口试成绩不计分数，分为"合格"和"不合格"两类。口试成绩单独报告，口试合格者，可以获得《中国少数民族汉语水平等级考试口语三级证书》。

第一节　MHK（三级）笔试考试结构与内容

MHK（三级）考试分为笔试和口语两部分。
笔试项目：听力理解、阅读理解和书面表达（一篇作文）。
口语项目：朗读、回答问题。
其中，听力理解、阅读理解采用客观性试题，书面表达包含客观性试题和主观性试题。口试为主观性考试，在笔试之外单独进行。

一、笔试结构

MHK（三级）考试笔试结构如表 2-1 所示。

表 2-1　笔试结构

考试内容	试题数量	答题时间	满　　分
听力理解	15＋25	约 30 分钟	100
阅读理解	40	45 分钟	100
书面表达	15＋1	45 分钟	100
总计	96	约 120 分钟	300

二、笔试内容及考查目标

笔试时间为 120 分钟，满分 300 分（听力理解 100 分＋阅读理解 100 分＋书面表达 100 分）。

（一）听力理解

1. 听力理解考查内容

共 40 题（1—40 题），均为客观选择题，约 30 分钟，共计 100 分。

第一部分（1—15 题）：这部分试题都是两个人的简短对话，每个说话人只说一个句子，第三个人根据对话提出一个问题。

第二部分（16—40 题）：这部分试题一般为几段简要的对话（对话包含多个句子）或讲话，对话或讲话结束后，根据内容提出几个问题，主要有两种题型。

(1) 题型一:两人简单的交际对话,篇幅约150—200字。

(2) 题型二:一个人的独白、讲演、新闻广播或一般讲述,篇幅约150—400字。

2. 听力理解考查目标

(1) 对话题情景的判断。

(2) 对话题内容的理解。

(3) 对说话人语气、情感或态度的判断。

(4) 对人物身份或关系的判断。

(5) 对特定词语、成语和习惯用语的理解。

3. 听力理解答题时限

每道题的答题时间约为17秒。

(二) 阅读理解

1. 阅读理解考查内容

共40题(41—80题),均为客观选择题,45分钟,共计100分。

试题给出不同内容、不同题材、不同体裁、不同长度的阅读材料,阅读材料内容会涉及社会、文化、经济、教育、科技、历史等方面。然后,根据阅读材料内容提出一个或几个问题,主要考查汉语语音知识、词语运用和内容理解等方面,主要有4种题型。

(1) 题型一:拼音题,考查汉语拼音的拼读能力。

(2) 题型二:词语题,考查词语的实际运用能力。

(3) 题型三:词语和阅读理解题,一般由几个问题构成,问题涉及与阅读材料相关的词语使用和内容理解等方面。

(4) 题型四:纯阅读理解题,仅仅对与阅读材料相关的内容进行提问。

2. 阅读理解考查目标

(1) 阅读速度。

(2) 对阅读材料内容的理解。

(3) 对阅读材料涉及的汉语语音、语义、用法等的运用。

(三) 书面表达

1. 书面表达考查内容

共16题,包括客观选择题15道(81—95题,10分钟)和主观题(给条件作文,35分钟),共计100分。

1) 第一部分:客观选择题15道

(1) 题型一(81—90题):句子中有一个或两个空,选择最恰当的答案填入其中。所填答案主要涉及关联词和词序方面的内容。

(2) 题型二(91—95题):在一句话中有四个画线的词语,若去掉其中一个词语则句子就成为病句,须找出这个不能删掉的词语,并画出表示该词语的字母。

2）第二部分：给条件作文

给条件作文字数要求不低于350字（不包括已经给出的提示性语句），作文体裁涉及记叙文、说明文、议论文、书信等。

（1）题型一：句首语写作。即每篇作文除给出题目外，还给出相关段落的开头语，考生根据题目与开头语的内容与要求续写下去。

（2）题型二：提示性写作。包括开头给出一段话让考生续写下去，给出一个主题内容让考生进行扩写，给出写作提纲让考生按照提纲线索写作，写读后感、书信等不同文体的文章。

（3）题型三：看图写作。即给出一幅画或一组图示，考生根据图示内容及提示要求写出作文，一般要求考生自己加上题目。

2. 书面表达考查目标

（1）常用词汇、句型、固定格式，复句中关联词的使用，词语间的搭配与衔接，汉语表达的正确语序等。

（2）正确使用汉语进行书面表达，包括汉字书写正确、标点符号使用正确，汉语语言运用正确、合适等。

（3）掌握记叙文、议论文、说明文等不同体裁的写作方式，写作内容连贯、完整。

三、笔试考试指令

（1）待考生入场、清点考生人数完毕后，主考向考生宣读以下内容。

朋友们，你们好！欢迎大家参加今天的中国少数民族汉语水平等级考试。

现在，我宣布考场纪律。

① 请关闭手机和寻呼机。除了准考证、身份证、表、铅笔、钢笔或圆珠笔、尺子和橡皮以外，不要把别的东西放在桌子上。请大家把准考证、身份证放在桌子的右上角。

② 考试过程中请不要说话，不要观看别人的答卷或举起答卷让别人看。

③ 请不要随便离开座位。如果有特殊情况，请举手。得到主考允许后再离开。

④ 请不要把试卷和答卷带出考场，不要抄录试卷内容。考试结束时，试卷和答卷都要完好地交还，不能有任何缺损。

（主考环视考场，监考巡视考场，停顿5秒钟；主考确认无违规者后，接着宣读。）

现在，请监考老师分发试卷和答卷，拿到试卷后，请不要打开。听到打开的命令后，再打开。

（主考按事先划分的区域，根据实到考生数将试卷和答卷交给监考，监考核对无误后，按顺序将试卷和答卷直接发放到考生的手中，不要传递，发完后，主考继续宣读。）

朋友们，我们马上就要开始播放考试说明了。如果哪位听不清楚，请举手。现在请大家戴上耳机。

（主考环视考场，待考生全部戴好耳机后，按下录音设备的放音键。）

（2）音乐（中国民乐，30秒，渐弱）。

（3）三位播音员按女、男、女的顺序，每人播讲一遍欢迎词（语速稍慢，下同）。

朋友们,你们好！中国少数民族汉语水平等级考试是专门为测试中国少数民族汉语学习者的汉语水平而设计的一种标准化考试。欢迎大家参加今天的考试,祝各位取得好成绩,谢谢。

（4）中国少数民族汉语水平等级考试材料有两种：一种是试卷,一种是答卷。答案一定要写在答卷上,不能写在试卷上。

（5）现在请大家填写"中国少数民族汉语水平等级考试答卷",请大家参照准考证的式样逐项填写姓名、民族、性别、考点代号和准考证号。填写时,横道一定要画得粗一些,重一些,把括号画满。最后请填写试卷号码,试卷号码在试卷的右上方（停顿70秒）。

（6）考试共有三项试题,分别是听力理解、阅读理解和书面表达。每项试题都有规定的答题时间,答题时只能在规定的时间里做某一项试题,不能提前做,也不能过了时间再回头补做。例如,在做第二项的时间里,不能提前做第三项,也不能回头补做第一项。

（7）每道选择题都有 A、B、C、D 四个答案。请你在四个答案中选出唯一恰当的答案,然后在答卷上找到对应的题号,在代表正确答案的字母上画一横道,横道一定要画得粗一些,重一些,把括号画满。

（8）第三项书面表达有两部分内容。第一部分为选择题,第二部分为写作题。写作题请使用钢笔或圆珠笔书写。

（9）现在请打开试卷,翻到第一页第一部分（停顿10秒）。请注意：听力理解只放一遍录音,每道题后有 15 到 20 秒的答题时间,请你一边听,一边答。好,大家准备好,听力理解考试现在开始。

（10）请大家摘下耳机。现在"阅读理解"考试开始。从 41 题到 80 题,共 40 题,时间 45 分钟。

（主考将起讫时间写在图表上）。

（11）"阅读理解"考试还剩 5 分钟时,主考宣布："阅读理解"考试还剩 5 分钟。

（12）"阅读理解"考试已到规定时间时,主考宣布："阅读理解"考试现在结束。请大家进入"书面表达"考试。从 81 题到 96 题,共 16 题,时间 45 分钟。大家先做第一部分 81 到 95 题,时间 10 分钟（主考将起讫时间写在图表上）。

（13）"书面表达"第一部分考试还剩 3 分钟时,主考宣布："书面表达"第一部分考试还剩 3 分钟。

（14）"书面表达"第一部分考试已到规定时间时,主考宣布："书面表达"第一部分考试现在结束,请大家进入"书面表达"第二部分第 96 题的考试,时间 35 分钟。

（15）"书面表达"第二部分考试还剩 5 分钟时,主考宣布："书面表达"第二部分考试还剩 5 分钟。

（16）"书面表达"考试已到规定时间时,主考宣布："书面表达"考试现在结束,请大家马上放下笔,停止做题,合上试卷,核对自己的名字、考生代号等是否填写正确。

现在请监考收试卷和答卷（直接从考生手中收,不要传递）。大家坐在原位,保持安静,在清点完试卷和答卷之前,请大家坐好,不要说话,不要离开考场。

（17）主考清点完毕,确认无误后宣布：现在可以离场,谢谢各位合作。

第二节 MHK(三级)口试考试结构与内容

一、口试结构

MHK(三级)考试口试结构如表2-2所示。

表2-2 口试结构

考试内容	试题数量	准备时间	答题时间	满 分
朗读	1	60秒	90秒	40
回答问题1	1	30秒	30秒	20
回答问题2	1	2分钟	2分钟	40
总计	3	7.5分钟		100

二、口试内容及达标要求

口试时间为7.5分钟,满分100分(朗读短文40分＋回答问题一20分＋回答问题二40分)。

(一)口试考查内容

1. 朗读短文
朗读一篇短文(字数300字左右)准备时间60秒,朗读正式开始后,倒计时90秒。

2. 回答问题
根据朗读短文的内容回答两个问题:第一道是封闭式问答题,考生有准备时间30秒,录音回答30秒;第二道是开放式问答题,考生有准备时间2分钟,录音回答2分钟。

(二)口试达标要求

(1)汉语语音、语调基本准确、自然。
(2)在词语运用和句子表达方面基本标准、恰当,没有明显的错误。
(3)语言表达流畅,对问题的反应及时,口语表达中没有较长时间的停顿和中断。
(4)口语表达的内容和形式比较丰富。
(5)口语表达的方式较为得体。

三、口试考试流程

朋友们,你们好!欢迎大家参加中国少数民族汉语水平等级考试。口试分为两个部分,第一部分是朗读短文,第二部分是根据短文回答问题。

(一) 考试登录

请输入你的考生代号,按"登录"按钮登录。

登录后核对屏幕上的照片、姓名、性别、民族和考生代号是否正确,如果有问题请举手。没有问题请用鼠标单击"下一步"按钮。

(二) 调整耳麦

请戴好耳麦,按屏幕示例中的提示调整好耳麦,准备录音。

(三) 试录

步骤一:请用鼠标单击"测试"按钮,进行试录。

步骤二:开始试录,请读屏幕上的句子(我现在正在参加中国少数民族汉语水平等级考试),时间20秒。

步骤三:试录完毕,单击"播放"按钮,可以试听录音效果。

请注意:正在播放你试录的内容,如果音量太大或太小可重新测试,确认没有问题后可点击"录音"按钮开始考试。

步骤四:试听完毕,单击"录音"按钮,进行正式考试。

MHK考试系统会提示:现在正式开始录音!准备好了吗?

鼠标单击"是(Y)"按钮,开始考试。

(四) 录入考生信息

步骤一:(考试说明)请看屏幕,在"嘀"声后回答问题。

步骤二:(姓名)请在"嘀"声后开始录音。

(你叫什么名字?)

步骤三:(民族)请在"嘀"声后开始录音。

(你是什么民族?)

步骤四:(考生代号)请在"嘀"声后开始录音。

(你的考生代号是多少?)

(五) 朗读短文

现在开始口试第一部分,朗读短文。

请看屏幕,注意:短文只朗读一遍,准备时间60秒,朗读时间90秒。
录音:请在"嘀"声后开始朗读短文。

(六)回答问题

现在开始口试第二部分,根据短文回答问题。
步骤一:第一个问题。请看题目,准备时间30秒,回答时间30秒。
录音:请在"嘀"声后开始回答第一个问题。
步骤二:第二个问题。请看题目,准备时间2分钟,回答时间2分钟。
录音:请在"嘀"声后开始回答第二个问题。

(七)考试完毕

正在打包本次考试的录音文件并上传到服务器,请等待……

(八)考生离场

口试到此结束,考生可以离开,谢谢。
本章附录为《中国少数民族汉语水平等级考试大纲(三级)》。

第二章 附录

第三章
MHK(三级)应试指导

第一节 MHK(三级)听力理解考题分析及应试技巧

MHK(三级)考试的听力理解主要考查在日常生活、工作学习和社会交往中对一般性交谈与讲话的听力理解能力,考查考生是否能接受和理解正常语速的对话和讲话,包括日常生活和社会交往中常用的熟语、俗语和一般表达方式;与大学基础课程内容和难度相当的听力理解;经常会接触的广播、电视中的时事新闻、专题节目和娱乐节目。

一、听力理解具体要求

(1) 理解对话或讲话的基本大意或内容要点。
(2) 跨越一般性语言、文化知识等障碍,获取所听语料的主要事实、关键信息和重要细节。
(3) 根据所听语料迅速、正确地辨别、判断和推理。
(4) 领会和把握说话人的倾向、态度语气和情绪。
(5) 听力速度为180—220字/分钟。

听力理解的考试过程是:首先让考生听一遍录音材料(强调录音只播放一遍),然后根据录音向考生提出相关问题。考生需要在规定时间内从试卷上所提供的4个选项中选出最恰当的答案,每一道问题后有17秒的答题时间。

二、听力理解考题分析

听力理解共40题,均为客观选择题,约30分钟。
听力理解分由两部分题目组成。

(一) 第一部分(1—15题)

这部分试题为15道,由一男一女两个人的简短对话组成,每句话由一个句子构成,第三个人根据对话提出一个问题,考生听完录音以后从试卷的选项中选择一个最恰当的答案。

例一:(录音)
　　男:昨天晚上你看那部电影了吗?

女：特别感人的电影，结尾部分我都哭了。
问：女的看这部电影了吗？
A. 没看　　　　B. 没看完　　　　C. 过几天看　　　　D. 看完了

男的问女的是否看过电影，女的回答谈到了她对电影结尾的感受，由此可以推断，女的不仅看了电影，而且看完了。这一题四个选项中唯一恰当的答案是D，考生应在答题卡上找到相应的字母，在字母上画一横道。

〔A〕　〔B〕　〔C〕　〔D̶〕

例二：（录音）
男：刚才商场里看的那件毛衣很漂亮，你为什么没买下来？
女：网上会便宜很多，我为什么要多花钱？
问：女的为什么不买那件毛衣？
A. 毛衣不好看　　B. 钱不够　　C. 商场的价钱高　　D. 男的不让买

男的问女的为什么没有买商场那件毛衣，女的回答网上便宜很多，由此可以推断，女的不买毛衣是因为商场里的价格高。这一题唯一恰当的答案是C，考生应在答题卡上找到相应的字母，在字母上画一横道。

〔A〕　〔B〕　〔C̶〕　〔D〕

这部分听力对话比较简单，容易记忆和判断，是得分题。后面的题目设计会围绕两人的对话来考查对话的地点、人物的关系、人物的态度和对话涉及的具体内容，有些题目的答案可以直接在对话中找到，但也有些题目的答案需要在理解两人对话的内容后加以判断。听录音时要注意短暂记忆对话所表达的主要内容，学会抓住对话人的语气、态度和人物之间的关系，抓住话语中的关键词语进行合理推断。

（二）第二部分（16—40题）

这部分试题为25道，包括几段较长的、涉及各种题材的对话或讲话。每组对话之后提出几个问题，考生应结合听力内容回答问题，在4个选择项中选择最恰当的答案，在答卷上找到相应的题号并在代表所选答案的字母上画一横道。

第二部分主要有两种题型。

题型一：两人简单的交际对话，篇幅约150—200字。

例一：（录音）
男：快开学了，你下学期有什么计划？打算考研吗？
女：是的，我想进一步提升自己，以后多一些就业机会。
男：挺好的，那你专业选择好了吗？
女：还没有，我想在网上查阅信息，找一个适合自己的专业。
男：新闻传播专业不错，将来可以当记者。
女：这个专业我不太喜欢，我想考师范专业，教书育人是我的理想。
男：嗯，这个理想挺适合你！预祝你成功！
女：你有什么打算？

男:我打算毕业后自己创业,下学期想利用业余时间去公司实习,积累工作经验。

女:自己创业,真不错!加油哦!

男:我们一起努力吧!

问题1:女的有什么打算?

A. 实习   B. 考研   C. 创业   D. 创业

在原文中有直接的回答,这一题唯一恰当的答案是B,考生应在答题卡上找到相应的字母,在字母上画一横道。

[A]   [B̶]   [C]   [D]

问题2:女的有什么理想?

A. 老师   B. 医生   C. 老板   D. 律师

女的说"我想考师范专业,教书育人是我的理想",由"师范专业"和"教书育人"等关键词可以推断她的理想是当老师。这一题唯一恰当的答案是A,考生应在答题卡上找到相应的字母,在字母上画一横道。

[A̶]   [B]   [C]   [D]

问题3:男的对女的的理想是什么态度?

A. 反对   B. 支持   C. 惊讶   D. 困惑

男的说"这个理想挺适合你!预祝你成功!",这里表明了他的支持态度。这一题唯一恰当的答案是B,考生应在答题卡上找到相应的字母,在字母上画一横道。

[A]   [B̶]   [C]   [D]

问题4:男的去公司实习的目的是什么?

A. 挣钱   B. 交朋友   C. 找工作   D. 积累经验

男的去公司实习是为了积累经验,文中有直接的回答。这一题唯一恰当的答案是D,考生应在答题卡上找到相应的字母,在字母上画一横道。

[A]   [B]   [C]   [D̶]

这一部分对话较长,是一男一女两个人围绕一定话题展开的几段对话,后面是根据这几段对话设计的4个问题,涉及对话的主题、人物的关系、态度、情绪、观点等,这些题目的答案有些可以直接在对话中找到,但有些需要听完两人的完整对话后才能加以判断,这里需要考生在听录音材料的同时根据答案预判所提问题的内容,还要注意加强对对话核心内容和关键词的记忆。

题型二:一个人的独白、演讲、新闻广播或一般讲述,篇幅约150—400字。

例二:(录音)

近日,一群来自丹麦的女学生用水芹种子进行实验,得出了惊人的发现:WiFi信号可能会损害健康。

由于学校没有监测大脑活动的设备,女孩们选择了水芹种子作为研究对象。她们将12个装有水芹种子的盘子平分为两组,其中一组放在没有任何WiFi信号的房间里,另一组则放在两台运行中的无线路由器旁边。十二天的时间里,覆盖有WiFi的房间内,大多数种子变成了褐色;十五天之后,这些变成褐色的种子相继死亡;而另一间房里的种子则正常生长。

虽然有人认为,种子在覆盖有WiFi的房间中死掉,可能是路由器散热所致,但实验结果还是让人们对WiFi辐射惊恐不已,有些家长和教师要求校园内禁止安装无线路由器。

荷兰研究者做过类似的实验,科学家选用白蜡树作为研究对象,他们将这些树木分别放在距6个和无线路由器相似的辐射源0.5米处的位置,结果,白蜡树叶上出现了"具有类似铅光泽"的物质,这导致叶片的上下表皮死亡,最终掉落。

问题1: 用水芹种子进行WiFi实验的学生来自哪个国家?
A. 英国　　　　B. 美国　　　　C. 荷兰　　　　D. 丹麦

文中涉及两个国家,丹麦进行的是水芹种子实验,荷兰是以白蜡树作为实验对象,选题中有干扰项,注意判断。这一题唯一恰当的答案是D,考生应在答题卡上找到相应的字母,在字母上画一横道。

[A]　[B]　[C]　[D̶]

问题2: 女孩们为什么选择水芹种子作为实验对象?
A. 没有检测大脑活动的设备　　　　B. 学校的要求
C. 女孩们的兴趣　　　　　　　　　D. 缺少无线路由器

文中提到"由于学校没有监测大脑活动的设备,女孩们选择了水芹种子作为研究对象"。因此,这一题唯一恰当的答案是A,考生应在答题卡上找到相应的字母,在字母上画一横道。

[A̶]　[B]　[C]　[D]

问题3: 实验结果加剧了人们对WiFi辐射的什么态度?
A. 好奇感　　　　B. 困惑感　　　　C. 恐惧感　　　　D. 无助感

文中提到"但实验结果还是让人们对WiFi辐射惊恐不已",可以推断人们的态度是"恐惧"。这一题唯一恰当的答案是C,考生应在答题卡上找到相应的字母,在字母上画一横道。

[A]　[B]　[C̶]　[D]

问题4: 荷兰研究者进行实验选用什么作为研究对象?
A. 白橡树　　　　B. 白蜡树　　　　C. 白桦树　　　　D. 白枫树

荷兰的研究对象是白蜡树,返回原文可直接判断。这一题唯一恰当的答案是B,考生应在答题卡上找到相应的字母,在字母上画一横道。

[A]　[B̶]　[C]　[D]

这一部分往往是涉及多种题材的一长段讲话或演讲,形式多样、内容丰富,有的是一段小故事,有的是科普类短文,有的是演讲稿,还有的是一则通讯或新闻。语音材料只播放一遍,听力难度相对增加,需要考生一边听一边记忆,整篇把握文章大致内容的同时,又能提前结合下面的题干预判问题,记忆短文中的细节。

三、听力理解应试技巧

听力考试内容包括生活、工作、学习以及丰富的科普知识。常考的场景有：餐厅用餐、宾馆住宿、机场、车站、路线询问、季节气候、考试选课、工作求职、体育运动、亲子关系、美容健身、风俗习惯、人文地理知识、历史知识等。常见的题型有：主题题、词汇题、推理题、态度题、语气题等。听力部分要求考生能够理解、判断听力材料的主要内容，能集中注意力进行记忆，答题时可以归纳并提取文中主要信息，综合运用所学知识。考生不仅需要有听音辨词的能力，还需要具备在日常生活、学习工作等交际行为中正确理解话语信息的能力。

（一）听力理解主要考查内容

（1）考查话题情景，考生需要判断话题是在何时、何地、什么季节、什么天气进行的，考查问题如：这段对话最可能发生在哪里？根据对话能判断对话发生的季节是？两人的对话发生在什么时间？

（2）考查话题内容，要求考生回答听力材料内容的相关问题，考查问题如：根据短文可以知道什么？男的/女的要做什么？男的/女的为什么要这样做？男的/女的的意思是？这段对话主要告诉我们什么？

（3）考查说话人语气、情感或态度，考查问题如：男的/女的是什么态度？男的/女的是什么语气？男的/女的表现了一种什么心情？短文中人们对事情的态度是什么？男的/女的对这件事怎么看？

（4）判断人物的身份或人物之间的关系，考生需要在理解对话的基础上进行相关判断。考查问题如：男的/女的可能是什么职业？男的和女的是什么关系？

（5）对汉语特定词语、俗语、成语或习惯用语等的理解，考查问题如：短文中所说的"×××"指的是什么？文中词语"×××"是什么意思？

考生在听录音材料时要围绕考查目标，留意和记忆对话或讲话涉及的时间（如早上、下午、晚上或者更具体的时间）、地点（如商场、餐厅、办公室、学校、机场、车站）、说话人的职业（如医生、警察、老师、商人、运动员）、人物之间的关系（如师生、同事、同学、恋人、朋友）、数字、事情发生的原因、事情的结果等。要注意体味说话人的语气、情绪或态度，还要结合具体说话内容和语调等综合判断。针对主旨题，要学会抓住话语所表达的主要内容，掌握对话或说话所要表达的主要观点，抓住话语中的关键词进行合理推断。针对特定词语、俗语、成语或习惯用语等的考查，要理解其真正的含义，例如"老狐狸"是一个形象的比喻，是指人非常狡猾、老谋深算，并不是指真的狐狸，很少用到本义，阅读时要根据上下文进行具体语义的判断。

为了提高听力理解水平，除了在日常生活中注意积累，学会抓关键信息等听力技巧，还要在平时训练时多听、多练、多理解，培养语感。

（二）听力理解具体应试技巧

（1）初步浏览试卷，注意听力题型和题目要求。

（2）迅速看题目选项，利用播放录音前的短暂时间，预测听力材料的内容、重点，预判题干所要提问的方向。

（3）记忆关键词，可以在听录音的同时做好速记，要留意录音材料中的地点、人物、数字、时间等，这些有可能成为答题的关键。

（4）整体把握对话或讲话内容，遇到听不懂或听不清的情况不要停留，否则会错过接下来的录音内容。答题时，要仔细听完每道题目的具体要求再做选择，不要仅凭经验或直觉去判断。有些题目的答案无法从原文中直接获取，要结合上下文语境，凭着刚刚听过内容的临时记忆加以判断。

（5）检查和确定最终答案，听力录音只播放一遍，没有机会回到原文确定答案，但答题之间的时间相对充裕，在不可能重复听录音的情况下，应借助临时记忆和对文章的整体理解，依据一般常识进一步确定所选答案。

第二节　MHK（三级）阅读理解考题分析及应试技巧

阅读是一种重要的语言能力，是获取知识和信息的重要途径。一方面，MHK是一种水平考试，考试应反映出考生实际应用汉语的语言交际能力和水平。阅读理解考查的重点不仅包括考生对文章的中心思想、篇章结构、修辞手法等方面的分析能力，还包括考生具备对语句、语段、语篇三个层次上的正确理解和准确把握的能力。另一方面，阅读能力的高低可以反映出少数民族考生对汉语的掌握程度，也是少数民族考生汉语阅读水平高低的一种体现。

MHK（三级）考试的阅读理解试题包括题材、体裁、语体、语言风格、长度不同的阅读材料。阅读材料一般选自各种书籍、报纸、杂志等，内容覆盖非常广泛，包括日常生活、政治经济、社会文化、科学技术、体育竞技、人文地理等诸多领域。阅读理解题目的考查涉及阅读速度、汉语语音规则、词汇运用以及对阅读内容的理解。

一、阅读理解具体要求

（1）把握具体语言环境中大纲规定范围内词语的语音、语义和用法。

（2）领会作者的态度、情感、语气、倾向等。

（3）理解阅读材料的主要内容，获取阅读材料的主要信息和细节。

（4）把握和概括阅读材料的主旨。

（5）可以跨越个别文字、知识和文化障碍。

(6)可以根据上下文合理推断出阅读材料中隐含的一些内容。
(7)读懂略带文言色彩的文章。
(8)阅读速度为150—190字/分钟。

二、阅读理解考题分析

阅读理解共40题(41—80题),均为客观选择题。阅读理解主要包括以下几种题型。

(一)题型一:拼音题,考查汉语拼音的拼读能力

例一:阅读几句话,回答后面的问题,每个问题都有ABCD四个选项,请你阅读后根据每题要求选择唯一恰当的答案,并在答题卡的相应字母上画一横道。

互联网的不断演进和<u>效率</u>的提高意味着数据越来越集中在少数拥有核心<u>资源</u>的公司。网络巨头<u>垄断</u>了社交网络、手机应用和在线搜索等现代生活的各个方面,引起了一些人的<u>抗争</u>。

问题:文中画线拼音正确的一个是:
A. 效率(xiàolù)   B. 资源(zīyuán)
C. 垄断(lóngduàn)   D. 抗争(kàngzhēn)

这一题唯一恰当的答案是B,考生应在答题卡上找到相应的字母,在字母上画一横道。
[A]   [B̶]   [C]   [D]

例二:阅读几句话,回答后面的问题,每个问题都有ABCD四个选项,请你阅读后根据每题要求选择唯一恰当的答案,并在答题卡的相应字母上画一横道。

为了吸引人们来<u>参观</u>,他精心打理着这个小农场,虽然农场带来的收入<u>勉强</u>能<u>维持</u>生活,但他还是为自己能够留在这片土地上而感到<u>幸福</u>。

问题:文中画线拼音正确的一个是:
A. 参观(cānguān)   B. 勉强(miǎnqiáng)
C. 维持(wéizhí)   D. 幸福(xìnfú)

这一题唯一恰当的答案是A,考生应在答题卡上找到相应的字母,在字母上画一横道。
[A̶]   [B]   [C]   [D]

(二)题型二:词语题,考查词语运用能力

例一:阅读一段文字,回答后面的几个问题,每个问题都有ABCD四个选项,请你阅读后根据每题要求选择唯一恰当的答案,并在答题卡的相应字母上画一横道。

现代社会具有工作节奏快、身心压力大、信息来源广、知识获取渠道多、休闲方式丰富、时间碎片化等特点。这种种因素不仅挤压了人们读书的时间,__20__了人们读书的精力,也__21__了一些人读书的信念。因此,要想在现代社会中坚持读书,就需要有严格的自律精神来抗衡。所谓自律,就是__22__要有可行的读

书计划,而且应当严格执行,纵使有所变通,也要通过时间碎片的拼接,及时给既定计划打上"补丁"。

问题1:文中___20___处应该填写的词语是?

A. 分散　　　　　B. 分开　　　　　C. 分离　　　　　D. 集中

这里考查的是词语搭配,和"精力"搭配的词语有"分散"和"集中",但还原文章内容可以推断,文中是在讨论现代生活方式分散了人们的精力,从而影响读书。这一题唯一恰当的答案是A,考生应在答题卡上找到相应的字母,在字母上画一横道。

[A̶]　[B]　[C]　[D]

问题2:文中___21___处应该填写的词语是?

A. 摇动　　　　　B. 动摇　　　　　C. 摆动　　　　　D. 动荡

这里考查的是近义词辨析,虽然四个词语意思接近,但与"信念"相匹配的词语应该是"动摇"。这一题唯一恰当的答案是B,考生应在答题卡上找到相应的字母,在字母上画一横道。

[A]　[B̶]　[C]　[D]

问题3:文中___22___处应该填写的词语是?

A. 也许　　　　　B. 可能　　　　　C. 仅仅　　　　　D. 不仅

这里考查的是关联词语的使用,根据文中具体语境和关联词的搭配,这里的关联词应该是"不仅……而且……"。这一题唯一恰当的答案是D,考生应在答题卡上找到相应的字母,在字母上画一横道。

[A]　[B]　[C]　[D̶]

(三) 题型三:词语和阅读理解题

例一:阅读一段文字,回答后面的几个问题,每个问题都有ABCD四个选项,请你阅读后根据每题要求选择唯一恰当的答案,并在答题卡的相应字母上画一横道。

　　最近50年,城市热岛效应变得更为显著。近期有研究指出,密集化发展的城市可以比周边乡村热12 ℃之多。希腊雅典大学的物理学家马特·桑塔瑞斯___30___,现成的控温手段——空调,对于城市高温现象难辞其咎。基于此种认识,桑塔瑞斯认为要扭转城市越来越热的趋势,最直接的方式是从源头上减少城市吸收热量。桑塔瑞斯说,因为路面和屋顶占据了城市地表面积的一半多,减少它们储存的热量也就能够显著降低道路和建筑物表面的温度。

问题1:文中___30___处应该填写的词语是:

A. 表示　　　　　B. 显示　　　　　C. 表白　　　　　D. 说明

这里考查的是近义词辨析,"显示"往往是数据等内容,"表白"应该是情感相关的内容,"说明"应该和状况或情况相关联,而物理学家的观点应该用"表示"更为贴切。这一题唯一恰当的答案是A,考生应在答题卡上找到相应的字母,在字母上画一横道。

[A̶]　[B]　[C]　[D]

问题2：桑塔瑞斯认为要扭转城市越来越热的趋势，最为直接的方式是什么？

A. 使用空调　　　　　　　　　　B. 从源头上减少城市吸收热量

C. 从根本上减少城市人口　　　　D. 减少环境污染

这里考查对文章内容的理解，而题干中的问题可以返回原文"桑塔瑞斯认为要扭转城市越来越热的趋势，最直接的方式是从源头上减少城市吸收热量"。这一题唯一恰当的答案是B，考生应在答题卡上找到相应的字母，在字母上画一横道。

[A]　[B̶]　[C]　[D]

（四）题型四：纯阅读理解题，仅对与阅读材料相关的内容进行提问

例一：阅读一段文字，回答后面的几个问题，每个问题都有ABCD四个选项，请你阅读后根据每题要求选择唯一恰当的答案，并在答题卡的相应字母上画一横道。

欧洲人最早喝的是羊奶。大约10000年—8000年前，三种西方人熟知的产奶动物被驯养，最早是山羊和绵羊，然后才是奶牛。三种动物都被人类饲养以改善其秉性和产奶量，但对奶牛的驯化最为成功。欧洲奶牛的祖先是外形酷似公牛的野牛。欧洲野牛凶猛、顽劣，但几个世纪的人工饲养繁殖已将其转化成温顺的动物，竟然会排队等待挤奶。牛奶的统治地位并不只归功于奶牛的高产及慵懒性格，还归功于牛乳能自我分离成油脂和奶，所以能被做成便于饮用的饮料，还可制成香甜味美的奶油食品，其脂肪含量与人乳相差无几，味道易于被人接受。而且，它相对柔和，能制成不同风味和稠度的奶酪。

问题1：欧洲人最早喝的是？

A. 羊奶　　　　B. 牛奶　　　　C. 骆驼奶　　　　D. 马奶

这里考查的是文章细节，返回原文可以直接找到答案，这一题唯一恰当的答案是A，考生应在答题卡上找到相应的字母，在字母上画一横道。

[A̶]　[B]　[C]　[D]

问题2：三种西方人熟知的产奶动物被驯养，其中不包括什么？

A. 山羊　　　　B. 绵羊　　　　C. 骆驼　　　　D. 奶牛

这样的问题并不难，属于倒推题，文中提及被驯养的产奶动物"最早是山羊和绵羊，然后才是奶牛"，这样就可以判断不包括"骆驼"。这一题唯一恰当的答案是C，考生应在答题卡上找到相应的字母，在字母上画一横道。

[A]　[B]　[C̶]　[D]

问题3：牛乳之所以能被做成便于饮用的饮料，主要原因是？

A. 脂肪含量与人乳相差无几　　　　B. 味道易于被人接受

C. 牛乳产量高　　　　　　　　　　D. 能自我分离成油脂和奶

这一题干扰项比较多，几个选项在文中都有提及，但唯一能对应牛乳之所以能被做成便于饮用的饮料的原因是"牛乳能自我分离成油脂和奶"，需要考生仔细阅读，排除干扰项。这一题唯一恰当的答案是D，考生应在答题卡上找到相应的字母，在字母上画一横道。

[A]　[B]　[C]　[D̶]

阅读理解是民族汉考中比重最大的一部分，也是对汉语水平考查的关键，这一部分成绩的提高除了有效的答题技巧之外，还需要大量阅读加以支撑。

阅读理解试题是给出不同内容、不同体裁、不同长度的阅读材料,然后根据阅读材料提出一个或几个问题,要求回答的问题主要涉及汉语语言运用和内容理解等方面。

阅读材料选取范围极为广泛,包括日常生活、政治经济、文化科技、天文地理等。考生不仅需要一定的汉语语音知识、词汇语法基础,还需要一定的其他知识储备和理解能力,阅读理解是一项综合能力的测试。

阅读速度是阅读能力的集中体现,阅读理解材料的题型多、题量大,相较之下,更为突出的是题量,这就对考生的汉语阅读速度提出了更高的要求。考生需要按照正常阅读速度(150—190 字/分钟)阅读,并在尽可能短的时间内选择出一个最恰当的答案。

阅读理解的题型包括拼音题、排除列举题、细节题、主旨题等,每种题型都有自身的特点和答题方法,对于少数民族考生来说是非常大的挑战。

拼音题主要考查考生汉语拼音的拼读能力,一般出现在阅读理解的前几题,是从一段话中选出几个词语,考生需要在四个选项中选出注音正确的一项,此类题型要求考生具备扎实的汉语拼音知识,了解《汉语拼音方案》。

细节题主要考查考生对文章材料的主要信息和细节的关注,考生在解答此类题时可以采用"定位法",根据题干中的信息去原文中定位,从而分析出答案。

主旨题常见的问法为"本文主要讲了什么?""文中的主要观点是什么?""第二段主要想告诉我们什么?",解答此类题时,考生要关注重点句,结合整篇材料加以把握。

在平时训练中,我们需要利用阅读材料,将精读和泛读相结合,通过大量的阅读训练来提高阅读能力。精读的时候不仅要注意弄清楚文章的结构,更重要的是要体会每一句话的意思及其在文章中的作用。泛读就是快速浏览式阅读,通过对对话或短文的快速浏览,抓住作者的语气、态度,抓住阅读材料所表达的主要内容。精读可以提高考生的理解能力,泛读对提高考生的阅读速度有好处。

三、阅读理解应试技巧

阅读理解试题主要考查两个方面:一是对拼音、词汇的考查。拼音题和词汇题(共 8 题左右)主要考查是否科学掌握汉语字、词的读音,是否掌握所学汉语词汇的基础知识和表达方式,约占阅读理解试题的 1/5;二是对阅读能力的考查。阅读材料题(共 32 题左右)主要体现在对阅读材料的理解程度和阅读速度上,题量约占阅读理解试题的 4/5。

(一) 拼音题应试技巧

题型一是拼音题,主要考查考生汉语拼音的拼读能力,包括以下几个方面:①字词的拼读;②多音字的使用;③汉语拼音的规则;④易错字的读音;⑤形近字的辨析。考生需要根据不同的考查目标进行学习和训练。

拼音题是汉语水平考查的基础题型,通常设置在阅读理解的前几题。从考查目标来看,汉语作为一种有声语言,其字词的读音直接影响语言学习的整个过程。考生需要在学习汉语的过程中,科学掌握汉语字词的正确读音和拼写,掌握所学汉语语音基础知识和表达方式,这样才能把语言运用到日常交流中。因此,阅读理解试题中的拼音题主要强调对字词读音和拼写的考查,尤其注重考查容易混淆的声母、韵母的发音,声调的偏差,多音字的掌握,以及《汉语拼音方案》中的拼写规则。在训练和应试中要注意以下几个方面。

1. 加强汉字的识记与积累,做到准确无误,一锤定音

MHK(三级)考纲要求达标者掌握全部甲级词、乙级词、丙级词和部分丁级词,可以适应汉语授课的普通高等学校的学习。其中,重要的参考是《汉语水平词汇与汉字等级大纲》,大纲的主要用途有以下4点。

(1) 作为我国汉语水平考试(简称 HSK)的主要依据。

(2) 作为我国对外汉语教学总体设计、教材编写、课堂教学和成绩测试的重要依据。

(3) 作为我国少数民族汉语教学以及中小学语文教学的重要参考。

(4) 作为编制汉语水平四级通用字典及其他辞书编纂的框架范围。

该大纲包括词汇等级大纲和汉字等级大纲两部分,分别按级别排列和音序排列。

词汇等级大纲共收录词语单位 8822 个,包括甲级词 1033 个,乙级词 2018 个,丙级词 2202 个,丁级词 3569 个。汉字等级大纲共收录汉字 2905 个,包括甲级字 800 个,乙级字 804 个、丙级字 590 个、丙级字附录 11 个,丁级字 670 个、丁级字附录 30 个。这 2905 个汉字,包含国家语言文字工作委员会汉字处制定的《现代汉语常用字表》2500 个常用字中的 2485 个。

应试者应按照 MHK(三级)考试大纲的要求,掌握全部甲级词、乙级词、丙级词和部分丁级词的读音,要加强汉字识字能力,在日常生活中遇到不认识的汉字要借助字典等工具,查清汉字读音,理解汉字意义,要下功夫准确记忆,不能张冠李戴,似是而非,要注重积累生字词。

2. 熟悉《汉语拼音方案》

汉语拼音作为汉语学习的基础,已经成为识读汉字、学习普通话、培养和提高阅读及写作能力的重要工具,MHK(三级)的阅读理解部分涉及对汉语拼音基础知识的考核,主要考查对汉语拼音拼写规则及运用规则的掌握。考生使用汉语拼音拼写时,要熟练掌握拼写规则,避免出现拼写错误。

《汉语拼音方案》是一个用拉丁字母拼写现代汉语普通话语音的方案,1958 年 2 月 11 日经第一届全国人民代表大会第五次会议审议通过。这个方案是我国语言文字工作者和中国文字改革委员会在总结以前推广注音识字的经验,比较以往各种拼音方案的优缺点,广泛征求各方面意见的基础上,运用现代语言学理论对原则问题和技术问题进行全面研究后制定出来的。

《汉语拼音方案》的基本用途是给汉字注音和拼写普通话。利用拼音注音、认读汉字是已被实践证明了的行之有效的方法。这种方法不仅促进了学校教育和社会扫盲工作,也促进了民族共同语的发展和普及,有效地帮助了少数民族和外国人学习汉语,促进了民族团结和国际文化交流。

《汉语拼音方案》在其他领域也得到了广泛的应用。作为国家标准代号制定的根据,它广泛应用于各种技术标准和工业产品代号的编制上;作为编排索引序列的手段,它被用来检索档案、资料、病历等；许多重要的辞书也都用它来编排目录、词条、索引；在打字、电报、旗语、灯光通信和电子计算机等方面的输入、存储以及输出也得到广泛的应用。作为我国少数民族创制或改革文字的基础，《汉语拼音方案》对发展国家通用语言起到了重要作用。

《汉语拼音方案》由五个部分组成：字母表、声母表、韵母表及说明、声调符号、隔音符号。

根据MHK(三级)考纲要求，考生应该熟悉《汉语拼音方案》，熟练运用汉语拼音各种拼写规则。

1) 音节拼写规则

汉语音节的拼写要符合《汉语拼音方案》的规则，汉语音节的拼写规则主要包括以下3种。

(1) 隔音规则。

作为拼写规则，必须要考虑到音节界限的明确。如果不加音节隔音标记，某些音节在连写时可能发生音节界限的混淆，影响正确拼读。例如：jie可能是"饥饿"(jī'è)，也可能是"界"(jiè)；xian可能是"西安"(xī'ān)，也可能是"先"(xiān)；dangan可能是"档案"(dàng'àn)，也可能是"单干"(dān'gàn)；fanan可能是"发难"(fā'nàn)，也可能是"翻案"(fān'àn)。为了使音节界限明确，《汉语拼音方案》采用隔音字母y、w及隔音符号的办法。

第一，隔音字母y和w的使用。

为了使音节界限清楚，《汉语拼音方案》规定零声母音节i和ü开头的隔音字母y，零声母音节u开头的要改写成w。

i行韵母要写成yi(衣)、ya(呀)、ye(耶)、yao(腰)、you(忧)、yan(烟)、yin(因)、yang(央)、ying(英)、yong(雍)。

u行韵母要写成wu(乌)、wa(蛙)、wo(窝)、wai(歪)、wei(威)、wan(弯)、wen(温)、wang(汪)、weng(翁)。

ü行韵母(要去掉ü上两点)写成yu(迂)、yue(约)、yuan(冤)、yun(晕)。

第二，隔音符号的使用。

a、o、e开头的零声母音节连接在其他音节后面的时候，如果音节的界限容易混淆，要用隔音符(')隔开，如皮袄(pí'ǎo)、西安(xī'ān)、饥饿(jī'è)。

(2) 省写规则。

第一，ü的省写。

韵母ü能和j、q、x、n、l五个声母相拼。声母j、q、x可以和ü相拼，但是不和u相拼。为了减少ü的出现频率，汉语拼音方案规定，当j、q、x和ü相拼时，ü上的两点要省去，写成u。例如，"巨、曲、需"要写为"ju、qu、xu"，不能写为"jü、qü、xü"。而n和l既可以与u相拼，又可以与ü相拼，但当n和l与ü相拼时，ü上的两点是不能省去的。"女、绿"要写为"nü、lü"，不能写为"nu、lu"。

第二，iou、uei、uen的省写。

这三个韵母和声母相拼时，要省写中间的元音字母，写为"iu、ui、un"。例如niu(牛)、

gui(归)、lun(论)。如果前面是零声母,就要按照 y 和 w 的使用规则,分别写为 you、wei、wen。

(3)声调符号规则。

声调符号简称调号,要标在韵母上,不标在声母上。单韵母只有一个元音,调号只能标在那个元音上,例如 fā(发)、pí(皮)。二合元音前响复韵母,调号标在前一个元音上,例如 pāi(拍)、fēi(飞);二合元音后响复韵母,调号标在后一个元音上,例如 xiā(虾)、luò(落);三合元音复韵母,调号标在中间的元音上,例如 qiāo(敲)、guāi(乖)。由于 iu、ui、un 是 iou、uei、uen 的省写式,因此,iu、ui 的调号标在后一个元音上,un 的调号标在前一个元音上,例如 liú(刘)、kuī(亏)、dùn(顿)。

2)词语拼写规则

汉语词语的拼写要符合《汉语拼音正词法基本规则》的要求,它是建立在音节拼写规范的基础上的。多音词要连写,句子、专有名词的开头要有标记。总的原则是简单、明晰、便于书写。

(1)词语拼写的总原则。

第一,《汉语拼音正词法基本规则》规定,拼写普通话基本以词为书写单位。如:mén(门)、bǎo(饱)、jiàoshī(教师)、yuèguāng(月光)、běijīng(北京)。

第二,表示一个整体概念的双音节和二音节结构连写。如:bǐnggān(饼干)、guójiā(国家)、shǒuxiětǐ(手写体)、tǐyùguǎn(体育馆)。

第三,四音节以上表示一个整体概念的名称,按词或语节分开写,不能按词或语节划分的,连写。如:bùkěsīyì(不可思议)、Zhōnghuá Rénmín Gònghéguó(中华人民共和国)。

第四,单音节词重叠的连写,双音节词重叠的分写。如:tiāntiān(天天)、fēnxī fēnxī(分析分析)。

第五,重叠并列式(AABB)的结构,中间加一个短横。如:láilái-wǎngwǎng(来来往往)、kāikāi-xīnxīn(开开心心)。

第六,为了便于阅读和理解,在某些特定场合也可以加一个短横。如:huán-bǎo(环保)、yán-jiū(研究)。

第七,四字成语、熟语,可以分成两个双音节来念的,中间加一个短横;不能按两个双音节来念的,全部连写。如:qiānjūn-wànmǎ(千军万马)、lóngfēi-fèngwǔ(龙飞凤舞)、jǔshìzhǔmù(举世瞩目)。

(2)大写规则。

第一,一句话的第一个字母和诗歌每行的开头第一个字母要大写。
Lǎoshī zǒujìn jiàoshì。(老师走进教室。)
Lǎoshī shì māma。(老师是妈妈。)
Wǒmen shì zǔguó de huāduǒ。(我们是祖国的花朵。)

第二,汉语人名的姓和名分写,姓在前面,名在后面,姓和名之间用空格分开,在姓和名开头的字母要大写。

雷锋 Léi Fēng　王明 Wáng Míng

第三，地名中的专名和通名分写，每部分的第一个字母大写。

北京 BěiJīng　上海 ShàngHǎi　南京路 Nánjīng Lù

第四，文章的标题可以全部大写，也可以每个词的开头大写，有时为了美观可以省去声调符号。

RENMIN WANSUI（人民万岁）　Rénmín Wànsuì（人民万岁）

第五，时令、节日及历史事件的第一个字母（或分写部分第一字母）大写。

Duānwǔ 端午　Lìdōng 立冬　Zūnyì Huìyì 遵义会议

第六，民族名、朝代名、建筑物名、机关单位名、书报名、剧名等专有名词（或分写部分）的第一字母大写，必要时也可以全部用大写字母。

Hàn（汉）

ShàngHǎi Tǐyùguǎn（上海体育馆）

Hǎidiàn Qū Rénmín Zhèngfǔ（海淀区人民政府）

Guāngmíng Rìbào《光明日报》

Hùhuā Shǐzhě《护花使者》

第七，招牌、路牌、商标图案、钱币、书刊封面、刊头等使用汉语拼音时往往全部字母大写。

钱币上的银行名（中国人民银行）ZHONGGUO RENMIN YINHANG 等。

3）儿化音拼写规则

儿化现象主要是由词尾"儿"变化而来的。词尾"儿"原本是一个独立的音节，由于在口语中处于轻读地位，失去了其独立性，只保持一个卷舌动作，使两个音节融合成一个音节。儿化音节并不是两个音节，读的时候要读成一个音节，拼写的时候在原来韵母的后面加上一个"r"，例如"花儿"不能写成（huā'er）而应该写成（huār）。

3. 辨析容易读错的字，特别注意以下三点

1）因多音字引起的误读

汉语中有大量的多音字，需要在具体的语境中判断其读音。如"包扎"，"扎"应读成（zā）而不是（zhā）；"相似"，"似"应读成（sì）而不是（shì）；"强迫"，"强"应读成（qiǎng）而不是（qiáng）。避免多音字误读应注意以下几点。

（1）依据词性来辨别。如"处"读（chǔ）时多作动词，读（chù）时多作名词。所以，像"处理、处于、处罚、融洽相处、处心积虑"等词语中的"处"都读（chǔ）；"别处、到处、住处、何处"等词语中的"处"都读（chù）。

（2）根据字义来判断。如"强"表示"迫使、硬要"等意思时读（qiǎng），例如"强迫、勉强、强人所难"等，表示"健壮、有力、程度高"等意思时读（qiáng），例如"富强、强健、刚强"等；"扎"表示"捆绑、束起、拴、系、挽"等意思时读（zā），例如"扎头发、扎小辫、扎风筝、包扎、捆扎"等，表示"钻进、插入"等意思时读（zhā），如"扎人、扎针、驻扎、扎手"等。

（3）区别书面语和口语的差别。例如："血"，书面语时读（xuè），口语中读（xiě）；"薄"，书面语时读（bó），口语中读（báo）；"谁"，书面语时读（shuí），口语中读（shéi）。可以根据不同语境选择不同读音。

另外,有的多音字常被错读是因为人们对它的某个读音不太熟悉,或者以为它只有一个读音,如"创(chuāng)伤"而不是"创(chuàng)伤","尽(jǐn)管"而不是"尽(jìn)管",这种多音字可以通过查工具书全面了解其所有的读音,然后再按照上面所说的方法准确记牢其各个读音。

2）因字形相似引起的误读

有些汉字因为字形相似,容易产生拼读错误。如,"内疚(jiù)"与"针灸(jiǔ)"的读音分辨不清,如何避免这种错读呢?

首先,可以将形近汉字集中起来,辨识它们各自的读音,强化记忆。例如"己(jǐ)、已(yǐ)、巳(sì)"的辨析。

其次,把"声旁"一致而读音不一致的一些常见形声字集中起来强化记忆,如"锲(qiè)而不舍"的"锲","契(qì)"经常用的词如"契约",这些词需要在对比中强化记忆。属于这种情况的常见字还有像"缜(zhěn)密、悲恸(tòng)、绮(qǐ)丽、发酵(jiào)"等。

3）因口语变调引起的误读

有些汉字的读音会在口语发音时产生变调,常见的口语变调有：上声变调、叠字形容词变调、"一"和"不"的变调,口语变调在标注时一定要标注原调。例如,上声变调,两个上声组成的词,在读的时候第一个字都会变读为阳平,但标注的还是上声。例如,"海岛(hǎidǎo)"的"海"口语变调后应该读为"hái";再如"侮辱(wǔrǔ)"的"侮"口语变调后应读"wú",但常被误读为"wū"等。"一"的原调是阴平,应该标注为"yī",但口语中根据后面汉字的声调,去声前面读成"yí",非去声前面读成"yì",这类汉字的读音需要了解和掌握普通话变调规则才能读准。

（二）词汇题应试技巧

题型二及题型三都涉及在阅读材料中,根据上下文进行完形填空,所填内容的考查范围较广,主要涉及词汇、语法、语义、语用和文意理解,这里涉及大量近义词、多义词的辨析。

阅读理解非常重视考查词语运用能力。词汇量是少数民族考生实际应用汉语的重要基础,在MHK（三级）阅读理解试题中,考生掌握词汇的多少,在很大程度上影响其对阅读材料的理解和对问题的解答。考查汉语词汇的掌握情况,就是强调词汇在汉语学习中的重要性。

词汇部分主要考查考生的词汇量以及对词义理解的准确性。对词义准确、全面的把握是考查的核心内容。但同时它又是一种综合性测试,也就是说,这种考查不仅限于词语的层面,还会从语篇的层面来测试考生综合运用汉语语言知识,特别是常用词语知识的能力。这种题型要求考生不仅要具备扎实的语法知识,还要具备较好的语篇分析理解能力,对常用词汇、习惯用语、词语的语义差别和使用范围能较好地掌握。

阅读理解部分对词汇的考查中,阅读材料的第一句或头两句往往是完整句,没有空白,这样就可以让考生有完整的起始信息,最后一句往往也没有空白,考生完全可以靠提供的信息对阅读材料的大意有所了解,并在此基础上进行答案的选择。

需要选择的词汇大致可分为两类：一类是靠阅读材料已经提供的局部信息提示可以复原出来的词。局部信息包括词义、词汇用法、词语搭配和句子结构，一般在原句即可找到，比较容易。另一类是靠更大范围的信息才可以填写出来的词，更大范围的信息包括上下文内容，或者是逻辑推理信息，这需要考生对阅读材料进行整体把握。

汉语的词汇相当丰富，许多词汇往往不止一个词义，同时，许多词也有不止一个同义或近义词，能发现这些词义之间细微的差别是一个重点。词汇部分主要考查以下几个方面。

1. 近义词的辨析

词汇题对近义词的考查，可以检测出考生掌握汉语词汇量的情况，强调了汉语词义理解的准确性在汉语水平考查中的重要性。近义词辨析题在MHK（三级）中经常出现，这也是考试的难点之一，我们可以从以下几个方面加以区分。

（1）从字形上去区分。

例如："渡过—度过"的不同，我们只要区分出"渡"与"度"的不同，两个近义词就不易混淆了。从字形上看，"渡"跟水有关系，主要用于过江、河、湖、海，可引申为克服"困难""难关""危机"等；而"度"通常用于时间方面，如"季节""节日""岁月"等。

（2）从词性上去区分。

例如："阻碍—障碍"的不同，"阻碍"是动词，"障碍"是名词；"充分—充满"的不同，"充分"是形容词，"充满"是动词；"必须—必需"的不同，"必须"是副词，后跟动词或动词性短语，"必需"是动词，作谓语，使用对象一般是物品、物资、资金等。

词的词性不同，在句子中承担的句子成分就不同，因此看选项时也要看好词语在句子中起到的语法作用。

（3）从词语适用的对象上去区分。

例如："交流—交换"的不同，两个词语都有把自己的东西给别人的意思，但"交换"与"物资""礼品""物品"等搭配使用，而"交流"则与"思想""感情""意见"等搭配使用，因此我们可以看出"交换"多是与具体事物搭配，而"交流"多与抽象概念搭配；"篡改—修改"的不同，"篡改"涉及的对象多是比较抽象的事物，如理论、政策、学说、历史等，"修改"涉及的对象多是具体的材料，如成语、文件等；"侦察—侦查"的不同，"侦察"用于军事，指为了弄清敌情、地形等进行的活动，"侦查"用于公安、检察院等司法部门，指为了确定犯罪嫌疑人的犯罪事实而进行的调查。

（4）从词语的侧重点上去分析。

有些词语看起来意思比较接近，但其所表达的内容却有细微的差异，需要注意辨析词语的语境意义，不能简单看词语的字面意义，而应根据上下文的特定对象、人物关系、情感气氛等因素来辨析词语的词义。

例如："才能—才华"的不同，"才能"侧重于做事的能力，"才华"侧重于文艺方面表现出来的智慧及特长；"发现—创造"的不同，"发现"侧重于找到，"创造"侧重于创造；"精美—精巧"，"精美"侧重于"美"，"精巧"侧重于"巧"；"出生—出身"，"出生"侧重于"生"，"出身"侧重于"身"（身份）。

（5）从词语的感情色彩上去区分。

感情色彩主要指褒义词、贬义词以及中性词的区别。

例如："鼓动—鼓舞—煽动"的不同,这三个词语都有激发人的情绪使之行动起来的意思,但是,"鼓动"是中性词,"鼓舞"是褒义词,是指受到好的影响而积极奋发,"煽动"是贬义词,有挑唆、怂恿干坏事的意思,要根据词语感情色彩的不同加以辨别;再如"沟通—勾通"的不同,"沟通"指双方互相连通,是中性词,而"勾通"则指暗中串通和勾结,是贬义词。

（6）从词语的轻重色彩上去区分。

有些近义词表达的内容本质一样,但在表现程度上却有轻重、深浅的不同。

例如："显著—卓著"的不同,"显著"意思为非常明显,"卓著"意思是"突出地好",相比之下,"卓著"要比"显著"词义重多了;"批判—批评"的不同,"批判"是对错误思想、言论或行为作系统的否定,"批评"是对缺点和错误提出意见,相比之下,"批判"比"批评"词义重多了;"错误—失误"的不同、"渴望—希望"的不同、"绝望—失望"的不同,都是前者较重,后者较轻。

（7）从词语的特指和泛指上去区分。

例如："取缔—取消"的不同,"取缔"特指明令取消或禁止,一般用于政府对不合法的言论、活动等,"取消"泛指废除、去掉,不一定是通过命令强制的,也不限于上级对下级。

（8）从范围大小上去区分。

"战争—战役"的不同,对比之后可看出词语的范围大小不同,如"战争"是一种集体和有组织地互相使用暴力的行为,是敌对双方为了达到一定的政治、经济、领土的完整性等目的而进行的武装战斗。"战役"是战争的一个局部,直接服务和受制于战争全局,也不同程度地影响战争全局。因此我们经常会说"抗日战争中的几次著名战役"。

（9）从语体色彩上去区分。

语体色彩包括书面语和口语两种。如"父亲—爸爸""母亲—妈妈"的不同,书面语较适合比较正式、庄重的场合,口语一般在日常生活中使用。

2. 多义词的辨析

所谓多义词,是指一个词具有两个或两个以上的含义,几个彼此不同而又相互关联的词义的词。多义词大多是一些和生活有着密切关系的常用词,以动词、形容词为主。

多义词在使用时,在一定的语境（上下文）中词语的意义相对确定,也就是说,多义词的具体意义需要结合其所在的特定语境加以判断。在多义词的几个意义中,有的是最初的或常用的意义,称为基本义;有的是从基本义引申出来的意义,称为引申义;有的是通过用基本义比喻另外的事物而成为固定下来的意义,故称为比喻义。

例如："海",基本义是大洋靠近陆地的部分（如,大海、东海）,引申义是大的（如,你真是海量！夸下海口！）,比喻义是比喻连成一大片的很多同类事物（如,花海、人海、书海）；"算账",基本义是计算账目（如,会计正在算账）,引申义是吃亏或失败后与人较量（如,你老是欺负人,下回我再跟你算账！）；"包袱",基本义是用布包起来的包儿（如,前面有一个蓝色的包袱）,比喻义是比喻某种负担（如,不要增加他的思想包袱）；"水分",基本义是物体内所含的水（如,从土壤中吸收水分）,比喻义是比喻某一情况中夹杂的不真实的成分

(如,他的成绩有很大的水分)。

多义词主要可以从以下几个方面进行辨析。

(1) 从多音现象辨析。

例如:①他这个人非常好说话。②他这个人太好说大话了。

①中的"好"读上声,是"易于、便于"的意思。②中的"好"读去声,是"喜欢、爱好"的意思。

(2) 从词义上辨析。

例如:①山上到处是盛开的杜鹃。②树林里传来了杜鹃的叫声。

①中的"杜鹃"指的是"杜鹃花"。②中的"杜鹃"指的是"杜鹃鸟"。

(3) 从词性上辨析。

例如:①他作为党代表参加了大会。②他是代表优秀学生来参加比赛的。

①的"代表"是名词。②的"代表"是动词。

(4) 从语境上辨析。

例如:①把电视关上,我们要学习文件。②大家注意,下午要拿学习文件过来。

①的"学习文件"是指从事的某项活动。②的"学习文件"是要拿的东西,不是进行的活动。

(5) 从对象与搭配上辨析。

例如:①我们要赶上发达国家的科技水平。②我们要把侵略者赶出中国。③他连夜赶写了这篇文章。

①的"赶"与"发达国家的科技水平"搭配,是"追"的意思。②的"赶"与"侵略者"搭配,是"驱逐"的意思。③的"赶"与"文章"搭配,是"加快行动"的意思。

3. 根据上下文关系选择词语填空的运用

在阅读理解试题中,词汇题除了考查近义词、多义词之外,也考查词语在具体语境中的运用,这种题型也是考查考生逻辑思维能力的高级形式,主要强调的是能否对上下文关系的合理梳理问题。考生需要结合上下文语境所包含的深层关系,不能只看局部的意思,需要进行通篇考虑,才能选择正确的词语。这类题型应考虑以下几个方面。

(1) 进行语法分析。

这类考题要根据上下文的语境进行填空,对于这类考题,考生可以利用平时所学的词汇知识,分析词语的使用范围、词性,并利用句子的结构、句式特点等知识全面衡量所有选项,排除干扰。

(2) 熟悉固定搭配。

这类考题主要对词汇知识进行考查,主要体现在词语习惯用法和同义词、近义词的辨析等方面。词语的习惯用法不能随意改动,考生平时应加强对习惯用法的记忆。针对词义辨析题的考查,考生需要有较大的词汇量和词语搭配的能力、词语的辨析能力,尤其是在特定的语境中灵活运用的能力。

(3) 巧用排除法。

在有些情况下,考生可以把排除法和词汇、语法分析结合起来运用,缩小选择的范围,提高正确率。

（4）利用逻辑关系。

语言的逻辑关系往往隐藏在句子中、句子与句子之间，以及段落与段落的衔接中。考生可以通过梳理阅读材料的逻辑关系把答案的逻辑意义推测出来，在答案中寻找正确的选项。

（5）结合背景常识。

有时阅读材料提供的信息不够，考生还需要把储备的其他知识信息结合起来考虑，最后给出符合常识的最佳答案。考生的知识范围越广，对文章的理解会更容易，整体上把握阅读材料的信息，每一个空填起来也会得心应手。

（三）纯阅读理解题应试技巧

题型四是纯阅读理解题，仅仅对与阅读材料相关的内容进行提问。解答此类题型，首先，需要通读文章，了解主要内容，揣摩中心思想。其次，要认真通读所有题目，理解题意，明确题目的要求。再次，逐条解答，要带着问题，仔细地阅读有关内容，认真地思考、组织答案。最后，细心检查，看回答是否切题。纯阅读理解题的答题技巧主要考虑以下几个方面。

1. 速读全文，了解阅读材料的大意和主题

阅读理解试题的文字材料主要用来测试考生的阅读速度、理解能力和记忆能力。阅读的目的是获取信息，一个人的阅读能力的高低决定了他能否快速、高效地吸收有用信息。阅读能力一般指阅读速度和理解能力两个方面，阅读速度是阅读最基本的能力，没有一定的阅读速度就不能顺利地输入信息，更谈不上运用。

在阅读理解的答题中，第一遍需要快速阅读，初步了解文章的体裁，判断其是记叙文、议论文还是说明文等。先把文章从头到尾快速通读一遍，对文章有一个整体的认识和理解，初步厘清阅读材料的大致思路。

抓主题句是快速掌握文章大意的主要方法，主题句一般出现在文章的开头或者结尾。用归纳法撰写的文章，都是表述细节的句子在前，概述性的句子居后，此时主题句通常就是文章的最后一句。而用演绎法撰写的文章，大多遵循从一般到个别的写作程序，即从概述开始，随之辅以细节。这时，主题句通常就是文章的第一句。当然也有些文章没有主题句，需要读者自己去归纳。

主题句往往对全文起提示、概括、归纳的作用，主旨大意题、归纳概括题、中心思想题往往直接可从主题句中找到答案。

2. 先看题干，带着问题阅读材料

即先看试题，再读材料。在平时训练中，这种"倒读法"非常有效，因为这种阅读方法是带着问题阅读，"顺瓜摸藤"，目的明确，能及时抓住文中与解题关系密切的信息，从而节省阅读时间。

阅读题干，首先，要掌握问题的类型，分清是客观信息题还是主观判断题。客观信息题可以从文章中直接找到答案，而主观判断题往往考查的是对文章的感情基调、作者没有陈述的观点,以及贯穿全文的主旨的理解等,解答这类题必须经过对作者的态度、意图的理解以及对整篇文章进行深层的推理等。其次,要了解试题题干和各个选项所包含的信息,然后有针对性地对阅读材料进行扫读,对有关信息进行快速定位,再将相关信息进行整合、分析、对比,有理有据地排除干扰项,选出正确答案。

3. 精读细节,在原文中准确定位

要注意找到阅读理解题目中要求的关键字、词或句子,要能够在阅读文字材料时有重点地标记出来,然后再来重点理解与分析。

精读原文时要认准关键词句,把握其基本意义,认清它们在句子中的具体含义,根据下文琢磨它们的升华意义,特别是要学会在阅读文字材料中发现有效信息,即阅读材料中与提问相关的文字和内容。

有的题目在原文中有明显的答案,要善于利用阅读文字材料中的"原文",果断作答。阅读时如果遇到不影响句子或全文理解的生词,可以跳过去,不用纠结于此。如果遇到比较重要的生词,不要轻易放弃,可以根据上下文猜词,或者根据构词法猜词,猜出这个词的大致意思。阅读时可以将阅读材料的一些关键信息,如人名、地点、时间、定义和数字等打上记号,以便答题时快速查找。

4. 逻辑推理,做好深层理解题

阅读理解材料内容广泛,题材格异。以题目的难易程度分析,可以分为表层理解和深层理解。所谓表层理解就是对文中的客观事实的感知和记忆;所谓深层理解是根据文中的客观事实,在认真思考后进行逻辑推理、总结或概括,得出结论。

在实际阅读中,要根据字面意思,通过语篇逻辑关系,研究细节的暗示,推敲作者的态度,理解文章的寓意,这就是前面所说的深层理解。深层理解题目往往考查归纳概括题(中心思想、加标题等)和推理判断题,是阅读理解中的难点。深层理解是一种创造性的思维活动,它必须忠实于原文,要以文章提供的事实和线索为依据,立足已知推断未知,不能凭空想象,要求读者对文字的表面信息进行分析、挖掘和逻辑推理,不能以偏概全。

第三节 MHK(三级)书面表达(客观性试题)考题分析及应试技巧

MHK(三级)考试书面表达部分主要考查考生运用汉语文字进行书面表达的能力,包括正确书写汉字和语句,掌握句子的连接方式,掌握组句成段的表述方法,掌握汉语书面表达的一般格式。要求考生能够使用汉语书面语比较清楚地叙述事件的主要过程和具体细节;能说明基本事理并解释事物的形成原因;能阐述对某种现象的看法和理由;能比较具体地描写事物的状态和主要特征。本部分测验对写作中立意构思和谋篇布局的能力不作重点要求。

书面表达测验试题由两部分组成,第一部分是15题的客观性试题,主要考查句子层面上的书面表达能力。

一、书面表达(客观性试题)具体要求

书面表达客观性试题(15题),主要查句子层面上的书面表达能力,考查具体要求如下。
(1) 常用句型和固定格式。
(2) 常用关联词的使用。
(3) 常用词组、短语和惯用语。
(4) 句子成分在句子中的正确位置,句子的逻辑关系。
(5) 强调、比较的方式。
(6) 各种词语之间的搭配和修饰。

二、书面表达(客观性试题)考题分析

书面表达(客观性试题)为15道(81—95题),包含两种题型。

题型一(81—90)共10题,在一个句子中有一个或两个空,要求考生在所给出4个选项中挑选一个最恰当的填入其中(在答卷上画出该项字母),使其句型结构合理,上下句表达正确。这一部分主要考查关联词的使用和汉语语序的排列。

例一:在每题的语句中有一画横线处,题后有ABCD四个选项,其中只有一个可以置于横线处使表达通顺。请找出来并在答卷字母上画一横道。

81. ＿＿＿＿＿你能够努力学习,＿＿＿＿＿你一定有所收获
   A. 不但……而且……　　　　　　B. 只有……才……
   C. 如果……那么……　　　　　　D. 不但……而且……
这一题唯一恰当的答案是C,考生应在答题卡上找到相应的字母,在字母上画一横道。
　[A]　[B]　[C̶]　[D]

82. ＿＿＿＿＿外面天气炎热,＿＿＿＿＿妈妈还坚持去上班。
   A. 虽然……但是……　　　　　　B. 因为……所以……
   C. 不是……而是……　　　　　　D. 即使……也……
这一题唯一恰当的答案是A,考生应在答题卡上找到相应的字母,在字母上画一横道。
　[A̶]　[B]　[C]　[D]

83. 她的歌声感染了在场所有的人,＿＿＿＿＿。
   A. 几位严厉的评委包括在内　　　B. 包括几位严厉的评委在内
   C. 包括在内几位严厉的评委　　　D. 在内包括极为严厉的评委
这一题唯一恰当的答案是B,考生应在答题卡上找到相应的字母,在字母上画一横道。
　[A]　[B̶]　[C]　[D]

84. 遇到了多年不见的老朋友,＿＿＿＿＿。
   A. 他太兴奋了实在　　　　　　　B. 实在他太兴奋了

C. 他实在太兴奋了   D. 他太实在兴奋了

这一题唯一恰当的答案是 C，考生应在答题卡上找到相应的字母，在字母上画一横道。

[A]   [B]   [C̶]   [D]

85. 小明又考了一百分，_____。

A. 这么聪明的孩子我还从来没有见过

B. 聪明的这么孩子我还从来没有见过

C. 孩子这么聪明的我还从来没有见过

D. 我还从来没有见过这么聪明的孩子

这一题唯一恰当的答案是 D，考生应在答题卡上找到相应的字母，在字母上画一横道。

[A]   [B]   [C]   [D̶]

题型二 (91—95) 共 5 题，在一句话中，有 4 个画线的词语。去掉其中某一个词语会使句子成为病句。要求考生从中找出不能删去的那一个词语，在答卷上画出相应选项的字母。

例二：每题的语句中有 ABCD 四个带有下画线的词语，去掉其中某一个词语会使句子表达错误。请找出这个词语，并在答题卡的相应字母上画一横道。

91. 小明<u>和</u>小东一样，都喜欢钱钟书<u>的</u>作品。因为，钱钟书的作品不仅很<u>幽默</u>，还蕴含
　　　　A　　　　　　　　　　　B　　　　　　　　　　　　　　　　　　C
着深刻<u>的</u>哲理。
　　　　D

这一题唯一恰当的答案是 A，考生应在答题卡上找到相应的字母，在字母上画一横道。

[A̶]   [B]   [C]   [D]

92. <u>自从</u>回到家乡，他努力创业的生活<u>就</u>开始<u>了</u>，虽然非常辛苦，但他感到<u>幸福</u>快乐。
　　　A　　　　　　　　　　　　　B　　　C　　　　　　　　　　　　　　D

这一题唯一恰当的答案是 B，考生应在答题卡上找到相应的字母，在字母上画一横道。

[A]   [B̶]   [C]   [D]

93. 王军<u>认为</u>他最<u>适合</u>接受<u>这个</u>工作，这很<u>符合</u>他的专业。
　　　　A　　　　B　　　　C　　　　D

这一题唯一恰当的答案是 A，考生应在答题卡上找到相应的字母，在字母上画一横道。

[A̶]   [B]   [C]   [D]

94. 您不要<u>再</u>生气了，<u>因为</u>经理<u>一</u>上班，他就会给您<u>解决</u>问题。
　　　　A　　　　B　　　　C　　　　　　　　　　D

这一题唯一恰当的答案是 D，考生应在答题卡上找到相应的字母，在字母上画一横道。

[A]   [B]   [C]   [D̶]

95. 我最难忘的记忆<u>就</u>是小时候跟着小伙伴<u>们</u>一起去儿童乐园。
　　　　A　　　　B　　　　　　　　C　　　D

这一题唯一恰当的答案是 B，考生应在答题卡上找到相应的字母，在字母上画一横道。

[A]　[B]　[C]　[D]

这两种题型对考生的汉语语法知识和语感提出了一定的要求。主要考查词语搭配、固定用语的用法、复句中关联词的使用、句子成分在句子中的正确位置等语言使用能力。

三、书面表达（客观性试题）应试技巧

书面表达第一部分试题为15道，主要考查词语搭配、固定用语的用法、复句中关联词的使用、句子成分在句子中的正确位置（汉语句子的结构顺序）等语言运用能力。考生应熟悉汉语句子的基本结构顺序和各种汉语常见句式。这一部分的应试技巧在于要熟悉关联词的使用、要注意汉语语法特点和汉语表达上的逻辑关系，在平时训练中要注意培养出汉语语感。

考生做这部分题时，首先要判断考题的类型，是语法类的还是词汇类，还要从语法角度考虑句子具体表达的内容和逻辑关系。一般来说，词语和句子成分的使用常常取决于它所处的上下文语境，在做题时，要整体考虑。

书面表达第一部分答题应注意以下几个知识点。

（一）关联词的运用

两个或两个以上在意义上有密切联系的句子组合在一起，叫复句，也叫关联句。复句通常用一些关联词来连接。关联词在句子的表达中起关联的作用，它使前后文联系更加密切，层次更清楚，表达更有逻辑性。

在词汇题中，关联词的考查集中表现了阅读理解试题对考生汉语逻辑思维能力的考查。通过关联词的具体运用，突出考生的汉语思维能力。考生需要通过分析前后语境，准确理解考题的前后逻辑关系，从而选择恰当的关联词。

考生主要认识和学会使用以下几种关系的关联词。

1. 选择关系

几个分句分别说出几件事情，需要从中选择一件。常用选择关系的关联词有以下几种。

是……还是……
不是……就是……
或者……或者……
要么……要么……

示例

(1) 钢笔是小军的，还是小明的？
(2) 晚上，我或者看电影，或者听音乐。
(3) 每天午饭，他不是叫外卖，就是吃食堂。
(4) 要么把作业写完，要么被老师批评。

2. 转折关系

前一个分句表达了一个意思,后一个分句不是顺着前一个分句的意思表达,而是进行转折,意思和前一个分句完全相反或相对。常用转折关系的关联词有以下几种。

虽然……但是……

尽管……可是……

只是……

不过……

示例

(1) 小明虽然很怕黑,但是仍然坚持护送朋友回家。

(2) 尽管小丽非常疲倦,可是她还坚持把工作做完了。

(3) 本来打算去公园的,不过下雨了,只能在家里看电视。

(4) 我知道这道题的答案,只是不想告诉你。

3. 假设关系

句子前面一部分介绍一种假设情况,后面一部分是假设的情况实现后产生的结果。常用假设关系的关联词有以下几种。

如果……就……

即使……也……

哪怕……也……

要是……就……

示例

(1) 如果我们不努力学习,就不可能取得好的成绩。

(2) 即使努力坚持治疗,小明也不可能恢复。

(3) 哪怕工作条件非常艰苦,小明也会坚持。

(4) 要是不下雨,我们就去秋游。

4. 条件关系

句子前面提出条件,后面说明在这种条件下会产生的结果。常用条件关系关联词有以下几种。

只要……就……

无论……都……

不管……总是……

只有……才……

凡是……都……

示例

(1) 只要付出努力,就一定能取得好成绩。

(2) 无论条件多艰苦,我们都坚持研究工作。

(3) 不管你是否同意,他总是坚持来到这里。

(4) 只有努力学习,才能考上理想的大学。

(5) 凡是老百姓的事,都是第一紧要的任务。

5. 因果关系

句子的前一部分表示原因或(结果),后一部分表示结果或(原因)。常用因果关系关联词有以下几种。

因为……所以……

既然……就……

之所以……是因为……

示例

(1) 因为努力学习,所以小明取得了好成绩。

(2) 既然你不想付出努力,就不要渴望得到好的成绩。

(3) 小明之所以愿意来到这里,是因为他想看见他的妈妈。

6. 取舍关系

分句表示两种情况,选取一种,舍弃一种。常用取舍关系关联词有以下几种。

宁可……也不……

与其……不如……

示例

(1) 妈妈宁可自己担惊受怕,也不让自己的孩子有危险。

(2) 与其在这里担惊受怕,不如勇敢面对困难。

7. 承接关系

句与句之间表示几个连续动作,或先后发生的几种情况,它们前后承接,不能颠倒。常用承接关系关联词有以下几种。

一……就……

首先……然后……

刚……就……

……于是……

……接着……

示例

(1) 小花一看见老师,就立刻站了起来。

(2) 李华首先拿出了钥匙,然后悄悄打开大门。

(3) 他想获得成功,于是努力练习。

(4) 他刚进家门,就看见了妈妈。

(5) 他刚从上海出差回家,接着又跑去了武汉。

8. 并列关系

句子中几个分句之间的关系是并列的,没有主次之分,各个分句分别说明几种相关的情况,或表示一件事的几个方面。常用的并列关系关联词有以下几种。

有的……有的……
不是……而是……
一方面……另一方面……
有时候……有时候……
那么……那么……
既……又……
一边……一边……
一会儿……一会儿……

[示例]

(1) 我们既要努力学习,又要积极锻炼身体。

(2) 他不是小明,而是小军。

(3) 同学们有的在跳舞,有的在唱歌。

(4) 一方面,跑步可以锻炼身体,另一方面,跑步还可以磨炼意志。

(5) 他一边吃饭,一边聊天。

(6) 妈妈一会儿在厨房做饭,一会儿又跑到客厅看宝宝。

9. 递进关系

后面分句的意思比前面分句的意思更进一层。常用的递进关系关联词有以下几种。

不但……而且……
不但……还……
不仅……还……
不仅……也……
……并且……

[示例]

(1) 陈豆豆不但聪明,而且还很努力。

(2) 刘翔不仅夺得了金牌,还打破了世界纪录。

(3) 刘老师不仅教英语,也教法语。

(4) 他会打字,并且打得很快。

(5) 森林里不但有很多小动物,还有很多植物。

(二) 句子语序的排列

所谓排序题,就是给出一组打乱了词语顺序的句子,要求考生在充分阅读的基础上,重新进行词语排列,使其组成一段意思连贯、句意完整的话。

句子排序的技巧,是将排列错乱的词语整理成一段通顺、连贯的话,这是一项语言运用综合能力的检测,可以训练我们对句子的理解能力、表达能力,其实这类题型并不难,很多题目都有十分明朗的线索或表明顺序的提示,只要我们找到其中的规律,就一定能化难为易。

看到题目,首先要整体通读,只有在读懂完整句子意义的情况下才可以弄明白词语之间的内在联系。考生在给顺序错乱的词语排列顺序时,先想想这些话主要表达了什么,确定句子的主要成分:主语、谓语、宾语,这样就好判断状语、定语、补语的位置及其顺序了,然后再根据句子的意思把词语进行排列,最后再读读所排的句子是否通顺。

在排列词语顺序的时候可以考虑以下因素。

1. 时间的顺序

在有的题中,几个词语虽然被打乱了,但是可以明显找到关于时间顺序的词语,如早上、中午、下午等,这些词语明显告诉了我们排列的顺序,只要结合这几个时间词语便可以正确排列句子。

2. 方位顺序

如果是介绍一个地方、一个空间或者一个物件时,有时会出现一些方位的词语,那么这些方位词就是我们排列句子的依据。

3. 事情发展的顺序

如果是叙事的内容,就会有描写事情起因的词语,如首先、其次、再次等,也许会先介绍事情的起因,然后是事情发展的经过,最后的结果等,这样我们就可以按照事情发展的顺序来排列了。

4. 参观的顺序或地点转换的顺序

如果是游记、参观之类的文章,就会有一个参观的顺序,先看到了什么,接着是什么,有时过渡句会暗示我们,这就是排列顺序的方法。

5. 结合上下句语境确定主语,厘清人物关系,梳理语序

我们可以先考虑一下句子重点写了什么事,有哪些人物关系,这样才可以找到词与词之间的内在联系,把握句子的排列顺序。

注意句子是否完整排列好,仔细多读几遍,看看句子是否通顺。

(三)词语的搭配

考题给出的句子中会画出四个词语,去掉其中某一个词语会使句子成为病句,要求考生从中找出不能删去的那一个词语。这个题型主要考查词语搭配、固定用语的用法等。

在具体答题时,可以使用排除法,仔细分析题干和四个选项,逐一排除错误选项。平时要注意常用词语的固定搭配。

第四节 MHK(三级)书面表达(作文)考题分析及应试技巧

MHK(三级)考试书面表达的第二部分是主观性试题(给条件作文),主要考查较长语段的书面表达能力,这部分主要考查考生运用汉语语言文字进行书面表达的能力,包括正确地书写汉字和语句,掌握句子连接的方式,掌握组句成段的表述方法,掌握汉语书面表达的一般格式。要求考生能够使用书面语比较清楚地叙述事件的主要过程和具体细节；能说明基本事理并解释事物的形成原因；能阐述对某种现象的看法和理由；能比较具体地描写出事物的状态和主要特征。本部分测验对写作中立意构思和谋篇布局的能力不作重点要求。

一、少数民族汉语写作常见问题

（1）汉字书写不够规范，出现错别字现象。

（2）汉语词汇量积累不足，词语搭配错误多。例如，在具体人物动作、心理、外貌描写时词汇过于贫乏，这反映出学生的汉语词汇积累不够，词语实践运用能力较差。

（3）汉语常见句式运用错误较多，既包括语法方面的，也包括语用方面的。

（4）句子连接能力差，语篇错误较多。由于语言运用能力不足，文体内容体现不出来，思想情感难以传达。

（5）汉语写作中还体现出知识储备不足，如果没有一定的知识积累，很难具体展开论述，文章内容就会相对单薄。

（6）审题能力不足。一方面写作要求判断不清，例如，句首语写作，首先要根据句首语结束语来判断写作文体；续写给提纲作文时要根据题目所给内容判断写作文体。另一方面对主题的理解常有偏差，审题能力不足。

（7）写作格式不规范。例如，书信类写作，需要熟悉汉语书信写作的基本格式。

在学习过程中要尝试将语言知识寓于交际情景中，在使用语言中培养自己的语感，平时多读、多背一些好文章。熟悉汉语本身的特点，培养良好的汉语语感。

二、书面表达（作文）具体要求

（1）用汉语简化字书写，汉字书写正确、字迹清楚，标点符号使用基本无误。

（2）用词准确，基本没有词语和句法错误。

（3）在句子连接、句意转换上自然、通顺。

（4）内容完整。

（5）作文中不得出现跟考生有关的校名、地名和真实姓名。

这部分的答题时间为 35 分钟，作文字数不少于 350 字。

三、书面表达（作文）考题分析

在这部分考试中，通过"句首语写作""提示性写作"和"看图写作"等不同方式，提供某种写作背景，要求考生根据所提供材料的具体内容情景或写作提纲，按要求完成作文。

给条件作文分为三类题型，每次考试从三类题型中选取一种。

题型一:句首语写作

句首语写作除了给出题目外,还把文章的开头提供给考生,有的还分出若干段落,并将一些段落的第一句话提供给考生,考生不仅需要通过正确理解题目来确定文章的内容或主题思想,而且需要按照每一段句首语的要求组织语言,写出与句首语在意义上顺接、语句上连贯的语段,并使全文各部分自然连成一个有机整体,构成完整的内容。

句首语写作首先需要考生注意认真阅读给出的提示语材料,包括事件、人物、体裁等,保证前后文紧密相连,此外,还要注意保持原有的文风,做到各部分自然衔接。

例一:句首语写作

作文提示:请看清题目,按照题目和短文开头、结尾提示部分的话语完成写作,全文内容不得少于350字(不包括已给出的提示文字)。

我看勤工俭学

现在越来越多的学生利用假期出去勤工俭学。勤工俭学已经逐步成为学校教育目标的一部分。很多学校把为学生提供勤工俭学方面的信息作为一项重要工作来抓。那么勤工俭学对学生来说,到底有什么好处呢?

勤工俭学可以让学生们与外面的社会进行更多的接触。_____
_____

另外,勤工俭学可以减轻家境困难的学生的经济负担。_____
_____

因而,学校和家长都鼓励学生在假期出去打工,或者从事一定的社会实践活动。我也打算利用这个假期去一所小学学校教孩子们英语和数学,体验一下与学校完全不同的感觉。

题型二:提示性写作

提示性写作给出一段生活情景的提示性文字,要求学生按照写作要求写出一段内容完整的短文,提示性写作的形式包括以下几种。

◆ 书信体作文

◆ 续写

◆ 扩写

◆ 写读后感

◆ 给提纲作文

例二:书信体作文

在下面的作文中,你将有35分钟的时间来写一篇短文。请按照下列提示给帮助过你的人写一封信,全文内容不得少于350字(不包括已给出的提示文字)。

作文提示:人的一生中,总是会接受很多人的帮助。父母、老师、朋友,还有很多不认识的人。如果让你写一封信来感谢他们,你会写给谁?怎么写呢?

例三:续写

作文提示:请以"最难忘的事"为题,写一篇记叙文。请看清题目,接着文中给出的内容写下去,全文内容不得少于350字(不包括已给出的提示文字)。

最难忘的事

从小到大,我经历了许多的事,它们就像一朵朵浪花,组成了我的人生长河。每一朵浪花都让我铭记在心,其中,有一件事最让我难忘。

例四:扩写

作文提示:阅读下面的短文,看清题目,然后把它扩写成350字以上的文章。

独立生活

海边的大森林里住着猴妈妈一家人。猴妈妈有三个孩子。老大叫猴听话,老实本分;老二叫猴机灵,很爱动脑筋;老三是个女孩,叫猴美丽,长得很漂亮。有一天,猴妈妈把三个孩子叫到跟前,给了每人100元钱,叫它们离开家去独立生活,看谁能过上富足的日子。

例五:写读后感

作文提示:请围绕下面的小故事写一篇读后感,题目自定,全文内容不得少于350字。

我曾问一位种植香草的老人,当一株香草被人割伤时,为什么从它的伤口溢出来的汁液是香的呢?老人说,因为香草的本质是香,它的生命盛装的是香,当它被人伤害时,伤口溢出来的当然也是香的。

一个善良的人,当被人伤害和欺骗时,他心灵的伤口溢出的,依然是善,因为一个善良的人,他生命的本质就是善,他心灵盛装的就是善。不管别人怎样对他,不管这个世界如何待他,他总是坚守着自己的善,并用自己的善去芬芳别人、芬芳世界。

一个善良的人,就是一株芬芳的香草,请珍爱一株香草的香,请珍爱一个善良人的善。

题型三:看图写作

看图写作给出一幅或一系列图画,学生根据图中所给出的情景,按照提示的要求,写出前后连贯、相对完整的短文。

不管是哪一类看图写作都采用了限制性写作的形式,一般会给出题目和提示内容,要求考生在此基础上展开写作,这样减轻了审题可能造成的理解上的障碍,重点考查学生的语言能力,体现第二语言写作不同于第一语言写作的特点。

例六:看图写作

作文提示:请看下面的图画,根据要求写一篇作文。

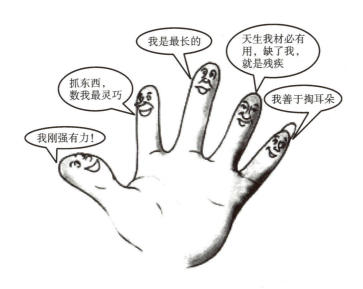

要求:(1) 简要叙述你对图画内容的理解,并结合你的生活经历谈谈你的认识和看法;
(2) 题目自拟,全文不得少于350字。

提高作文水平最好的方法就是多读、多写、多练,在日常学习和训练中,加大阅读量,在阅读中培养语感和学习技巧。如果考生一开始觉得自己写不出东西来,可以先看优秀范文,了解范文的结构和词汇,多读多记,在对范文的逐渐熟悉中,尝试自己练习写作,反复修改自己文中条理不清和用词不当的部分,在多次修改中,考生的写作能力很快可以得到提升。

四、书面表达(作文)应试技巧

给条件作文主要考查考生的书面表达能力,看其是否掌握了记叙文、议论文、说明文等不同体裁文章的写作方式。给条件作文一般有句首语写作、提示性写作、看图写作几种题型。这几种题型实际上都是对作文提出了一个写作思路。

句首语写作题除了给出作文题目以外,还会将一些段落的第一句话提供给考生。考生接续时首先要考虑续写内容如何与给出的句首语衔接好,然后再组织语言。考生不仅需要通过正确理解题目来确定文章的内容或中心思想,而且需要根据每段所给出的句首语组织语段。写出的语段要和句首语在意义上顺接、语句上连贯,并使全文各部分之间自然连成一体。对于这类试题,不但可以举出具体事例来说明,也可以对事例进行描写和议论。正确理解题目,确定中心思想,弄清文章结构,明确每一段的内容重点,是这一题型的关键所在。每一段话的意思都要和句首语在语义上有所连贯。

提示性写作包括开头给出一段话由考生续写下去,给出一个主题内容由考生进行扩写,给出写作提纲由考生按照提纲线索写作,以及写读后感、书信等形式。考生可以充分利用所给出的语言信息对其进行相应的加工、修改与补充。

(一)书信体作文写作技巧

用书信形式写作文,一般应注意以下问题。

1. 了解书信的种类,掌握不同种类书信的写作技巧

书信的种类比较多,大致可分为两大类。

一类是一般书信,即写给亲戚朋友的书信,如家书、情书等;

一类是特殊书信,即具有特殊功能的应用文,如慰问信、感谢信、起诉书等。

了解了书信的分类,并根据不同种类书信的对象调整自己的语言。例如,家信的写作较口语化,要书写个人真实感受。而感谢信、慰问信等有特殊的格式和语体特征,多用书面语。

2. 掌握书信的基本形式

无论是哪种类型的书信,基本格式都是一样的,都由以下六部分构成。

(1)称呼。应在第一行顶格写,称呼后用冒号,表示下面有话要说或以示尊敬。称谓应遵循长幼有序、礼貌待人的原则,选择得体的称呼。如果是长辈,可以在称呼语之前加上"尊敬的""亲爱的""敬爱的"等词语,如果是平辈或晚辈,可直呼其名。

(2)问候语。称呼下面就是问候语,问候语可写可不写。一般在称呼下一行空两格开始。问候要有针对性,如对老年人问候身体健康,对同学要问候学习,遇到节日要以节日问候。问候语要单独成行,以示礼貌,如"您好""你好""近好""节日好"等。问候语一般不要紧跟称呼,即不要写成"小华你好"之类的形式。

(3)正文。正文是信函的主体,一般在问候的下一行空两格写。可根据对象和所述内容的不同,灵活地采用不同的文笔和风格;写信时要注意条理清晰,文字简洁;一般根据所需要的事情轻重缓急情况分段;先答复对方提出的问题,再说自己的事,这是书信的主体。正文的书写要条理清楚,内容少的话写一段即可,如果内容多,可分段、分条来写。

(4)结束语。写信人在书信结束时向对方表达敬意或祝福之类的话。注意"此致""顺祝""祝你"等词另起一行空两格写,"敬礼、安康、身体健康"之类的话另起一行顶格写。正文结束后,可在正文之后写些致敬语,也可不写。致敬语一般都成套使用,如"此致、敬礼""致礼""顺祝夏祺"等。致敬语要分两行写,前半部分在正文后另起一行空两格写,后半部分再另起一行顶格写,其后应加感叹号。

(5)落款。在信的最后,写上写信人的姓名。署名应写在敬语后另起一行靠右的位置。一般写给领导或不太熟悉的人时,要署上全名以示庄重、严肃;如果写给亲朋好友,可只写名而不写姓;署名后面可酌情加启禀词,如对长辈用"奉、拜上",对同辈用"谨启、上"等。时间另起一行写在署名下面。在致敬语下面另起一行靠右边可直接写上写信人的姓名,也可在名字前加上自己的身份,在身份之后加冒号,与名字构成同位关系,如"好友:×

××""儿子:×××"等。

(6)日期。在名字下面写上×年×月×日。

例一

作文提示:请根据提示内容替李华写一封感谢信,全文不得少于350个字。

李华在人民路小学门口接孩子时丢失了自己的背包,背包被学校五年级一班的吴艳艳同学捡到交给了门卫,李华在找回背包后万分感动,打算写一封感谢信。

(感谢信是为表示感谢而写的一种专用书信,感谢信可以直接寄送给对方单位或个人,也可公开张贴或送报社、电台。)

范文

感谢信

尊敬的人民路小学全体师生:

你们好!

我叫李华,于2021年2月5日下午6:00左右来人民路小学接孩子时,在学校门口不慎遗失背包,背包内装有手机、人民币500余元、银行卡及身份证等有效证件,这些物品对于我来说十分重要。当我发现背包遗失后万分焦急,非常庆幸这个背包被五年级一班的吴艳艳同学捡到,并交给了门卫。吴艳艳同学这种拾金不昧的高尚品质深深地感动了我,助人为乐的她堪称当代小学生的楷模,这也充分体现了人民路小学在对学生的德育培养方面取得的良好成效。

在此,特向吴艳艳和贵校深表谢意,并建议学校对吴艳艳同学的高尚行为予以表扬。

感谢人:李华

×年×月×日

(二)续写作文写作技巧

续写是一种较常见的"给材料作文"。考生根据所提供的材料,按照一定提示,从已有的条件出发,去推想故事发展过程中可能出现的情况,展开合理、充分的想象,构思适当的情节,紧扣所供材料,写成一篇完整的文章。续写训练有助于培养考生的想象能力、创造性思维能力和语言表达能力。

常见的续写方式是给出文章开头,要求续写内容,这在考场作文中出现得比较多,由于是续写片段,一般不必长篇大论。这类续写,要求理解原文的主要内容和中心思想,展开想象,对原文内容进行补充,力求使所改写的文章与原文很好地融合。

1. 续写的写作要求

(1)在读懂原文的基础上,以原文给出的材料为起点,写出内容连贯、完整的文章;

(2)展开充分的想象与联想,做到合情合理、真实生动;

(3)续写文章要在主要人物思想行为、性格特点、语言特点和风格上与原文保持一致。

2. 续写的方法和步骤

(1)一般先细读原文给出的续写提示,确定文章的中心思想,然后根据中心思想展开构思；

（2）展开想象，合理安排文章结构，对原文没有写出的情节展开合理的推想，打开思路，多角度地去想象，注意文章观点明确、情节合理、语言通顺、结构完整；

（3）续写要前后照应，文章思想内容和行文风格要保持一致，防止自相矛盾。特别是给出开头的续写，必须要与上文紧密联系，使上下文融为一体。最后，要特别强调的是，续写要结合过去的生活经验，进行推测、想象，也要靠平时的写作基本功。

续写可以开发我们的想象力，开拓写作的思路，锻炼选材、组材和文字表达的能力。

例二

作文提示：请以"我尊敬的人"为题写一篇短文。你需要按照文章开始的第一段意思写下去，全文不得少于350个字。

我尊敬的人

每个人心中都有一个自己最尊敬的人，或许平凡，或许伟大。有的人尊重冲锋陷阵的军人，有的人尊敬救死扶伤的医生，有的人尊敬传道授业的教师，而我最尊敬的是……

范文

我尊敬的人

每个人心中都有一个自己最尊敬的人，或许平凡，或许伟大。有的人尊重冲锋陷阵的军人，有的人尊敬救死扶伤的医生，有的人尊敬传道授业的教师，而我最尊敬的是默默无闻的环卫工人。

在我家小区里有一位环卫工人李叔叔，我每天都能看到李叔叔在辛勤清扫着小区里的道路，春夏秋冬，年复一年，日复一日，他仿佛永远有扫不完的果皮纸屑和落叶。

记得有一次，小区里的熊孩子用玩具汽车撞倒了楼下的垃圾桶，桶里的垃圾撒了一地，发出一股股刺鼻的恶臭，熊孩子早就不见踪影，小区里的人们也纷纷掩鼻，避道而行。李叔叔二话不说，挽起袖子就开始清理，没有一句怨言。当我又一次经过那个垃圾箱时，垃圾箱周围已经没有任何垃圾，周围打扫得干干净净，仿佛什么也没有发生过，小区还是这么美。

我曾经问过李叔叔为什么要当环卫工人，干点别的不好吗？他回答我："在哪个岗位上都一样，没有环卫工人，大家会有这么好的生活环境吗？靠双手养活自己，服务大家，我光荣着呢！"多么朴实的话语，那一刻，我肃然起敬。

李叔叔在平凡的工作岗位上做出了不平凡的事情，他总在最脏最累的地方劳作着，用他那勤劳的双手为人们创造一个美丽干净的生活环境。我尊敬像李叔叔一样平凡而又伟大的劳动者，他们尽职尽责的奉献精神感动了我。

（三）扩写作文写作技巧

扩写是一种给材料作文，它是把一段话或者一篇篇幅较短、内容简要的文章，扩展、生发成篇幅较长、内容丰满、生动形象的文章。扩写的体裁可以是记叙文,可以是议论文,也可以是说明文。

扩写要忠于原作,不改变中心思想。为了突出中心思想,扩充那些值得扩充之处,而不是任意发挥。扩写时要注意情节发展合乎逻辑,前后统一,扩写前后主题不变。

扩写不同体裁的文章,着重点是不一样的。扩写议论文和记叙文,要围绕中心思想进行。议论文的论据,记叙文的情节、对话和场面描写,都有较大的发挥余地。

扩写说明文,则要围绕事物的特征或者事理进行,应当充实材料,在加强说明方面下功夫,而不用发挥想象或运用夸张手法。

扩写是要求考生按照提供的材料进行作文练习,提供的材料往往是一段文字,要对这段文字进行扩写,则必须看懂这段文字的意思,然后围绕中心思想,抓住重点,展开想象,进行作文。

例三

作文提示:阅读上面的短文,看清题目,然后把它扩写成350字以上的文章。

师恩难忘

记得那是三年级的一次放学后,天忽然下起了大雨,看到同学们一个个被家长接走,我非常着急,在我感到无助和伤心的时候,陈老师把我送回了家,她给我做好晚饭,陪我写作业,直到妈妈回家。后来我才知道,陈老师五岁的小女儿一个人在家里等妈妈。我很感动,并暗自许下了自己的愿望——当一名像陈老师这样的人民教师!

范文

师恩难忘

那是三年级的一天,下午放学的时候,天忽然下起了大雨,同学们一个个被家长接走了,我只能呆呆地坐在那里等雨停,因为爸爸出差了,而妈妈今天加班。最后,教室里只剩下我一个人,眼看天一点点在变黑,雨却没有要停下来的样子,我绝望地哭出了声。正在这时,班主任陈老师来到我身边,关切地问:"这么晚了,是不是没有人来接你?"我哭泣着说出了原因。陈老师温柔地安慰我:"小学生不能这样哭鼻子的!走!老师送你回家!"我像找到了救星,顿时收住了哭声。

陈老师把我送到家,天已经黑了,她像变魔术一样给我下了一碗西红柿鸡蛋面,我记得那是我吃过最好吃的面。陈老师陪我写作业,直到妈妈下班。

第二天我才知道,陈老师家里有一个五岁的女儿,当老师给我下面条,陪我写作业的时候,她的女儿还饿着肚子等妈妈回家。我又哭了,这一次,是因为感动。

从那天起,我有了一个愿望——好好学习,以后当一个像陈老师一样的人民教师,用爱去温暖每一位学生!

(四)读后感作文写作技巧

读后感,就是读了一本书或一篇文章,一段话或几句名言后,把具体感受和得到的启示写成的文章。所谓"感",是从文章中领悟出来的道理或思想,是受内容启发而引起的思考与联想。读后感的写作必须注意以下几点。

1. 精读原文

"读后感"的"感"是因"读"而引起的。在"读"与"感"的关系中,"读"是"感"的基础,必须先"读"后"感",要读懂原文,准确把握原文的基本内容,正确理解原文的中心思想和关键语句的含义,深入体会作者的写作目的和文中表达的思想感情。

2. 分析材料,提炼观点

在精读原文后,要对"读"的内容进行评析,仔细体会寓意深的材料,进而找到触动自己的点,提炼观点,这就是这篇文章的中心思想,也就是读后感最重要的"感"。

读后感以"感"为主,可以适当地引用原文,但是,引用不能太多,应以自己的语言为主。在表现方法上,可用夹叙夹议的写法,议论时应重于分析说理,事例不宜多,引用原文要简洁。

3. 要密切联系实际,这是读后感的重要内容

一篇读后感,泛泛而谈是大忌。要想写出真实的感想或体会,就要选择自己感受最深又有话可说的一点来写。注意把握分析问题的角度,注意联系自己的实际情况发表感想,这里所说的联系实际范围很广泛,可以联系个人实际,也可以联系社会实际,可以是历史教训,也可以是当前形势。这样可以使读后感具有针对性和说服力。

例四

作文提示:请围绕下面的小故事写一篇读后感,题目自定,全文不得少于350个字。

商鞅南门立木

商鞅任秦孝公之相,欲为新法。为了取信于民,商鞅立三丈之木于国都市南门,招募能把此木搬到北门的百姓,给予十金。百姓对这种做法感到奇怪,没有敢搬这块木头的。然后,商鞅又布告国人,能搬者给予五十金。有个大胆的人终于扛走了这块木头,商鞅马上就给了他五十金,以表明诚信不欺。这一立木取信的做法,终于使老百姓确信新法是可信的,从而使新法顺利地推行实施。

范文

诚信

"商鞅南门立木"的故事主要讲战国时期的改革家商鞅为了在全国建立起诚信守法的良好社会风尚,从根本上保证变法的成功,在都城南门立木,取信于民的事。看了这个故事,我不禁对商鞅这位改革家肃然起敬。

诚信,不言而喻,就是诚实,讲信用。诚而有信既是一种无形的力量,也是连接人与人之间的桥梁和纽带。只有做一个真诚的人,才能赢得别人的尊重。

一个夏季的周末,妈妈让我去买水果,老板热心地帮我选好水果,我心不在焉地放下钱扭头就跑。回到家我才想起,糟糕!忘记让他找给我钱了!正当我担心老板不认账时,妈妈安慰我说:"放心吧,小区里的居民都在他那里买东西,那家老板特别诚实,肯定会把钱给你留着的。"我半信半疑返回水果店,果真,老板把要找给我的零钱放在一边,正在想办法怎么还给我呢!我很感动,也终于明白这家水果店能在小区门口生意红火二十年的原因了。

诚信是中华民族的优良传统,诚信是做人或做事的道德良心,因为有了诚信,世界才能变得和谐温暖。

(五)给提纲作文写作技巧

给提纲作文要求考生根据给出的题目和提纲,确定文章的中心思想,然后紧紧围绕中心思想展开论述,表达提纲的主旨。它的优点是提纲既体现了文章的层次,又规定了各段大体的内容,为考生提供了一条思路,考生稍加思索、计划、整理就可成文。缺点是,如果审题不当,反而容易失分。另外,给提纲作文的限定性较大,如果不理解提纲所展现的内容或词汇,就会感到难以下笔。给提纲作文的写作技巧如下。

(1)写好给提纲作文的关键是认真审题和分析所给的提纲,认清题目和提纲之间的关系,然后确定文章的主题、内容以及文体。

(2)每一个提纲可以作为文章的一个段落层次,段落的展开围绕提纲的中心思想和内容,不能偏离,也不能任意增减。

(3)提纲只是对文章的提示和概括,不是主题句。这需要考生根据提纲的性质,围绕主题进行扩写。

(4)注意所选材料要与文章的主题相符,即要"扣题"。同时要具有典型性,能充分说明问题。在有多个例证的段落中,还要注意各个例证之间的连贯性。

例五

作文提示:在下面的作文中,你将有35分钟的时间来写一篇短文。请看清楚题目,按照每一段给出的第一句话写下去,全文内容不得少于350字(不包括已给出的提示文字)。

感恩

感恩,是一种职责的承担,更是一种完美情感的锻造。学会感恩,学会回报和给予爱,让那些藏匿在心中的情感,在心坎里散发芬芳。从出生的那一刻起,我们就被爱包围着。父母的爱、老师的爱、朋友的爱……这些爱为我们营造了一个温暖的世界。

我们要感恩父母_____

_____

我们要感恩老师_____

_____

我们要感恩朋友_____

_____

人生应有感恩,更应学会感恩。常怀一颗感恩的心,感谢我们身边的每一个人,这个世界将会变得更美丽。

范文

感恩

感恩,是一种职责的承担,更是一种完美情感的锻造。学会感恩,学会回报和给予爱,让那些藏匿在心中的情感,在心坎里散发芬芳。从出生的那一刻起,我们就被爱包围着。父母的爱、老师的爱、朋友的爱……这些爱为我们营造了一个温暖的世界。

我们要感恩父母。父母把我们从小带大,含辛茹苦地养育我们,他们是我们生活中最亲密的人,他们关心我们的身体,关注我们的喜怒哀乐,期盼着我们的成长与进步,父母的爱是伟大而无私的。所以,我们要学会感恩父母,一定要报答父母的养育之恩,这种报答不一定要等到我们长大,而是在日常生活的点滴中。

我们要感恩老师。从踏入校园的那一刻起,老师就在那三尺讲台上把他们的知识毫无保留地教给了我们。在人的一生中,会遇到很多好老师,他们不仅会耐心传授知识,会告诉我们人生的哲理,还会在我们迷失方向时做一盏灯,在我们失落时给予我们帮助,而我们能够回报给老师的就是我们的努力和成绩。

我们要感恩朋友。朋友会在我们最无助的时候,伸出温暖的手;会在我们最难过和绝望的时候,默默陪在身旁,接受心灵的倾诉;会在我们最迷茫的时候,及时指出前面的方向。我们也应用一颗感恩的心对待朋友,在朋友最需要时出现在他们面前。

人生应有感恩,更应学会感恩。常怀一颗感恩的心,感谢我们身边的每一个人,这个世界将会变得更美丽。

看图写作给出的是一幅画或一组图示,要求考生根据图画或图示内容及提示加上题目,完成作文,所以考生需要很好地理解图画或图示,充分展开想象力,并注意图画或图示的细节,以及各图之间的逻辑关系。

看图作文需要通过对画面内容的观察、理解,把观察到的,联想到的内容具体地、有条理地写下来。图画可能是单幅,也可能是多幅。练习看图作文,既可以培养考生观察、想象、分析、比较的能力,又可以培养考生选择材料、提炼中心思想、组织材料、遣词造句的写作能力。

怎样才能写好看图作文呢?

首先,认真细致地观察图画,分析图中的人和事,看清楚图中的景和物,还要看出人物心理变化。对于单幅图,可以把画面分成若干小块,仔细观察各个部分。对于多幅图,要按照事情发展变化的顺序观察,不放过任何有意义的细节。

其次,把观察的景、人和事联系起来,利用自己的生活体验,抓住画面中的主要内容、人物展开想象,丰富画面的情节,让图画活起来。

例六

请看下面的图画,根据要求写一篇作文。

图画讲述了一件事:在一个公交车站,有两位妈妈分别带着自己的孩子等公交车,在他们前方马路边,一位清洁工人正在扫马路。一位妈妈指着这名清洁工人对自己的孩子说:"如果你不努力学习,你的结果就会和他一样。"而另一位妈妈则对孩子说出了不同的话:"如果你好好学习,你将能够为他创造一个更好的世界。"两位家长截然不同的态度值得我们深思。

观点提炼如下。

（1）教育方式。家长的教育方式直接影响孩子的价值观。两位妈妈截然不同的态度代表了不同的教育观，优秀的家长可以给孩子传播正能量，帮助孩子树立正确的人生观和价值观。相反，家长不正确的引导方式会传递给孩子错误的价值观念，影响孩子的成长。

（2）对社会职业分工的态度。职业只有分工不同，没有高低贵贱之分，不应该有职业歧视。各行各业，只要各司其职，恪尽职守，都应获得应有的尊重。

第五节　MHK(三级)口语考试考题
　　　　 分析及应试技巧

口语考试部分主要考查考生是否能综合性地进行叙述、议论和说明；较系统地阐述自己的某种观点，为自己的观点进行辩解；说明某种事物的特征，分析某种现象的原因。

一、MHK(三级)口语考试具体要求

(1) 对于任何提问，反应迅速。
(2) 语音语调基本准确，说话没有明显的语法错误。
(3) 表达清楚流畅，语句连贯，没有明显停顿。
(4) 表达得体，比较丰富。

二、MHK(三级)口语考试考题分析

本部分包括朗读短文和回答问题两个部分，回答问题部分包含两道题目，第一道是封闭式问答题，第二道是开放式问答题。

(一) 第一部分：朗读短文

这一部分，考生有朗读准备时间 60 秒，可以利用这个短暂的时间迅速默读原文，熟悉文章内容和基本思路。朗读正式开始后，倒计时 90 秒，可以根据文章内容调整自己的朗读状态，注意边读边记忆，为下面的回答问题做好准备。短文只朗读一遍，准备 60 秒，朗读 90 秒。

示例：

　　睡眠是生物进化过程中形成的最基本的生命过程，睡眠与觉醒共同维系着生命现象的规律性变化。近年来，随着生活节奏的加快和社会压力的逐渐增加，睡眠觉醒障碍的发生率也在逐步增高。
　　失眠是最常见的睡眠觉醒障碍，发生率随年龄增长而增加，女性患病率高于男性。同时，睡眠觉醒障碍也造成了严重的社会负担，据世界卫生组织 2013 年发布的《道路安全全球现状报告》显示，每年全球范围内约有 124 万人死于道路交通事故，其中疲劳驾驶可以显著增加致命或重度伤害事故的风险，而由于长期的睡眠缺乏和本身存在睡眠觉醒障碍引起的疲劳驾驶尤为突出。在我国，睡眠觉醒障碍的发病率日益增高，成人中约有三分之一拥有睡眠问题，长期睡眠紊乱不仅降低生活质量还会引发一系列的躯体和精神疾病，如心血管疾病、抑郁症、痴呆、肥胖和焦虑障碍等。

（二）第二部分：回答问题

这一部分需要根据朗读短文的内容回答两个问题，第一道题是封闭式问答题，考生有准备时间 30 秒，录音回答 30 秒。第二道题是开放式问答题。考生有准备时间 120 秒，录音回答 120 秒。

（1）睡眠觉醒障碍的女性患病率和男性患病率哪个更高？长期睡眠紊乱还会引发哪些躯体和精神疾病？

返回原文，根据文章内容可回答。

睡眠觉醒障碍的女性患病率高于男性。长期睡眠紊乱不仅降低生活质量还会引发一系列的躯体和精神疾病，如心血管疾病、抑郁症、痴呆、肥胖和焦虑障碍等。

（2）你的睡眠状况如何？如何看待当前普遍存在的睡眠觉醒障碍问题？

本题为开放性考题，可以结合自身的实际情况回答，并展示自己的观点，注意答题时要紧扣问题展开，注意口语表达的准确性和流畅性。

比如：我的睡眠状况也不太好，当前，随着生活节奏的加快和社会压力的增加，睡眠觉醒障碍的发生率逐渐增高，这是一个非常突出的社会问题，值得我们反思……

MHK 三级口试主要由朗读短文和回答问题两部分构成。其中，朗读短文时要求准确把握句子中的平调、升调和降调，语速要流利。需要提醒的是，回答问题的第一道题为封闭性试题，答案只有一个短语、一个小句或一到两句话，注意紧紧围绕朗读材料内容，千万不能跑题；回答问题二为开放性试题，话题与社会、学校、家庭等热点信息相关，要通过平时的观察和积累多说多练。

三、MHK（三级）口语考试应试技巧

由于口试的各部分题目之间在内容上具有密切的联系，本书没有将朗读部分和回答问题部分的题目分开列出，封闭式问答题需要根据朗读的内容进行回答，所以将这两个部分结合起来。

（一）朗读

考生不要一拿到文章就马上开始朗读，首先应了解一下文章的大致内容，对文中较为复杂的句子在心里默读几遍，接着确认一下全文是否有自己觉得比较难的字词，联系上下文推断它的意思，敲定它的发音。

开始朗读时，声音一定要洪亮、清晰，朗读部分完成后，紧接着做回答问题的第一道题。由于口语考试是借助计算机来完成的，在考试中，朗读部分结束后，电脑就会自动切换到下一个页面了，所以在回答问题时，考生是看不到朗读材料的。因此，要注意在朗读的同时记忆所朗读的内容。在平时练习时，最好朗读一结束，就想办法将朗读材料遮挡起来，要模拟真实考试的情境，在不看朗读材料的情况下，凭借记忆去回答封闭式问答题，这样才能真正指导考试。

考生们需要在巩固语音知识的基础上提高朗读技巧,熟悉各类文章的朗读要领和各类题目的答题思路,并且为提高口头表达能力积累更多的语言知识和语言素材。

朗读有 60 秒的准备时间、90 秒的朗读时间,时间是相对充裕的。考生要利用 60 秒准备时间调整状态、扫除朗读中的各种障碍,比如清除不认识的字词、确认字词的准确读音、判断朗读的停连和轻重音。在朗读文章的 60 秒,要注意控制音量,保证口齿清楚,还要注意朗读语速的快慢等。

遇到不认识的字,可以选择猜读(比如知道"平"字的读音,可猜到"评""坪""苹""萍"等字的发音)。遇到看不懂的词语,可以联系朗读材料前后的内容,结合语境猜想词义,这有助于对文章的理解和后面问题的回答。关于语速的问题,可根据朗读材料的长短和文章的具体内容控制,如果文章较长,朗读时语速就要加快些,文章短,则应适当放慢语速,目的是在规定的时间里录完朗读考试内容。考试时可以参照电脑屏幕上的时间滚动条来适当调整语速,要避免文章没读完而录音时间到,或是过早朗读结束,出现大量空白时间的现象。

(二)回答问题

此题型有两种内容形式。

回答问题一。此类问题一般涉及刚刚朗读过的材料中的相关内容,但在实际考试过程中,当考生在看到问题时,电脑已经翻到下一个页面,屏幕上的朗读材料已不再显示,因此,需要考生凭借朗读时的短暂记忆去抓住文章的主要信息,才能正确回答问题。考生有准备时间 30 秒,然后回答问题 30 秒。一般来说,这类问题难度不大,所要回答的内容也不会太长。需要特别注意的是:训练时一定按考试流程要求,朗读完毕回答问题时不能回看原文,因为上机考试时考生是在无法看到原文的情况下回答问题的,如果记不住朗读的内容,就无法回答相关问题。考生还需要在短暂的时间内对文章的体裁、语体等进行判断,比如朗读记叙文,在准备和朗读时,要注意记叙文的六大要素(时间、地点、人物、事件、原因、结果)的记忆,要注意文章中涉及人物的特点(职业、性格、心理、语言等)的记忆;如果朗读材料是议论文,则需要留心、寻找并记忆论点、论据、论证结果等关键信息。总之,在准备和朗读时除了朗读发音准确,还要注意文章内容的记忆和理解,一心多用。要有选择性地重点进行记忆,积极预测后面可能出现的问题。答题时,要注意语言表达的准确性,要具有一定的综合思维表达能力。

回答问题二。此类试题一般有介绍性和论述性两种,考生回答问题之前有准备时间 2 分钟,录音回答 2 分钟。一般来说,介绍性的试题相对容易一些,如果是生活中常见的问题或是熟悉的内容,回答起来就不是太难,考生可以联系自己日常生活的积累加以阐述。但是,论述性考题难度较大,需要考生根据朗读材料的内容,陈述自己的观点,不仅要求对朗读的文章有一定的理解力,还要有一定的个人见解和口语表达能力,要求考生具有一定的思维能力,考生如果没有针对性地进行训练,在看到题目后,往往无从说起,出现思路单一、条理不清、语句重复、论据不充分、不能综合论述观点等问题。

四、普通话口语技能及训练

(一) 普通话发声原理和训练方法

普通话的发音与呼吸、共鸣、咬字几个环节紧密相连。气流通过气管、振动声带发出声音,经过咽腔、口腔、鼻腔等腔体共鸣得到了扩大和美化,再经过口腔唇、齿、舌、牙、腭的协调动作,产生不同的声音。掌握发声的基本原理和训练方法,能灵活自如地驾驭自己的声音,做到洪亮、圆润、字正腔圆,是一般口语训练的基本要求,对朗诵、演讲、教学、会话都有帮助。

1. 气息控制训练

气息是指人呼吸的气流。它是人体发声的原动力。气流的速度、流量、压力的大小,与声音的长短、强弱、高低及共鸣状况有着直接的关系。气流的变化制约着声音的变化,要控制声音、驾驭语言,必须先学会控制气息,掌握科学地用气发声的方法是口语表达的基础与前提。因此,学会控制声音,必须先学会掌握呼吸的方法,以控制气流。

常见的呼吸方法有三种,即胸式呼吸、腹式呼吸和胸腹联合呼吸。

(1) 胸式呼吸。胸式呼吸又称浅呼吸。胸式呼吸时往往肩膀微耸,颈动脉凸起,吸进的气息拥塞于上胸部,吸气量少,难于控制。为控制气息,往往束紧喉头,因而造成声音挤压、粗糙、有杂音,并且容易损坏声带。这种呼吸方法不适合艺术语言的发声,发出的声音没有底气,声音飘忽,发高音时还会出现中气不足的现象。

(2) 腹式呼吸。腹式呼吸又称单纯横膈式呼吸。呼吸时往往腹部外凸,胸廓活动不明显,主要靠横膈肌的收缩或放松,使腹部一起一伏地进行呼吸。吸进的气流量少且微弱,不能控制。用这种气息发声往往声音无力,不能持久。由于腹式呼吸时,胸肌不能积极推动胸廓,胸部固定在一定的状态,得不到胸部肌肉的配合,如果长时间大声说话,容易疲劳,也难以得到洪亮、圆润的声音。

(3) 胸腹联合呼吸。胸腹联合呼吸又称深呼吸。它是胸腹两种呼吸方式的结合,呼吸时,由于胸腹同时进行,吸入的气流量大,而且有一定的厚度,容易产生较为坚实的音色。这种呼吸方法最适合艺术语言的训练和表达,是最正确的一种呼吸方法。戏曲演员所说的"挺胸收腹""气沉丹田"就是这种呼吸方法。

2. 共鸣训练

共鸣是指物体因共振而发声的现象。共振则是指两个振动频率相同的物体,当一个发生振动时,引起另一个物体振动的现象。当人们说话时,声带因振动而发出的声音叫基音,基音是单薄无力的,它的声波能引起人体内各个共鸣体发生共振,产生泛音。基音在共鸣腔内引起的共振就是人声的共鸣。熟练掌握了共鸣的方法就能做到发音不费力、声音优美,而且能根据需要自如地运用声音。

发音器官的共鸣腔是指喉腔、咽腔、口腔和鼻腔,它们也可以叫共鸣器。鼻腔的形状是固定的,而喉腔、咽腔、口腔的形状可以变化。共鸣腔在发音时形状的变化和质量的高低可以起两个作用。一是扩大和美化声音。声带发出的喉原音经过共鸣得到扩大和美化,共鸣控制与音量、音高、音强、音长都有密切的关系。二是产生不同色彩的声音。共鸣的调节直接参与语音材料的制作,在调节过程中形成不同的语音,产生表情达意的不同色彩的声音。

共鸣器之所以能够使音量加强,是通过共鸣腔产生共鸣作用的结果,气流冲击声带发出的声音是非常微弱的。口腔的开合,舌位的前后升降,软腭的起落,使发音器官中共鸣器的形状发生变化,构成了语音中各种音素的特殊音色。

共鸣训练的目标是追求声音的集中、圆润和明亮,且具有一定的穿透力。共鸣训练主要有以下三种方法。

(1) 口腔共鸣。口腔共鸣也就是中音共鸣,是共鸣训练的主要方式。它由硬腭和软腭以下、胸腔以上的口腔、喉腔、咽腔共鸣体来完成。发音时,软腭上升堵住鼻腔通道,气流冲击声带,到达口腔,在口腔形成共鸣,普通话语音发声以口腔共鸣为主。

(2) 胸腔共鸣。胸腔共鸣就是低音共鸣,是颈根部扩张、喉头下沉,在上胸部蓄满一口气,振动声带。此时用手捂住上胸部,可感觉到胸腔的振动。

(3) 鼻腔共鸣。鼻音共鸣是高音共鸣,是共鸣训练的辅助形式。鼻腔的大小、形状基本是固定的。发音时,用手指在两鼻孔外,感受气流的强弱,共鸣充分气流就强;反之,则弱。

鼻音共鸣有三种常用方式:一是在发鼻辅音时,软腭下垂,鼻腔通路打开,气流从鼻腔透出;二是在发鼻化元音时,软腭略下垂,气流分别从口腔、鼻腔透出;三是发声过程中声波在口腔冲击硬腭,由骨传导而产生鼻腔共鸣。

普通话中七个单元音:a、o、e、ê、i、u、ü 是最响亮的,这七个元音的发声条件的区别就是舌位的高低不同,口腔开合度不同,唇形的圆展不同。不同的特点决定了不同的共鸣腔状态,也形成了这七个不同的元音。如果能把这七个舌面音发得响亮、干净、动听,发音就有了初步的保障。将这七个元音练到一定程度,就可以用这七个元音进行组合练习,练好其他韵母发音。

如果说气息是人体发声的原动力,那么共鸣腔则是决定音色的重要发音器官,必须加强训练。

3. 吐字归音训练

吐字归音是我国戏曲说唱艺术的传统发声手段,也是我国古典唱法对吐字法的概括。吐字归音要求在发声过程中做到字音清楚、准确、完整,字正腔圆、清晰饱满是吐字归音的基本要求。具体地说,有以下几点。

(1) 准确。读音正确、规范,要符合普通话的语音规律。

(2) 清晰。字音清楚、不含混,保证语义清楚,这是语言表达的基本要求。

(3) 圆润。声音饱满润泽、悦耳动听,这是语言表达的审美要求。

(4) 集中。发音集中、不散乱、明朗,便于声音送得远、传得真。

(5) 流畅。语音连贯、自然,字字入耳,吐字流畅,不涩不拙,有利于语言情感的表达。

前两者可概括为字正音清,后三者可概括为腔圆调满。吐字归音总的要求是"字头叼住、弹出,字腹拉开、立起,字尾到位、弱收"。

首先,要咬准字头:字头主要是指声母。发音时,声母要有力度,利用开始阶段的爆发力量,带动字腹和字尾的发音,要有"弹出"的感觉。

其次,要发响字腹:主要指韵腹,它是整个音节中最清晰、响亮的部分。发音时气息要足,共鸣要强,读得充实、饱满。

再次,要收全字尾:字尾主要指韵尾,韵尾的音质多含混不固定,有时容易读"丢"了,发音时一定要注意归音到位,发音器官必须有一个向韵尾发音部位滑动,最后到位的过程。

吐字归音三个阶段的具体要求如下。

(1) 出字。出字是对字头的处理,要求发音部位准确,叼住、弹出。具体说就是,声母的发音要求成阻准确,除阻轻巧有力,既不能含糊不清"叼"不住字头,又不能为了清楚而把字咬得过"死"。字头的发音,关系到字音是否清晰。"弹出"一般是指声母的除阻阶段,也叫吐字阶段,要求把字送出去轻捷有力,干脆利落。

(2) 立字。立字是对字腹的处理,要求韵母发音拉开、立起,圆润饱满。字腹是字音的中心,字音的响度和长度都集中体现在字腹上,也就是说,字腹部分的发音是字音是否响亮的关键之处,同时还关系到字音是否正确、饱满。字腹是发音时口腔开度最大的一部分,口腔一定要打开,主要元音一定要拉开、立起,发得到位、充分、饱满、响亮,复合韵母舌位的移动和唇形的变化滑动快速而自然。在整个音节的发音过程中,字腹占的时间最长,这样才能保证字音的清晰、圆润和响亮。

(3) 归音。归音是对字尾的处理,是音节发音的收尾过程,要求干净利落,到位弱收。归音时,音节的发音到了收尾的时候,气渐弱,力渐松,口渐闭,声渐正,要给人字音完整结束的感觉,不能字音发到一大半就没了。在气息没有完全断绝的时候,口形及唇舌力度不能先于气息松弛。所以,归音比出字、立字难度更大。

总而言之,吐字的综合感觉概括为五个字:拢、弹、滑、挂、流。

"拢",是指发音有关部位着力点向口腔中部集中。

"弹",是指字音从口腔出去时要灵活、轻快、弹发有力。

"滑",是指吐字过程中唇舌对音素的过渡要有滑动感。

"挂",是指字音出口前要"挂"在硬腭的前部。

"流",是指字音在口腔内要有沿中纵线向前流动的感觉。

(二) 普通话朗读技巧及训练

1. 朗读的定义

朗读就是朗声读书,即运用普通话把书面语言清晰、响亮、富有感情地读出来。朗读是一种口头语言的艺术,需要创造性地还原语气,使无声的书面语言变成有声的口头语言,可以说,朗读是一种对文字材料的再创造。

2. 朗读的要求

朗读主要考查使用普通话朗读书面作品的水平,它除了要求应试者忠于作品原貌,不添字、漏字、改字、回读外，还要求朗读时在声母、韵母、声调、轻声、儿化、音变以及语句的表达方式等方面都符合普通话语音的规范。

（1）朗读要注意字音的准确。

第一，注意普通话和方言或者民族语言在语音上的差异。普通话和方言或者民族语言在语音上的差异，大多数的情况是有规律的。这些规律之中往往又包含一些特殊情况，考生要去总结和体悟。在平时要多查字典和词典，加强记忆，反复练习，不仅要注意声韵调方面的细节，还要注意轻声词和儿化韵的发音。

第二，注意多音字的读音。一字多音是产生误读的重要原因之一，我们要重点关注两种类型：第一类多音字是意义相同的多音字，要弄清它不同的使用场合。这种字主要表现在同样一种词义，书面语和口语中却有不同的读音。例如"血"的读音，在书面语中读（xuè），在口语中则读（xiě）；"谁"，在书面语中读（shuí），在口语中则读（shéi），这类字需要分辨其不同场合的读音加以记忆。第二类是意义不同的多音字，要着重弄清它的各个不同的词义，从不同的词义入手去记住它的不同读音。如"殷"，在表示"丰盛、深厚"时读 yīn（殷切、殷实）；在表示颜色时则读 yān（殷红）。

第三，注意由字形相近引起的误读。由于字形相近，把甲字张冠李戴地读成乙字，这种误读十分常见。如"毫（bó）"不能误读为"毫（háo）"；"舂（chōng）"不能误读为"春（chūn）"；"券（quàn）"不能误读为"卷（juàn）"。这样的字虽然字形相近，甚至只有细微的差别，但是它们的意思不同，读音也是不一样的，所以在朗读时要仔细辨别形近字的细微区别，还可以结合不同的语境加以辨别。

第四，注意由偏旁类推引起的误读。汉字中虽然存在着大量的"形声字"，但是由于古今语音变化、字形变化等原因，现在其中许多字的"声旁"已经不能正确表音，甚至会导致误读。因此，由偏旁相同的较常用字读音，去类推一个生字的读音而引起的误读，也很常见，这就是所谓的"秀才认字读半边"，会闹出笑话。如"煲（bāo）"不能因为"保"的读音而读成"（bǎo）"；迸（bèng）不能因为"并"的读音而读成"（bìng）"；"真、慎、缜、嗔、瞋、滇"这一组字，"真"后面的字分别读"慎（shèn）、缜（zhěn）、嗔（chēn）、滇（diān）"。我们可以把这样由同一声旁派生出来的一系列字归纳在一起，把特殊读音筛选出来，强化记忆。

第五，注意一些字词的特殊读音。有些字在专用词语（人名、地名、姓氏、官职、专业用语）中有特殊的读音。如"蚌（bàng）"，在安徽省一处地名蚌埠市中读"（bèng）"；"查（chá）"，在作姓氏时要读（zhā）；"单（dān）"，在中国汉代匈奴人对其君主的称呼时读"单（chán）于"。

第六，注意习惯性误读。由于受方言等因素的影响，很多人对一些字词形成了习惯性误读。如"粳（jīng）米"容易误读成"（gěng）米"；"麻痹（bì）"容易误读成"麻（pì）"；"包庇（bì）"容易误读成"包（pì）"；"氛（fēn）围"容易误读成"（fèn）围"。

第七，注意生僻字引起的误读。生僻字又称冷僻字，是指不常见的或人们不熟悉的汉字。有些字词在生活中使用频率不高，容易因不认识引起误读，如"盥（guàn）洗""戕（qiāng）害""龃龉（jǔyǔ）""囹圄（língyǔ）"。生僻字的读音需要我们在日常生活和学习中留心积累，养成查阅字典的习惯，在点滴中加以记忆。

(2) 朗读要把握作品的基调。

一方面,要理解作品。首先要熟悉作品,把握作品的思想内容和情感特征。只有透彻理解作品,才能准确地掌握作品的情调与节奏,才能在朗读时正确地表现作品的思想感情。所谓理解作品需要做到以下几点。

第一,尽量了解作者创作时的思想和作品的时代背景。

第二,深刻理解作品表现的主题。

第三,熟悉不同体裁的特点,因为在朗读不同的体裁时的具体处理会有不同,把握体裁特点才能准确地把握不同的朗读方法。

另一方面,要结合自己的理解设计具体的朗读方案,一千个读者就有一千个哈姆雷特,同一篇文章不同的朗读方案可以有不同的朗读效果。

第一,可以根据不同体裁,不同题材,不同情感等因素,来确定朗读基调。

第二,对不同作品的细节可以有自己的理解。例如朗读的高潮设计在什么地方？如何安排朗读节奏、轻重音和停顿等。

3. 朗读的技巧

(1) 呼吸。学会控制呼吸非常重要,因为这样发出来的声音坚实有力,音质优美,而且传送得较远。朗读需要有较充足的气流,一般采用的是胸腹式呼吸法。它的特点是胸腔、腹腔都配合着呼吸进行收缩或扩张,尤其要注意横膈膜的运动。我们可以进行缓慢而均匀的呼吸训练,从中体会用腹肌控制呼吸的方法。

(2) 发音。发音的关键是嗓子的运用。首先,要注意提高自己对嗓音的控制和调节能力。声音的高低是由声带的松紧决定的,音量的大小则由发音时振动用力的大小来决定,朗读时不要自始至终高声大叫。另外,还要注意调节共鸣,这是使音色柔和、响亮、动听的重要技巧。人们发声的时候,气流通过声门,振动声带发出音波,经过口腔或鼻腔的共鸣,形成不同的音色。改变口腔或鼻腔的条件,音色就会大不相同。例如,舌位靠前,共鸣腔浅,可使声音清脆;舌位靠后,共鸣腔深,可使声音洪亮。

(3) 吐字。吐字的技巧不仅关系到音节的清晰度,而且关系到声音的圆润、饱满。要吐字清楚,首先,要熟练地掌握常用词语的标准音。朗读时,要熟悉每个音节声母、韵母、声调,按照它们的标准音来发音。其次,要力求克服发音含糊、吐词不清的毛病,一是在声母的成阻阶段比较马虎,不大注意发音器官的准确部位,二是在韵母阶段不大注意口形和舌位,三是发音吐字速度太快,没有足够的时值。朗读跟平时说话不同,要使每个音节都让听众或考官听清楚,发音就要有一定力度和时值,每个音素都要到位。

(4) 停连。停连是指朗读语流中声音的停顿和连接。它是由朗读者生理和心理上的需要所造成的。

从生理角度来说,朗读者不可能一口气把一篇作品读完,总要有换气和气息调节的时候,这时就要停顿;换气之后,又可以继续朗读,而不会每个字一一换气,这时就需要连接。

从心理角度来说,朗读者的思想感情总是随着作品文字序列的层层衔接、步步展开而发展变化的。当文字序列出现区分、转折、呼应、递进等语义变化时,就需要运用停顿;当文字序列逻辑严密,语义连贯,情感奔流,层层推进时,朗读者心潮激荡,一气呵成,就需要运用连接。

停连既包括停顿,也包括连接。在朗读中,声音中断、休止的地方就是停顿;反之,那些不中断、不休止的地方就叫连接。在朗读时,有些句子较短,按书面标点停顿就可以。有些句子较长,结构比较复杂,句中虽没有标点符号,但为了表达清楚意思,中途也可以作短暂的停顿。但如果停顿不当就会破坏句子的结构,这就叫读破句。

①停连在朗读中的作用如下。

第一,停连可以帮助听众更好地理解和感受作品的思想感情。

第二,停连也是朗读者生理上的需要,两者是有机的统一体。

第三,停连可以造成语义的区别。

如:亲爱的爸爸妈妈,欢迎您!
　　亲爱的爸爸,妈妈欢迎您!
　　亲爱的,爸爸妈妈欢迎您!

②正确的停连有以下几种类型。

第一,标点符号停连。

标点符号是书面语言的停顿符号,也是朗读作品时语言停连的重要依据。标点符号的停顿一般规律如下。

句号、问号、感叹号、省略号停顿略长于分号、破折号、连接号;分号、破折号、连接号的停顿时间又长于逗号、冒号;逗号、冒号的停顿时间要比顿号长。以上停顿,也不是绝对的。有时为表达感情的需要,在没有标点的地方也可停顿,在有标点的地方也可不停顿。

试比较:"下雨天留客,天留,我不留"和"下雨天,留客天,留我不?留!"。

第二,语法停连。

语法停连指的是人们在说较长的句子时,出于自身生理换气或便于对方理解的需要而做出的停顿,也是反映词句间的语法关系,显示语法结构的停连。语法往往是为了强调、突出句子中主语、谓语、宾语、定语、状语、补语而作的短暂停顿。学习语法有助于我们在朗读时正确地停顿、断句,不读破句,正确地表达作品的思想内容。

今天值日的同学/请放学后留下来。(主语)

今天/气温不高也不低。(谓语)

我刚听说/李芳同学出国留学了。(宾语)

这是我看到的/最美丽的风景。(定语)

在朋友的邀请下/他很快就来了。(状语)

他高兴得/一下跳了起来。(补语)

第三,逻辑停连。

逻辑停连是指为准确表达语义、揭示语言内在联系而形成的语流中声音的顿歇和连接。逻辑停连不受语法停连的限制,没有明确的符号标记,往往是根据表达的内容与语境要求来决定停连的地方和停连的时间。逻辑停连被称为无形的"标点符号"。

例一:
我看见老师/笑了。
我看见/老师笑了。
例二:
他姐姐/和我想的一模一样。
他姐姐和我/想的一模一样。
例三:
领导/对大家提出的意见是有准备的。
领导对大家提出的意见/是有准备的。
例四:
我支持他/也支持你/怎么样?
我支持/他也支持/你怎么样?
例五:
他知道/你回来以后病了。
他知道你回来以后/病了。
例六:
他听说/你回来以后才想起来那件事。
他听说你回来以后/才想起来那件事。

第四,感情停连。

感情停连不受书面标点和句子语法关系的制约,完全是根据感情或心理的需要而作的停顿处理,它受感情支配,根据感情的需要决定停与不停。它的特点是声断而情不断,也就是声断情连。连到好处,停在妙处,会增强有声语言的表达魅力。

③停连需要注意以下几个方面的问题。

第一,停连必须根据作品内容和具体语句来安排,并以思想感情的运动状态为前提。一般来说,句子越长,内容越丰富,停顿就越多;相反,句子越短,内容越浅显,停顿就越少。感情凝重深沉时,停顿较多;感情欢快急切时,连接较紧。

第二,停连必须从生理和心理两方面的需要来考虑,不能只顾一面而忽视另一面。一般说来,生理上需要的停顿(如换气)必须服从心理状态的需要,不能破坏语义的完整。

第三,停连必须应作品的内容和朗读者思想感情的变化而变化,不能拘泥于某种固定格式,更不能孤立地考虑哪句话是"语法停连",哪句话是"感情停连",哪句话又是"逻辑停连"。

第四,标点符号是我们安排停顿的重要参考,但有时也不能过于僵化,完全受标点符号的制约。没有标点符号的地方,有时候也需要停顿,有标点符号的地方,有时候也需要连接。

(5)重音。在实际话语里,因语义、语法的需要,往往有些音节或词语读得重一些,有些读得轻一些。重音就是指那些在表情达意上起重要作用、在朗读时要加以特别强调的字、词或短语。重音和轻音是相对而言的,重音一般都是重要语义的负载。在语言表达中,重音往往通过声音的强调来突出意义,它能给色彩鲜明、形象生动的词增加分量。重音有以下几种情况。

①语法重音。

语法重音又叫基本重音,它是在不受上下文或具体语境规定的影响下,由语言单位自身的结构关系、语义内涵所规定的重音。也就是说,语法重音是体现语言单位结构关系与语义关系的重音,有一定的规律,也相对稳定。语法重音关系到表达者对语义的理解与把握,是言语表达首先必须掌握的重音。语法重音呈现在词、短语与句子三级语言单位中。

首先,词重音。词重音是指双音节或多音节词的基本轻重格式。词的不同轻重读音格式主要依据于词的结构形式与口语化的程度。词的重读音直接落在构成词的相关语素(音节)上。普通话词的轻重格式按音节的不同可分以下几种情况。

第一,双音节词的轻重格式主要有两种:中重格式、重轻格式。

凡非纯口语化的词一般都按中重格式读。例如:

作文　国歌　睡觉　咖啡　体育　朗读

凡以彻底虚化的语素(如"子""头"等)为后缀、词根重叠的名词或口语化程度极高的常用词一般都按重轻格式读。例如:

宝宝　姑娘　桌子　斧头　苗条　脑袋

第二,三音节词有三种格式,其中以"中轻重"和"中重轻"两种格式为多。

中·轻·重:差不多　蛋白质　普通话　锦标赛　星期天

中·重·轻:不在乎　两口子　胡萝卜　小伙子　一辈子

重·轻·轻:兄弟们　姑娘家　朋友们

第三,四音节词语因结构的多样,轻重格式较为复杂,常见的有以下三种。

中·轻·中·重:稀里糊涂　老老实实　一举两得　千方百计

中·轻·重·中:漂漂亮亮　磨磨叽叽　大大方方　黑咕隆咚

重·轻·中·轻:热闹热闹　研究研究　打扫打扫　参观参观

其次,短语重音。短语的重音落点与短语的语法结构类型密切相关,不同结构、不同语义关系的短语一般均有相对固定的重音位置。短语是由词构成的,所以短语的重音要落在具体的词上。短语的重音模式大体可分为七类。

第一,主谓短语,重音一般都要落在谓语上。例如:

外面冷　他走了　小手举起来　今天国庆节

在主谓短语中,谓语是主语的具体陈说部分,它回答主语"怎么样""是什么",与主语相比,这部分是短语语义的焦点所在,所以重音通常落在谓语部分。

第二,述宾短语,重音一般都落在宾语上。例如:

买书　参加考试　看电影　我是中国人

述宾短语的宾语是述语中心语的关涉对象,在语义表达上它是最后要落实的信息,相对更为具体,是语义的重点。

第三,偏正短语的重音落点分两种情况。

A.表示性质、方式、情态、程度、范围、处所、时间等修饰或限定内容的修饰语,一般都是新的、具体信息的负载成分，所以重音一般均落在修饰语上，例如：

非常壮观　物理老师　买来的水果　在教室里　慢慢儿说

B. 以人称代词、人名、亲属称谓词构成的领属性修饰语以及表示概数的数量结构构成的修饰语，因不负载语义焦点，所以重音一般落在中心语上，例如：

我妈妈　他的姐姐　几本小说　一堆垃圾

第四，述补短语的重音落点分两种情况。

A. 补语表示情态、结果、数量、程度时，补语所追加的是必要的详细信息，所以重音一般都要落在补语成分上。例如：

好极了（程度补语）　　　长得漂亮（情态补语）
来了两次（数量补语）　　看烦了（结果补语）

B. 补语表示趋向、可能时，重音要落在述语成分上。趋向补语、可能补语的语义虚化程度比较高，所以没有重读形式，重音一般都要落在中心语上。例如：

跳起来　取回来　（趋向补语）
喝得多　受不了　耽误不得　（可能补语）

第五，同位短语的重音落点也分两种情况。

A. 以常用职务、职称、称呼加特指名词构成的同位短语，因语义焦点在更具体的特指内容，故重音要落在特指部分上，例如：

李平院长　杨光教授　李梅阿姨　文学院　计算机学院

B. 属概念加具体种概念的同位短语，因种概念是具体概念，语义一般凸显的都是具体的种概念，故重音落在种概念部分。例如：

省会合肥　动物大熊猫　诗人李白

第六，兼语短语的重音一般都落在前后谓语的中心语上，如果后一中心语还带宾语，则重音由述宾结构承担。例如：

请他过来　使校园美丽　让学生读书

谓语通常要负载语法重读音这是一般规律。兼语短语的前后两个谓语相比，后一谓语成分是更具体的语义说明所在，所以处于两个谓语中心语间的兼语成分虽是前一谓语的宾语（在独立的述宾短语中负载重读音），但更是后一谓语的主语，所以不能负载语法重音。

第七，联合短语、连谓短语因短语各部分不分主次，均是语义焦点所在，所以重音并列。例如：

苹果、香蕉、葡萄　张三和李四　破格并提拔　（联合短语）
开门/走出去　打开/电脑/查资料　（连谓短语）

结构复杂的多层短语，其语法重音分布的基本规律与简单短语相同，整个短语的重音落点按第一层结构的类型确定，相应的下位结构的重音按相应的规律类推。而语句的语法重音与构成语句的基本成分或短语类型基本相同。

语法重音的强度并不太强，只是同语句的其他部分相比较，读得重一些罢了。

②逻辑重音。

为了突出或强调语句中主要思想所读的重音叫逻辑重音,也叫强调重音,指的是在具体的语境中为了表达某种特殊含义而强调重读的词语,目的在于引起听者注意说话人所要强调的某个部分。语句在什么地方该用强调重音并没有固定的规律,而是受说话的环境、内容和感情支配的。

同一句话,因为上下文的规定与具体表达语义指向的不同,强调重音不同,表达的意思也往往不同。因而,在朗诵时,首先要认真钻研作品,正确理解作者意图,才能较快、较准地找到强调重音之所在。

例一:我去过北京。(谁去过北京?)
　　　我去过北京。(你去没去过北京?)
　　　我去过北京。(你去过哪儿?)
例二:我想起来了,是这么回事。(强调回忆)
　　　我想起来了,已经九点了。(强调起床)
例三:这本小说,我看过。(不是那本)
　　　这本小说,我看过。(不是漫画)
　　　这本小说,我看过。(别人可能没看过)
　　　这本小说,我看过。(不是没看过)

强调重音与语法重音的区别如下。

第一,从音量上看。语法重音给人的感觉只是一般的轻重有所区别,而强调重音则给人突出的印象。强调重音的音量大于语法重音的音量。

第二,从出现的位置看。强调重音可能与语法重音重叠,这时语法重音服从于强调重音,只要把音量再加强一些就行了。有时,两种重音出现在不同的位置上,此时,强调重音的音量要盖过语法重音的音量。

第三,从确定重音的难易上看。语法重音较容易找到,在一句话的范围内,根据语法结构的特点就可以确定,而强调重音的确定却与朗诵者对作品的钻研程度、理解程度密切相关。

③感情重音。

感情重音可以使朗读的色彩丰富,充满生气,有较强的感染力。感情重音大部分出现在表现内心节奏强烈、情绪激动的地方。例如:

这里的花真漂亮啊!(赞叹)
哦!我终于弄明白了。(醒悟)
鬼子真是坏透了。(愤恨)
这个道理你真的一点也不懂吗?(质问)
多么富于哲理的话语,多么乐观的生活方式。
由此可见,影响一个人快乐的,有时并不是困境及磨难,而是一个人的心态。
妈妈肯定会格外喜欢你的,老师肯定会格外喜欢你的,大家肯定会格外喜欢你的。

(6)语速。语速即朗读中的语流速度,是构成节奏的重要组成部分。

语速贯穿于朗读的全过程。就作品全篇来说,语速表现在层次、段落以及它们相互之间的停顿、转换上;就句子、短语或者词来说,语速主要表现在音节的急缓上。这种由音节急缓造成的语流速度在全篇与其他因素结合,构成了朗读中的节奏。

语速不仅影响作品的整体节奏,也影响作品内容与思想感情的表达。这其中,"快"与"慢"是十分重要而又不易把握的。朗读者常犯的毛病是语速过快或者过慢。

语速过快,往往出现在一些朗读者自以为熟悉的材料时,朗读中只图酣畅、痛快,缺少必要的停顿和转换,语声急促连绵,忽视了作品内容的需要和听者的感受,使人听不真切,无法思索和回味。有的朗读者出于某种习惯或为了掩饰某种语音缺陷,也容易形成此种倾向。

语速过慢,往往出现在一些朗读者对所读材料的准备不足时,朗读中语声缓慢迟疑,停断较多,重复频繁,导致语脉时断时续,语义残缺不全,给人的感要是拖沓、沉闷,不胜其烦。有的朗读者出于某种习惯或心理压力,也容易形成此种倾向。

要注意,朗读任何一篇文章,都不能自始至终采用一成不变的速度。朗读者要根据作者的感情的起伏和事物的发展变化随时调整自己的朗读速度。这种在朗读过程中实现朗读速度的转换是取得朗读成功的重要一环。

朗读者要想把握语速"快"与"慢"的尺度,可以从以下几个方面来掌握。

第一,从作品整体来说,语速的快与慢应该服从于整体的节奏。一般来说,紧张、轻快、慷慨激昂型节奏的作品,语节少且音节的时值较短,语流的速度相对较快;而沉重、舒缓的作品,语节多且音节的时值较长,语流的速度相对较慢。

第二,从作品局部来说,语速的快与慢应该服从于内容的发展和思想感情的状态。一般来说,平静、庄重的场面,沉重、悲痛、缅怀、悼念、失望等心情,年老、稳重、迟钝的人物的言语、动作,记叙性、说明性、描写性、追忆性的段落及一些较难理解的语句,读的时候速度要稍慢一些;而紧张、急剧变化的场面,紧张、着急、慌乱、热烈、欢畅等心情,年轻、机警、泼辣的人物的言语动作,以及愤怒、反抗、抨击、控诉、雄辩等内容,读的时候速度可以稍快一些。

第三,从表达效果来说,语速的快与慢应该顾及听者的感受。朗读中,语速如果快慢得当,张弛相谐,不仅可以传达作品的情绪和渲染气氛,而且还可以使全篇的节奏跌宕起伏,从而增强语言的表达效果,形成听者的共鸣和审美感受。

(7)语调。语调指句子里声音高低升降的变化,其中以结尾的升降变化最为重要,一般是和句子的语气紧密结合的。应试者在朗读时,如能注意语调的升降变化,语音就有了动听的腔调,听起来便具有音乐美,也就能够更细致地表达不同的思想感情。

日常朗读活动中,朗读者在语调上容易出现的毛病主要有以下两种:一是带有某种固定腔调,二是存有某种方言语调。

固定腔调,是指朗读中使用某种固定不变的声音形式,把词语纳入一种单一的格式,以不变的声音形式应对万变的朗读材料,不管什么内容、体裁,也不管是书面语还是口头语言,是文言文还是白话文,都同样对待,听不出什么区别。

固定腔调的形成,有的是从小养成了诵读的习惯,也有的是对朗读作品不熟悉,没有情感投入,干巴巴挤字,对朗读理论和方法了解不够造成的。

固定腔调一般有以下几种类型。

一是念书腔,即照字念音,或有字无词,或有词无句,听不出完整的句段,更没有思想感情的流露。这种腔调的主要问题是停顿多,停顿位置和时间大致相同,词或短语没有轻重格式之分,没有重音,语气近似。

二是唱书调,即节拍一律,节奏变化不大,只是那几个音调的简单重复。唱书腔不管长句、短句,也不论内容变化与否,都可以连续不断、整齐划一地唱下去。只有简单曲调的刺激,不会产生任何共鸣。

三是念经式,是指用小而快的声音读书的方式。它可能是从"默读"或"虚声读"沿袭来的,与朗读的基本要求背道而驰。

四是朗诵调,是指用表演性的朗诵处理作品,不仅激情洋溢,而且音调铿锵。朗读和朗诵属于不同的口语表达方式,如果不分场合、不明目的、不看内容、不管体裁,一味把声音加工处理成朗诵调,会给朗读带来不利的影响。从口语考试角度来说,应试者如果过于追求声音形式的完美、感人,相反忽视了普通话语音的准确度,那结果适得其反。

综上所述,固定腔调的害处是显而易见的,朗读者对它们应有充分的辨别能力,并在平时练习中努力加以克服。

口语表达的语调变化多端,主要有以下几种。

第一,高升调。注意前低后高、语气上扬。高升调多在疑问句、反问句、短促的命令句中使用,或者是在表示愤怒、紧张、警告、号召的句子中使用。

例如:你能把照片给我看看吗?(疑问)

难道你不知道那个女的是谁吗?(反问)

他这么骂你你都不生气?(惊讶)

我们一定会把祖国守卫好!(号召)

第二,降抑调。注意调子逐渐由高降低,末字低而短。降抑调一般用在感叹句、祈使句或表示坚决、自信、赞扬、祝愿等感情的句子里。表达沉痛、悲愤的感情一般也用这种语调。

例如:这里的风景也太好看了吧!(感叹)

你就和我一起回家吧。(请求)

我今天一定把工作完成。(肯定)

第三,平直调。朗读时始终平直、舒缓,没有显著的高低变化。平直调一般出现在叙述、说明或表示迟疑、思索、冷淡、追忆等句子里。

例如:今天下午老师要组织我们考试。(叙述)

今天的会议大家一定要做好笔记。(严肃)

这个人我不认识。(冷淡)

李——焕——英——。(呼唤)

第四,曲折调。朗读时由高而低后高,把句子中某些特殊的音节特别加重、加高或拖长,形成一种升降曲折的变化。曲折调用于表示特殊的感情,如讽刺、讥笑、夸张、强调、双关、惊异等句子里。

例如：他有一盆很漂亮的花(升)，可惜被他养死了(降)。——(悲伤)

你多厉害啊(升)，就没有你做不到的事(降)。——(讽刺)

老师马上就来了(降)，你们还在打游戏呢(升)。——(意在言外)

4. 不同文体的朗读

(1) 诗歌的朗读。诗歌是通过有节奏、有韵律的语言反映生活，抒发情感的。它是一种词语凝练、感情强烈、节奏鲜明、韵律整齐的文学体裁。按不同的标准，诗歌可以有不同的分类，如叙事诗和抒情诗、格律诗和自由诗等。

诗歌朗读的要求如下。首先，朗读者要深入体会诗歌的内容和作者所要表达的思想感情，把握诗歌的感情特点。其次，由于诗歌具有结构跳跃的特点，朗读时要注意诗歌的情感逻辑，用适当的语调把前后连接起来。最后，要读出诗歌的节奏感和韵律性，音乐性是诗歌最大的特征，它主要体现在节奏和韵律上，所以要在节奏和韵律上读出诗歌的美。

第一，格律诗的朗读。格律诗的特点是诗有定句、句有定字、字有定音。像五言、七言的绝句分别是每句五个字和七个字。不同的格律，有不同的语节安排。五言诗中是二、三的格式。七言诗中一般是二、二、三的格式。虽然格律诗语节一定，韵脚一定，平仄一定，但朗读时要以充分表达思想感情为目的，做到"语无定势"。

第二，自由诗的朗读。自由诗的字数、句数、行数、段数、平仄和音韵均没有固定的格式，但有节奏，大致押韵，朗读时应注意几点。

首先，要深入意境，因境抒情。自由诗和格律诗相比较，其特点是豪爽不羁，跳脱奔腾。自由诗的语言更为凝练，跳跃性更强。朗读自由诗时，不仅要表达出诗的意境，更要因境抒情。这就要求在朗读时，以具体形象的比喻和象征传达出意境的可感性，发挥意境的感染力。

其次，要把握节奏，重视诗味。节奏是诗的生命。自由诗的字数不定，语节不定，韵脚不定，平仄不定。朗读自由诗时，必须把握诗的节奏，讲究诗的呼应、对称，或语节的对称，或诗行的并列对称，这样能增强自由诗的回环往复而不杂沓的节奏感。诗味从节奏中来。自由诗朗读的节奏，不但展现着意境美，而且显示着音韵美，诗味就如影随形地飘散出来。

朗读自由诗要善于使用突停、长停、快连、推进、虚实等技巧，要因境抒情，一切以思想感情为依据。

(2) 小说的朗读。小说是叙事性的文学体裁之一，其特点是通过塑造典型人物形象去表达思想、反映社会生活。朗读小说文体，要注意用声音塑造和再现典型人物形象、推动故事情节。一般地说，在朗读时要尽量把小说中作者叙述的语言和人物交际的语言区分开来。朗读故事内容时声音可略低一些，朗读人物语言时声音可略高一些，并且注意既要使二者有别，又要使二者自然地衔接起来。

要读好人物的对话。人物的语言是人物的"间接形象"。各个人说的话，同各个人的身份、思想、性格以及在当时情节发展中的态度有密切关系。朗读时要特别注意每个人物的个性，处理好人物对话之间的衔接，能够从这个人物很快转到另一个人物，把不同人物逼真地显现出来。

但是，朗读毕竟不同于演戏，处理人物的对话，要以自己的语言为基础，表达出话语的内容，而不必改变声音去扮演人物。

（3）记叙文的朗读。记叙文，无论记人、叙事、写景、状物，总要给人以启迪。朗读记叙文，要求因事明理，以事启人，语气自然，节奏简单。

记叙文的朗读，首先，要厘清线索，抓住作品的发展线索。记叙文的线索有时表现在人、事、景、物的轴心作用上，有时以作者的思想感情为转移。其次，要注意具体立意。朗读时不能只注重"点题句"，而应沿着记叙的发展线索因势利导，使听者不知不觉中有所领悟和感触。再次，要注意朗读技巧的细腻表达。叙述的语气要舒展、自然、平淡，使文章实实在在地呈现在听众面前。最后，朗读记叙文要处理好叙述、描写、抒情、议论的不同语调，一般来说，叙述部分要清楚、舒展、自然，语句要分开；描写部分要读得形象、栩栩如生；抒情部分要真挚，有感而发，从心底里读出深情、激越的感觉来；议论部分要缘事而说，娓娓道来，语调坚定。

（4）议论文的朗读。议论文要说明、论证某个道理、某个观点，所以论点、论据、论证很重要。只有把握住这些，才可以达到就事论理、以理服人的目的。议论文的朗读，必须把握作品内在的逻辑关系，把概念、判断、推理融会贯通，并以鲜明的态度、具有逻辑力量的有声语言表达出来。

第一，论点鲜明，论据有力。议论文的论点是文章的精华，是题旨的所在；而论据，是论点的支柱，是论证的依据。议论文的朗读，就是要积极主动地去说服别人，要据理力辩，以理服人。

第二，态度明朗，感情含蓄。议论文以理服人。在朗读中，态度必须鲜明，感情要含蓄。态度鲜明，就是要肯定、果断、从容、大度，要讲究分寸；感情含蓄，就是要把感情的运动控制在心里，在适当处流露。

第三，语气肯定，重音坚实。论点也好，论据也好，语气要肯定，态度要庄重。议论文的重音表达要扎实、确切，一般不使用加快、变轻、转虚的方法，而是加重并延长音节。有时，为了表示语气的深沉，同时使用低、重、长的方法表达重音。除了用重音外，还要注意停连。文章的层次结构、论证的过程都可用停连来表示，这样可以分清楚句与句、段与段的轻重。

第四，引语和括号内词语的读法。在议论文中，论点、论据、论证经常引用别人的话，或为名言警句，或是某种错误言论，可统称为引语。一般情况下，引语要用平稳的语气、肯定或否定的态度表达出来。正面引语的表达，要郑重、较慢，要与上下文有区别，引语前后要稍有停顿；反面引语的表达，要注意抓准反义性重音，较快，与上下文关联。

括号内的词语，一般是补充性、注释性的内容。朗读时，既要把括号内的词语作为上下文的有机部分，又要显示出它们之间的差别：或整体抬高，声音稍高些、稍强些；或整体压低，声音略低些、略弱些。此外，还要注意削弱括号本身的隔离作用。不必特意显露括号的存在，更不可因显露括号而使上下文断线、脱节。

（5）说明文的朗读。说明文是介绍、说明工农业生产、科学技术研究和日常生活中事物的性质、特点及规律的文章。朗读说明文应注意以下几点。首先，要全面认识和理解文章中说明的事物,特别是其本质特征,否则就不能进行自觉的表达。其次,掌握说明的方法,如分类、定义、举例、比较、数字、比喻、图表等;了解说明的种类,如阐述性、记叙性、介绍性、文艺性、实用性说明文等,以便有根据和有针对性地确定朗读的基调和具体方法。再次,恰当地运用停顿、重音和高低等,显示文章的结构层次与条理,并突出中心思想。最后,要掌握说明文的语言特点:准确、简明,明白无误,质朴自然。

(三)普通话说话技巧及训练

说话是在没有文字凭借的情况下,把思维的内部语言转化为自然、准确、流畅的外部语言,需要有良好的心理素质。综上所述,说话具有以下几种基本要求。

1. 语音准确、吐字清楚,能正确处理轻声、儿化、变调等音变现象

说话最基本的要求是语音准确、吐字清楚,能正确处理轻声、儿化、变调等音变现象。说话时应特别注意字音质量,要把音发准,劲使稳,打开韵腹,利索收音,做到吐字准确、清晰、圆润。训练时,一定要按照正确的发音部位和发音方法练,一方面要注意纠正自己的发声缺点、弱点、毛病;另一方面还要利用和发挥自己的长处,扬长避短。

2. 语调正确,根据内容的需要富于一定的变化

要做到说话自然,就要按照日常口语的语音、语调来说话,不要带着朗读或背诵的腔调。这并不是很高的要求,但实际做起来却是相当困难。

说话的语调要根据说话的内容富于一定的变化,这种变化对于表情达意来说,具有非常重要的作用。无论高兴还是难过等情感,都能通过语调的变化表现出来。为了更有效地传达说话的内容,就不能不对语言作高低和抑扬的变化处理。只有使音调的高低随义而变、随情而变,才能达到最佳的说话效果。

3. 词汇、语法合乎规范,选词、用语准确,具有一定的口语色彩

口语词和书面语词的界限不易分清。一般说来,口语词指日常说话用得多的词,书面语词指书面上用得多的词。口语词和书面语词相比,有其独有的特点。必须克服方言的影响,摒弃方言词汇,说话中特别要注意克服方言语气。不过,普通话的词汇标准是开放的,它也会不断地从方言中吸收富有表现力的词汇来丰富、完善自己的词汇系统。

说话就是口语表达,但口语表达并不等于口语本身。我们口头说话,要使用语言材料,但是说话的效果并不是这些语言材料的总和。口头说的话应该是十分生动的,它和说话的环境、说话人的感情、说话的目的和动机都有很大的关系。

现代汉语的口语和书面语基本是一致的,但是,从句式使用的频率来看,和书面语仍然存在差别,其特点如下。

第一,口语句式比较松散,短句多。

第二,较少使用或干脆不用关联词。

第三,经常使用非主谓句。

第四,较多地使用追加和插说的方法,句间关联不紧密;

第五,停顿和语气词多。

总之,我们在说话时要按照日常口语的语音语调来说话,不要带着朗读或背诵的腔调,说话时要多用口语词,少用书面语词,摒弃方言词汇,还要多用短语、单句,避免使用口头禅。

4. 语句连贯,停顿得当,快慢适度,表达自然流畅

语速适当,是话语自然的重要表现。正常语速大约 240 个音节/分钟。如果根据内容、情景、语气的要求偶尔有 10 来个音节稍快、稍慢,也应视为正常。语速和语言流畅程度是成正比的,一般说来,语速越快,语言越流畅。但语速过快就容易导致发音时口腔打不开、复元音的韵母动程不够和归音不准的问题。语速过慢,容易导致语流凝滞,话语不够连贯。有人为了不在声、韵、调上出错,说话的时候一个字、一个字地往外挤,听起来非常生硬。因而,应该努力避免过快和过慢的语速。

本章附录为《汉语拼音方案》。

第三章 附录

第四章
MHK（三级）实践强化训练

第一节　笔试部分

笔试模拟试题（一）

一、听力理解

（40题，约30分钟）

第一部分

说明：1—15题，这部分试题，都是两个人的简短对话，第三个人根据对话提出一个问题，请你在4个选项中选出唯一恰当的答案。

示例

第8题，你听到：

第一个人说……

第二个人说……

第三个人问……

你在试卷上会看到四个选项。

A. 跑步　　　　B. 游泳　　　　C. 滑冰　　　　D. 踢球

第8题唯一恰当的答案是C，你应该在答题卡上找到题号8，在字母C上画一横道。横道一定要画得粗一些，重一些。

8. [A]　[B]　■　[D]

1. A. 无感　　　　B. 消极　　　　C. 积极　　　　D. 一般
2. A. 手套　　　　B. 围巾　　　　C. 袜子　　　　D. 毛衣
3. A. 晴天　　　　B. 阴天　　　　C. 雨雪　　　　D. 暴雨
4. A. 游戏厅　　　B. 餐厅　　　　C. 家　　　　　D. 医院
5. A. 第一首　　　B. 第二首　　　C. 都不喜欢　　D. 都喜欢
6. A. 差劲　　　　B. 优良　　　　C. 一般　　　　D. 无感
7. A. 女儿的成绩　　　　　　　　B. 女儿的心情
   C. 女儿的交友方式　　　　　　D. 女儿的饮食
8. A. 每天　　　　B. 每星期　　　C. 每月　　　　D. 每年
9. A. 九点　　　　B. 九点半　　　C. 十点　　　　D. 十点半

10. A. 知识　　　　　B. 反馈　　　　　C. 新工作　　　　D. 薪资
11. A. 家长　　　　　B. 学生　　　　　C. 教师　　　　　D. 班长
12. A. 速度　　　　　B. 网速　　　　　C. 手机　　　　　D. 流星
13. A. 去了　　　　　B. 没去　　　　　C. 不知道　　　　D. 老板自己接
14. A. 达·芬奇的性格　　　　　　　　B. 达·芬奇的作品
    C. 向日葵　　　　　　　　　　　　D. 蒙娜丽莎的微笑
15. A. 连衣裙　　　　B. 高跟鞋　　　　C. 长裙和牛仔裤　D. 什么也没买

第二部分

说明：16—40题，在这部分试题中，你将听到几段简要的对话或讲话，每段话之后，你将听到几个问题，请你在4个选项中选出唯一恰当的答案。

示例

第25—27题，你听到：

第一个人说……

第二个人说……

……

第三个人根据这段对话提出3个问题。

你在试卷上看到4个选项。

A. 面包店　　　　　B. 超市　　　　　　C. 包子店　　　　　D. 咖啡店

根据对话，第25题唯一恰当的答案是A，你应该在答题卡上找到题号25，在字母A上画一横道。横道一定要画得粗一些，重一些。

25. ■　　[B]　　[C]　　[D]

第26、27题略。

16. A. 书　　　　　　B. 篮球　　　　　　C. 比赛　　　　　D. 运动会
17. A. 篮球教练　　　B. 作家　　　　　　C. 篮球球员　　　D. 记者
18. A. 科比　　　　　B. 乔丹　　　　　　C. 詹姆斯　　　　D. 姚明
19. A. 大理　　　　　B. 丽江古城　　　　C. 昆明　　　　　D. 香格里拉
20. A. 没有资金　　　B. 没有时间　　　　C. 没有兴趣　　　D. 做手术
21. A. 赚钱的机会　　B. 旅行的机会　　　C. 放假的机会　　D. 聊天的机会
22. A. 春季　　　　　B. 夏季　　　　　　C. 秋季　　　　　D. 冬季
23. A. 勤奋刻苦　　　B. 投机取巧　　　　C. 懒惰邋遢　　　D. 平平无奇
24. A. 愉悦　　　　　B. 悲伤　　　　　　C. 一般　　　　　D. 无感
25. A. 新冠肺炎疫情　　　　　　　　　　B. 口罩处理
    C. 环境污染　　　　　　　　　　　　D. 垃圾回收
26. A. 垃圾箱　　　　B. 垃圾车　　　　　C. 垃圾填埋场　　D. 垃圾焚化炉
27. A. 会　　　　　　B. 不会　　　　　　C. 有害又有利　　D. 未提及

28. A.供电　　　　　B.制砖　　　　　C.供暖　　　　　D.填路
29. A.第22届　　　　B.第23届　　　　C.第24届　　　　D.第25届
30. A.2月　　　　　B.3月　　　　　C.9月　　　　　D.12月
31. A.欢迎来自其他国家的朋友　　　　B.冰雪运动赛道
　　C.创造充满可能性的未来　　　　　D.奥林匹克精神
32. A.熊猫　　　　　B.羚羊　　　　　C.灯笼　　　　　D.飞燕
33. A.新闻报道　　　B.人物传记　　　C.小说　　　　　D.科普文
34. A.湖上滑冰　　　B.湖边拍照　　　C.湖上散步　　　D.湖上野餐
35. A.3名　　　　　B.8名　　　　　C.20多名　　　　D.未提及
36. A.1人　　　　　B.2人　　　　　C.3人　　　　　D.8人
37. A.警告人们在冰上滑冰的危险　　　B.呼吁人们向勇敢的大学生学习
　　C.告诉我们在湖面发生了一起事故　D.告诉人们要珍惜生命
38. A.科学书　　　　B.医学书　　　　C.工具书　　　　D.生物书
39. A.爱迪生　　　　B.齐白石　　　　C.李时珍　　　　D.以上都不是
40. A.在困难面前保持乐观的心态　　　B.不断尝试新的事物
　　C.做事情持之以恒,坚持到底　　　D.学会在工作中积累经验

二、阅读理解

(40题,45分钟)

> 说明:41—80题,每段文字后都有几个问题,每个问题都有ABCD 4个选项,请你阅读后根据每题要求选择唯一恰当的答案,并在答题卡的相应字母上画一横道。

41

四方上下曰宇,往古来今曰宙。中国有世界上现存最早的星图,最古老的观象台,最完整的天象记录,一直到今天,人类探索宇宙的脚步也从未停止。黑格尔说:"一个民族要有一群仰望星空的人,他们才有希望。"透过这成百上千颗依然高悬于穹顶之上的星辰,我看到了那些仰望星空的人。

41. 文中画线词语拼音正确的一项是:
A. 天象(tiānxiāng)　　　　　　B. 仰望(yǎnwàng)
C. 穹顶(qóngdǐng)　　　　　　D. 星空(xīngkōng)

42—44

2021年5月15日,"天问一号"探测器成功降落在火星预选着陆区,标志着我国首次火星探测着陆任务成功。__42__,中国成为美国以后第二个实现探测器着陆火星的国家。"天问一号"的圆满成功,是几代中国航天人不懈奋斗的成果。早在2011年,中国第一个火星探测器"萤火一号"就发射升空,__43__可惜的是,该探测器在进入太空不久后便坠毁于太平洋。但一时的挫折没有阻断中国的航天之路,航天人们心怀勇气、砥砺前行,不断进行科研攻关,终于完成了登陆火星的目标。

42. 文中__42__处应该填写的词语是:

A. 将来　　　　B. 从此　　　　C. 日后　　　　D. 不久

43. 文中 __43__ 处应该填写的词语是：
A. 尽管　　　　B. 虽然　　　　C. 然而　　　　D. 况且

44. 我国火星探测器在哪一年首次发射升空并完成着陆任务？
A. 2011年　　　B. 2015年　　　C. 2021年　　　D. 2005年

45—47

父亲节,是一个 __45__ 我们与父亲关系的良好契机。这个节日的现实意义不仅在于提醒我们感恩父爱,还提出了理解父亲的要求。每个父亲表达爱的方式是不同的,而且他们可能天生就难以像母亲那般知冷知热。我们只有尝试去理解父亲,才能感受到藏在他们淡漠外表下 __46__ 的爱。另一方面,父亲节也在提醒父亲们主动承担起家庭教育的 __47__ ,真正参与到孩子的生活中去,不能当"甩手掌柜",更不能成为一个高高在上的"他者"。

45. 文中 __45__ 处应该填写的词语是：
A. 调和　　　　B. 调理　　　　C. 失调　　　　D. 和谐

46. 文中 __46__ 处应该填写的词语是：
A. 深奥　　　　B. 沉积　　　　C. 沉思　　　　D. 深沉

47. 文中 __47__ 处应该填写的词语是：
A. 地位　　　　B. 位置　　　　C. 责任　　　　D. 身份

48—50

平庸的人 __48__ 等机遇来敲门,智慧的人则敢于坚定地叩响机遇之门。在现实生活中,我们太想在谦虚谨慎的等待中被伯乐发现,而不愿毛遂自荐走出一片 __49__ 的天地,有时尽管才华横溢,也只能在无谓的等待中消耗殆尽。很多时候,人的失败实际上就是观念的失败,人的悲剧本质上常常是不能超越自我的悲剧。

48. 文中 __48__ 处应该填写的词语是：
A. 能够　　　　B. 只会　　　　C. 终于　　　　D. 希望

49. 文中 __49__ 处应该填写的词语是：
A. 新鲜　　　　B. 清爽　　　　C. 新潮　　　　D. 崭新

50. 这段话讲了什么道理？
A. 做人要谦虚谨慎　　　　　　　B. 不断更新观念
C. 抓住机遇,积极主动　　　　　D. 失败是成功之母

51—53

最早的火锅可以追溯到 __51__ 一万年前,那时候用的锅是体积非常大而且笨重的陶制大鼎,人们在鼎下生火,然后把以肉类为主的食物一起丢进鼎中,煮熟后食用,当时叫作"羹",这就是火锅的雏形。三国时期就有了鸳鸯锅的雏形,魏文帝所提到的"五熟釜"就是一个分成几格的锅,可以 __52__ 煮各种不同的食物。到了南北朝,铜制火锅成为最普遍的器皿,演变至唐朝后火锅又称为"暖锅"。直到宋代才真正有了火锅的记载,至明清时期火锅才开始兴盛起来,乾隆皇帝曾办过530桌宫廷火锅,嘉庆皇帝登基时曾摆"千叟宴",所

用火锅达到1550个。

51. 文中__51__处应该填写的词语是：
A. 好像　　　　B. 大体　　　　C. 也许　　　　D. 大约

52. 文中__52__处应该填写的词语是：
A. 同时　　　　B. 同期　　　　C. 同步　　　　D. 继时

53. 下列选项正确的是：
A. 三国时期火锅开始兴盛　　　　B. 南北朝时期有了火锅的记载
C. 本文主要讲述了火锅发展的历史　　　　D. 三国时期是鸳鸯锅发展的成熟时期

54—56

水是我们维持生命必不可少的资源，科学研究表明，健康成年人每天从尿液、流汗或皮肤蒸发等流失的水分，大约是1800～2000毫升，因此人体每天摄入的水量要达到2000毫升，但是我们并非要按照2000毫升的水量摄取，其实还是有一部水量来源于我们吃的各种食物，例如水果、蔬菜等，一日三餐，大概所占我们需要水量的40%～60%，所以每天只需要喝水1000～1200毫升。如果一天的喝水量为1000～1200毫升，按70岁计算，一生约25550升水，也就是25.55吨。

54. 下列哪项不是上述提到的人体水分流失的途径？
A. 尿液　　　　B. 流汗　　　　C. 喷嚏　　　　D. 皮肤蒸发

55. 我们每天吃的食物占所需水量的百分之几？
A. 80%　　　　B. 30%　　　　C. 50%　　　　D. 10%

56. 这一段主要讲了什么内容？
A. 每天所需的摄水量　　　　B. 减少人体水分的流失
C. 人每天消耗很多的水分　　　　D. 多吃水果、蔬菜

57—59

一个女孩毫无道理地被老板炒了鱿鱼。中午，她坐在公园的一条长椅上黯然神伤，她感到她的生活变得暗淡无光。这时她发现一个小男孩站在她的身后咯咯地笑，她就好奇地问小男孩，你笑什么呢？"这条长椅的椅背是早晨刚刚漆过的，我想看看你站起来时背是什么样子。"小男孩说话时一脸得意的神情。女孩一怔，猛地想到：昔日那些刻薄的同事不正和这小家伙一样躲在我的身后想窥探我的失败和落魄吗？我决不能让他们得逞，我决不能丢掉我的志气和尊严！女孩想了想，快速把外套脱了拿在手里，里面鹅黄的毛线衣让她看起来青春漂亮。小男孩甩甩手，失望地走了。

生活中的失意随处可见，真的就如那些油漆未干的椅背在不经意间让你苦恼不已。但是如果已经坐上了，也别沮丧，以一种"猝然临之而不惊，无故加之而不怒"的心态面对，脱掉你脆弱的外套，你会发现，新的生活才刚刚开始！

57. 女孩在长椅上黯然神伤的原因是什么？
A. 丢了工作　　　　B. 被老板骂　　　　C. 没吃午饭　　　　D. 外套沾上油漆

58. 一种"猝然临之而不惊，无故加之而不怒"的心态是指什么？
A. 沉着、稳重、善忍耐　　　　B. 惊诧、愤怒、不理解

C. 乐观、积极向上　　　　　　　　D. 无所谓、不在乎

59. 这段文字加一个标题，以下合适的是：
A. 女孩被炒鱿鱼的故事　　　　　　B. 明天的生活更美好
C. 美丽的鹅黄色毛衣　　　　　　　D. 讨厌的刻薄同事

60—62

狼作为一种哺乳动物，是顶级的掠食者，历来被世人视为凶残的动物。狼在野外平均寿命长达13年，圈养寿命长达16年。狼嚎叫是用来交流的，一只孤独的狼会嚎叫以吸引其他狼群的注意，而集体的嚎叫可能是为了发送领土信息。不像其他动物，狼有各种不同的面部表情，用来沟通和保持族群的统一。狼用脚尖奔跑，帮助它们快速停止，防止爪子磨损。狼由脚趾之间的小网辅助能游泳长达8英里的距离。狼大约有2亿的气味细胞，人类只有大约500万，因此，狼能在1英里之外闻到其他动物的气味。在特定的条件下，狼可以听到6英里以外的森林和10英里外的开阔冻土带的声音。狼是1973年第一批被列入美国濒危物种法案名单的动物，每年仍有6000至7000张狼皮在世界各地交易。当欧洲人到达北美时，狼成为美国历史上猎杀最广泛的动物，并在二十世纪初几乎灭绝。

60. 文中没有提到狼的什么特点？
A. 嗅觉　　　B. 听觉　　　C. 味觉　　　D. 动觉

61. 文中提出狼群通过嚎叫干什么？
A. 吸引其他狼群的注意　　　　　　B. 发送领土信息
C. 沟通和保持族群统一　　　　　　D. 震慑被掠食者

62. 通过这篇短文，我们可以得知：
A. 狼的嗅觉不如人类灵敏　　　　　B. 狼应该得到保护
C. 狼主要通过圈养延长寿命　　　　D. 狼群内由狼首领引领

63—66

如果对海水的盐度进行分析，就会发现不同地区之间的盐度存在变化。导致海洋盐度变化的基本过程有三个，其中之一就是通过蒸发，将液态水转化为水蒸气来减少海洋中的水分，从而海水盐度增加。当然，如果这种情况发展到极致，就会留下白色的结晶盐。

与蒸发作用相反的是降水，比如雨水，通过雨水将水加入海洋，这里的海水被稀释，盐度降低。这种情况可能发生在降雨量高的地区或河流流入海洋的沿海地区。因此，盐度可以通过蒸发减少水分而提高，或者通过降水或径流增加淡水而降低。

第三个改变盐度的过程与海冰的形成和融化有关。当海水被冻结时，可被溶解的物质就会留下。以这种方式，海冰下面的海水比海冰出现之前的盐度更高。当然，当这些冰融化时，会降低周围水域的盐度。在南极洲外海的威德尔海，这种冰冻过程提高了冷水的盐度，从而形成了海洋中密度最大的水。

63. 这篇文章最好的标题是：
A. 海洋的特征　　　　　　　　　　B. 海水盐度变化原因
C. 不同海洋盐度不同　　　　　　　D. 海洋的降水和蒸发

64. 文中共提出了几种改变盐度的方式？

A. 一种　　　　B. 两种　　　　C. 三种　　　　D. 四种

65. 以下哪个过程会提高海水的盐度？
A. 蒸发　　　　B. 降水量　　　　C. 熔化　　　　D. 稀释

66. 通过短文，我们可以得知威德尔海：
A. 通过海冰形成提高盐度　　　　B. 比北冰洋的面积大
C. 通过海冰融化提高盐度　　　　D. 现在的盐度比以前低

67—70

韦仁龙在广西壮族自治区一个偏远地区的贫困人家出生。三岁那年，他的母亲因病去世，一时间家庭的重担全部都压在他的父亲身上，所以从很小的时候，他便非常懂事，经常会帮自己的父亲干活。在其母亲去世之后，韦仁龙的父亲为了能够保证儿子跟自己的生活，不得不带着自己的儿子一起到海南打工赚钱，当然他的父亲之所以会带着他，还是为了照顾他，毕竟当时韦仁龙的年纪非常小，独自一人在家中无法生活。

不曾想，生活再次戏弄了他，在他十二岁时，父亲去世，他变成了一个孤儿。但他一直牢记父亲遗愿，好好学习。他经常捡腐烂的苹果充饥，捡别人丢弃的水瓶卖钱，没有笔的时候，他就到垃圾桶边上去捡别人没有用光而丢掉的铅笔。他的这些举动引起了校长的注意，在了解到其家庭情况之后，校长组建了一次捐款行动，虽然说全校师生每个人捐的钱并没有多少，但是到最后还是有1400多元，对此韦仁龙非常感动，这笔钱对于他来说，不仅仅只是钱，更是一份天大的<u>恩情(69)</u>，让原本已经有了辍学想法的他再次有了学习下去的动力。因为韦仁龙在学习方面非常努力，获得的成绩也非常优异，现如今他已达成所愿，考进了理想的大学。

67. 关于韦仁龙，说法正确的是：
A. 一直待在广西壮族自治区　　　　B. 考上了理想的大学
C. 用卖水瓶的钱买铅笔　　　　D. 曾经辍过学

68. 韦仁龙父亲打工带着儿子的原因是：
A. 为了挣钱谋生　　　　B. 让儿子接受好的教育
C. 儿子需要照顾　　　　D. 儿子经常帮自己干活

69. 根据上下文，可以替代文中的画线部分"恩情"的一项是：
A. 礼物　　　　B. 好处　　　　C. 仁慈　　　　D. 恩惠

70. 韦仁龙非常感动的原因是：
A. 他有钱上学了　　　　B. 他以后不会再挨饿了
C. 校长很关心他　　　　D. 对大家的捐款充满感激

71—74

随着互联网、自媒体的全面普及，年轻人热衷于自我调侃、自我嘲弄的文化氛围的形成，一些流行热词也在不断刷新词库。最近新鲜出炉的热词是——"隐形贫困人口"。他们买得起戴森吸尘器；100块钱一张的面膜用起来也不心疼；一有健身冲动，就非得去办张年卡……他们被称为新时代的"新穷人"。为什么加上了"新"字呢？因为他们并不是曾经我们口头常说的那种吃了上顿没下顿的穷人，他们往往成长在吃穿不愁的家庭，毕业于优秀的大学,从事着高等脑力工作,工资水平高于当地同龄人收入平均值,但是他们往往"手比心快",在不做任何预算计划的情况下,能毫不犹豫地掏出一万块钱买一台iPhone。于是,每次到月底,他们的存款数字就会急剧降为负数,此刻他们会进入"冬眠"状态。因为他们把钱花光了,正在眼泪巴巴地啃着馒头,刷着iPhone,盼望着老板早点发工资。

71. 下面哪一项不是流行热词出现的原因?
   A. 网络的快速发展　　　　　　B. 传播媒介的普及
   C. 新词库的需要　　　　　　　D. 新文化氛围的出现

72. 关于"新穷人"的"穷",说法正确的一项是:
   A. 他们的开销大于收入　　　　B. 他们的工资更高
   C. 他们家里很富有　　　　　　D. 他们买得起iPhone

73. "手比心快"是什么意思?
   A. 花钱速度快　　　　　　　　B. 消费时不做规划
   C. 手速很快　　　　　　　　　D. 买东西时表现得很大方

74. 文中对"隐形贫困人口"现象的看法?
   A. 表示赞同　　B. 表示否定　　C. 表示中立　　D. 表示同情

75—80

记者:你们蛋糕店的位置相对偏僻,请问你们是怎么吸引学生来光顾的?

老板:虽然我们的店位置不是很好,但是在开店初期发了大量的传单,并且在开业初期开展了开业大酬宾的活动,开业期间购买店内任何产品都可以享受88折的优惠。我们尽量做到最好,我想只要来过我们店里的顾客应该都能记得我们店。我们还在不断 __75__ 新的产品,希望顾客想吃的都能在我们这里买到。我们这儿基本上都是回头客。

记者:那么现在对顾客还有什么优惠活动吗?

老板:有的。我们推出了VIP优惠活动。只要在店内一次性购物满30块,就可以永久享受88折的优惠。

记者:据我们的了解,学校外面有不少店都只开了很短的时间就关门了(76),请问你是怎么看的?

老板:很多的投资者对学生的消费水平持有过于乐观的态度。首先这里的房租不低,又只有一所高校,人口不像大学城那么多。其次,学校离这里有一段说远不远,说近也不近的距离,学生除了周末,一般都不大出来。而且学校里也有不少的店,对外面的店产生了很大的影响。

记者:这里也开过好几家蛋糕店了,但是现在都已经关门了,你们是怎么在激烈的竞争中生存下来的呢?

老板:我们在开店初期就吸引了不少的顾客,而且有了一批固定的会员(79)。我们最大限度上保证食物的卫生和口感。我们的西点师还会不定期地进修来达到更高的水准。我们的价格也尽可能地便宜,让更多的学生能买得起。另外,学院创业园区举办了一个创意创业活动,让我们能在校园里卖我们的产品,使得更多的学生知道我们的店。

75. 文中 __75__ 处应该填写的词语是:

A. 展示　　　　　B. 更新　　　　　C. 推出　　　　　D. 发布

76. 替代文中的画线部分"学校外面有不少店都只开了很短的时间就关门了"最好的一项是：
    A. 学校外面很多店生意很差　　　　B. 学校外面的店每天关门很早
    C. 学校外面的店全都倒闭了　　　　D. 学校外面的店营业时间很短

77. 下面哪一项不是老板对不少店铺关门的看法？
    A. 校外的房租高　　　　　　　　　B. 学生认为校外店铺较远
    C. 校内店铺更具有优势　　　　　　D. 顾客都是学生，而学生人数太少

78. 如果给这段文字加一个标题，最好的是：
    A. 学校外的蛋糕店　　　　　　　　B. 食品安全很重要
    C. 一家蛋糕店生存下来的原因　　　D. 蛋糕店开展优惠活动的好处

79. 根本上文，文中的画线部分"固定的会员"的意思是：
    A. 每天都来购买商品的顾客　　　　B. 一些回头客
    C. 有一次性购买满30元的经历的顾客　D. 开业期间购买过商品的人

80. 下面说法不正确的是：
    A. 这家蛋糕店的回头客很多　　　　B. 学生的消费水平没有投资者想的高
    C. 蛋糕店竞争很激烈　　　　　　　D. 蛋糕店会对西点师定期考核

三、书面表达

(16题，45分钟)

第一部分

(15题，10分钟)

> 一、81—90题，在每题的语句中有一个或两个空白处，题后有 ABCD 4 个选项，其中只有一个可以放入空白处使语句表达顺畅。请选出唯一恰当的答案，并在答题卡的相应字母上面画一横道。

81. 我们_____努力奋斗增加生命的宽度和厚度，生命_____能像花儿一样美丽绽放。
    A. 只要……就……　　　　　　　　B. 除非……就……
    C. 虽然……但是……　　　　　　　D. 即使……也……

82. 今天运气真不好，_____上班迟到，_____电脑死机。
    A. 与其……不如……　　　　　　　B. 不是……就是……
    C. 因为……所以……　　　　　　　D. 或者……或者……

83. 研究表明，_____。
    A. 自然环境十分适宜这里的野生金丝猴的生活。
    B. 这里的自然环境十分适宜野生金丝猴的生活。

C. 野生金丝猴这里的自然环境十分适宜生活。
D. 这里的自然环境野生金丝猴的生活十分适宜。

84. 生活中有很多这样的人，_____，可总是忍不住发火。
   A. 暴怒明明知道会伤身体　　　　　B. 知道暴怒明明会伤身体
   C. 明明知道暴怒会伤身体　　　　　D. 就是知道暴怒会伤身体

85. _____你还跑去借书，看来你是真的喜欢看书。
   A. 这么大的雨下着　　　　　　　　B. 下着的雨这么大
   C. 下着这么大的雨　　　　　　　　D. 这么下着的大雨

86. _____，硬邦邦的咬不动。
   A. 这个玉米真难啃　　　　　　　　B. 真难啃这个玉米
   C. 玉米这个真难啃　　　　　　　　D. 这个真难啃玉米

87. 为了买到自己心爱的裙子，_____。
   A. 她绕好远的路不得不到镇上的店里　B. 她不得不绕好远的路到镇上的店里
   C. 到镇上的店里她不得不绕好远的路　D. 不得不绕好远的路她到镇上的店里

88. 外出游玩回到家要认真洗手，_____。
   A. 会携带细菌否则我们手上　　　　B. 我们手上否则会携带细菌
   C. 细菌否则会携带我们手上　　　　D. 否则我们手上会携带细菌

89. _____，搬得动这块大石头。
   A. 他会有这么大的力气谁也不知道　B. 谁也不知道这么大的力气他会有
   C. 谁也不知道他会有这么大的力气　D. 这么大的力气他会有谁也不知道

90. 周末天气很好，_____。
   A. 妈妈带我们去了趵突泉游玩　　　B. 妈妈带我们游玩去了趵突泉
   C. 趵突泉妈妈带我们游玩去了　　　D. 游玩趵突泉妈妈带我们去了

> 二、91—95题，每题的语句中有ABCD 4个带有下画线的词语，去掉其中某一个词语会使句子表达产生错误。请找出这个词语，并在答题卡的相应字母上画一横道。

91. 与其每天想来想去犹豫不决，不如马上行动起来。
　　　A　　B　　　　　　　　C　　D

92. 她长得比我高，可是唱起歌来却不如我唱得好听。
　　　A　　B　　　　C　　　　D

93. 他每天都起早贪黑地努力学习，期末考试终于考出了好成绩。
　　　　　　　　　A　　B　　　C　　　　D

94. 我们要每天坚持锻炼身体，保持积极向上的心态。
　　　　　　A　　B　　C　　D

95. 他最喜欢的节目是《动物世界》，因为他认为大自然是神奇的。
　　　A　　　　B　　　　　　　C　　D

第二部分

作文要求
1. 写作前认真阅读作文提示,按提示要求在规定的时间内写完。
2. 用汉语简体字书写。每个空格写一个汉字,汉字书写要清楚、工整;每个标点符号占一个空格,标点符号使用要规范。
3. 作文中不得出现跟考生有关的校名、地名和真实姓名。
4. 保持卷面整洁,不得涂画损坏答卷。

(作文,35分钟)

作文提示:请以"我最喜欢的动物"为题写一篇短文,要求至少从动物的外形、习性两个方面进行说明,请看清题目,并按照每段开头所给出的话语写下去,全文内容不得少于350字(不包括已给出的提示语句)。

我最喜欢的动物

每个人都有自己喜欢的动物,我最喜欢的动物是＿＿＿＿＿＿
＿＿＿＿＿＿＿＿＿＿＿＿＿＿＿＿＿＿＿＿＿＿＿＿＿＿＿＿
我喜欢它,＿＿＿＿＿＿＿＿＿＿＿＿＿＿＿＿＿＿＿＿＿＿＿＿
＿＿＿＿＿＿＿＿＿＿＿＿＿＿＿＿＿＿＿＿＿＿＿＿＿＿＿＿
我喜欢它,＿＿＿＿＿＿＿＿＿＿＿＿＿＿＿＿＿＿＿＿＿＿＿＿
＿＿＿＿＿＿＿＿＿＿＿＿＿＿＿＿＿＿＿＿＿＿＿＿＿＿＿＿

笔试模拟试题(二)

一、听力理解

(40题,约30分钟)

第一部分

说明:1—15题,这部分试题,都是两个人的简短对话,第三个人根据对话提出一个问题,请你在4个选项中选出唯一恰当的答案。

示例

第8题,你听到:

第一个人说……

第二个人说……

第三个人问……

你在试卷上会看到4个选项。

A. 跑步　　　　B. 游泳　　　　C. 滑冰　　　　D. 踢球

第 8 题唯一恰当的答案是 C，你应该在答题卡上找到题号 8，在字母 C 上画一横道。横道一定要画得粗一些，重一些。

8. [A]　[B]　■　[D]

1. A. 买邮票　　　B. 寄邮件　　　C. 问路　　　　D. 逛街
2. A. 忌姜蒜　　　B. 忌羊排　　　C. 忌葱姜　　　D. 忌辣
3. A. 教师　　　　B. 代驾　　　　C. 交警　　　　D. 快递员
4. A. 茶馆　　　　B. 餐厅　　　　C. 家　　　　　D. 医院
5. A. 六点　　　　B. 七点　　　　C. 八点　　　　D. 九点
6. A. 同事　　　　B. 母子　　　　C. 同学　　　　D. 夫妻
7. A. 满意　　　　B. 失望　　　　C. 一般　　　　D. 无感受
8. A. 每天一次　　B. 每周两次　　C. 每月一次　　D. 每月四次
9. A. 马上出门　　B. 制冷慢　　　C. 空调坏了　　D. 浪费钱
10. A. 高考成绩　　B. 大学建议　　C. 大学时光　　D. 工作状况
11. A. 六个　　　　B. 七个　　　　C. 八个　　　　D. 十个
12. A. 开酒吧　　　B. 做销售　　　C. 学调酒　　　D. 开派对
13. A. 同学打架　　B. 被抢玩具　　C. 爸爸打他　　D. 鼻子受伤
14. A. 打扫屋子　　B. 拜访亲戚　　C. 买对联　　　D. 买新衣服
15. A. 愉悦　　　　B. 生气　　　　C. 平静　　　　D. 难过

第二部分

说明：16—40 题，在这部分试题中，你将听到几段简要的对话或讲话，每段话之后，你将听到几个问题，请你在 4 个选项中选出唯一恰当的答案。

示例

第 25—27 题，你听到：

第一个人说……

第二个人说……

……

第三个人根据这段对话提出 3 个问题。

你在试卷上看到 4 个选项。

A. 面包店　　　B. 超市　　　　C. 包子店　　　D. 咖啡店

根据对话，第 25 题唯一恰当的答案是 A，你应该在答题卡上找到题号 25，在字母 A 上画一横道。横道一定要画得粗一些，重一些。

25. ■　[B]　[C]　[D]

第 26、27 题略。

16. A.一只	B.两只	C.三只	D.四只
17. A.导盲犬爱好者	B.动物园园长		
C.导盲犬训练员	D.兽医		
18. A.交易市场	B.流浪所	C.兽医院	D.训练场
19. A.植树造林	B.环境污染	C.绿色出行	D.改进技术
20. A.绿色出行	B.控制排放	C.绿化造林	D.改进技术
21. A.烧火柴越多越好	B.所有人都应该去拣木柴		
C.团结的力量大	D.烧柴讲求仪式		
22. A.咖啡厅	B.餐厅	C.图书馆	D.工作室
23. A.纪实类	B.百科类	C.奇幻类	D.情感类
24. A.魔戒	B.哈利·波特	C.暮光之城	D.霍比特人
25. A.地球上的水		B.地球上的淡水	
C.地球上的可用水		D.地球上的液态水	
26. A.96.5％	B.1.76％	C.1.7％	D.2.6％
27. A.不能饮用	B.不能浇地	C.远离人类	D.难以用于工业
28. A.是	B.否	C.不知道	D.视情况而定
29. A.白色	B.黄色	C.橙色	D.绿色
30. A.四月	B.五月	C.九月	D.十月
31. A.芦柑花	B.芦柑苗	C.芦柑果	D.芦柑树
32. A.在永春家家户户都种着芦柑	B.芦柑成熟后就由深绿色变成了橙色		
C.芦柑价格偏高但质量很好	D.芦柑作为永春特产畅销国外		
33. A.新闻	B.人物传记	C.小说	D.科普文
34. A.六岁	B.八岁	C.十四岁	D.十五岁
35. A.看电视	B.练习武术	C.瘫痪在床	D.读书
36. A.勇敢冒险	B.自暴自弃	C.自以为是	D.矢志不渝
37. A.不要害怕伤痛	B.只有坚持到底才能成功		
C.吴京是个著名的导演和演员	D.注意保护身体		
38. A.一个	B.两个	C.三个	D.四个
39. A.第一个	B.第二个	C.第三个	D.以上都不是
40. A.工作	B.台阶	C.团队	D.生存法则

二、阅读理解

(40题,45分钟)

说明:41—80题,每段文字后都有几个问题,每个问题都有 ABCD 4 个选项,请你阅读后根据每题要求选择唯一恰当的答案,并在答题卡的相应字母上画一横道。

41

情义是人与人之间美好且珍贵的存在。情义像初晨的第一缕阳光,能够驱散人们心中的阴霾,给我们带来温暖和惬意;情义仿佛一阵和煦的春风,给大地带来春的气息,让世界充满生机和活力;情义宛如一场纤纤的细雨,滋润了你我干涸的心田,让人们经受沐浴和洗礼。

41. 文中画线词语拼音正确的一项是：
   A. 惬意(jiáyì)   B. 和煦(héxù)
   C. 纤纤(qiānqiān)   D. 干涸(gānké)

42

在一次宴会上,马克·吐温与一位女士对坐,出于礼貌说了一声:"您真漂亮!"那位女士却毫不领情,高傲地回复马克·吐温说:"可惜我无法同样来赞美您!"马克·吐温委婉、平和地说:"那没关系,你可以像我一样,说一句谎话就行了。"那位女士羞愧地低下了头。

42. 这段话给我们的启示是：
   A. 遇到陌生人要先对其夸赞一句   B. 处事要注意与人为善
   C. 善于说谎   D. 要尊重女性

43—45

野草根不深,花也不美,是这个世界上最为平凡和普通的植物,但却具有最顽强的生命力。它们汲取露与水,扎根在泥土深处,便能够肆意地生长。"野火烧不尽,春风吹又生。"它们不怕孤寂,无怨无悔,在平凡的生命中创造伟大的奇迹。___43___它们的生命常常被人们忽视,埋在土里做了肥料,但是它们并没有灰心丧气,它们知道,它们的生命不会就此终止,因为它们有___44___生命的种子,这些种子随着风、随着鸟儿,落到山间里、断崖上,随后就落了脚、生了根、发了芽。所有人都应该像它们(45)一样,顽强不屈,才能看见更美好的明天。

43. 文中___43___处应该填写的词语是：
   A. 虽然   B. 不仅   C. 由于   D. 况且

44. 文中___44___处应该填写的词语是：
   A. 继续   B. 延续   C. 陆续   D. 持续

45. 文中画线部分它们是指：
   A. 野花   B. 野草   C. 野火   D. 鸟儿

46—47

殷代以后黄河中下游流域是我国开发最早的地区,经济发展,人口___47___较快,政治、文化比较先进。因此,黄河流域成为中华民族的摇篮。同时,也是古代文明的发祥地之一。从河南仰韶、西安半坡村等地___47___的古文化遗址中,可以见到木结构房屋,储粮的窑穴,还有各式各样的陶器,这些都反映了中华民族历史的悠久和艺术的高超。

46. 文中___46___处应该填写的词语是：
   A. 繁殖   B. 繁衍   C. 繁荣   D. 生育

47. 文中___47___处应该填写的词语是：
   A. 发掘   B. 开拓   C. 挖掘   D. 开发

48—50

不同管理层次、不同岗位上的人员,他们的工作内容都会具有一定程度上的___48___,

但是无论如何,在众多的事务之中,均有其工作的目标和重点。要想在自己的职业上做好、做精,就需要我们必须__49__目标,抓住重点,有所取舍,这样才能集中__50__做好属于我们自己该做的事情。如果过于想把每一件事情都做得无可挑剔,反而会让自己陷入不完美的深渊。学会有选择性地做好自己的职业任务表,能够让自己的生活更加轻松明快。

48. 文中__48__处应该填写的词语是:
   A. 差距　　　　B. 差别　　　　C. 反差　　　　D. 参差
49. 文中__49__处应该填写的词语是:
   A. 明白　　　　B. 实现　　　　C. 实践　　　　D. 明确
50. 文中__50__处应该填写的词语是:
   A. 精力　　　　B. 武力　　　　C. 物力　　　　D. 财力

51—52

去世100年后,挪威最伟大的文学家__51__是易卜生,他给挪威民族带来的荣誉,比别的任何挪威人都要多,然而,这个人生前从不__52__自己是挪威的代表——他只是他自己内心世界的上帝。

51. 文中__51__处应该填写的词语是:
   A. 已经　　　　B. 最终　　　　C. 依然　　　　D. 承认
52. 文中__52__处应该填写的词语是:
   A. 知道　　　　B. 认为　　　　C. 抱怨　　　　D. 希望

53—56

玉米作为一种并不__53__的植物,同时也是十分奇异的存在,它的制品有许多__54__。首先,玉米淀粉可以用在邮票和信封上;其次,玉米油应用于食品、作画、橡皮代用品和肥皂中;再者,酒精也有玉米酿制的;其四,纸、无烟火药和火棉是由玉米茎做的;最后,衣服也可以用玉米芯做成。玉米这种植物属于草科,它有多种类型,如硬玉米、软玉米(生长在南美洲)、甜玉米(可直接做罐头或直接食用)。玉米食品具有很高的营养价值,小朋友们不妨经常食用。

53. 文中__53__处应该填写的词语是:
   A. 普遍　　　　B. 稀缺　　　　C. 稀疏　　　　D. 稀薄
54. 文中__54__处应该填写的词语是:
   A. 方法　　　　B. 用处　　　　C. 途径　　　　D. 操作
55. 文中提到了几种玉米的用途?
   A. 三种　　　　B. 四种　　　　C. 五种　　　　D. 六种
56. 下列选项正确的是:
   A. 玉米常见但不普通
   B. 衣服都是由玉米芯制成的
   C. 玉米只有硬玉米、软玉米、甜玉米三种
   D. 玉米虽好但是不能经常食用

57—59

随着我们人类文明的发展,科学技术的进步,我们人类可探索的范围更加宽广。比如,目前我们可以下潜到海洋的7000米左右,在航天技术方面,早在1969年,人类就成功登上了月球。这样看起来上天和下海,我们都已经实现了一些。那么"下地"呢?这个地球可能被挖穿吗?一旦地球被挖穿,带来的可能是全球性的灾难。不过我们人类是不太可能将这个地球挖穿的,因为在1970年的时候,苏联看到美国登月之后,他们就开始了挖地的工程。他们在科拉半岛附近找了一块风水宝地,就开始挖地的研究,可是在挖到12262米时,这个项目就戛然而止。民间的传说是挖到了不该挖到的东西,而官方给出的解释是难度太高。确实如此,因为地核的温度可以达到约6000摄氏度,和太阳表面的温度差不多了。

57. 目前我们可以下潜到海洋的深度是多少?
A. 5000米左右　　B. 7000米左右　　C. 3000米左右　　D. 2000米左右

58. 哪个国家先开始的挖地工程?
A. 美国　　B. 英国　　C. 苏联　　D. 法国

59. 挖地项目为什么戛然而止?
A. 挖到了不该挖的东西　　　　B. 怕带来灾难
C. 技术不够　　　　　　　　　D. 温度高,难度大

60—62

央视新闻联播后的天气预报一直是人们了解天气变化情况的重要渠道,现代社会又有手机等电子产品,随时可以查看天气,除此之外,大自然中也有很多东西可以帮助我们了解天气情况。比如,"要想知道天下不下雨,先看雨蕉哭不哭",雨蕉就是一种预报天气的好帮手。在美洲的多米尼加,人们会在自家门前栽上几棵雨蕉,外出前看一看,来判断天气的阴晴状况。这种树木在当地十分常见。雨蕉树到底是怎样预报天气的呢?原来,雨蕉的叶片和茎干的表皮组织十分细密,全身好像披上了一层防雨布。天要下雨以前,空气温度通常很高,雨蕉树体内的水分很难靠平日的蒸腾作用散发出去,于是便从叶片上溢泌出来,形成水滴,不断地流下来。所以当人们看到雨蕉树在"哭泣"以后,天都要下雨,人们便把雨蕉树"流泪"当作要下雨的征兆。

60. 文中提及以下哪项是大自然界预报天气的好帮手?
A. 天气预报　　B. 手机　　C. 动物　　D. 雨蕉

61. 文中的"哭泣"指的是:
A. 雨蕉树伤心难过地哭泣
B. 雨蕉树内部水分从叶片溢出形成水滴后流出
C. 雨蕉树被撕裂后流下的汁液
D. 雨蕉树靠蒸腾挥发出的水分

62. 这是一篇:
A. 科普短文　　B. 推理短文　　C. 搞笑短文　　D. 抒情短文

63—66

阿巴格是一个不惧未知且勇往直前的人,塑造他如此性格的很大一部分原因来自他

的父亲。有一次,年少的阿巴格和他爸爸在草原上迷了路,阿巴格又累又怕,到最后快走不动了。爸爸就从兜里掏出5枚硬币,把1枚硬币埋在草地里,把其余4枚放在阿巴格的手上,说:"人生有5枚金币,童年、少年、青年、中年、老年各有1枚,你现在才用了1枚,就是埋在草地里的那一枚,你不能把5枚都扔在草原里,你要一点点地用,每一次都用出不同来,这样才不枉人生一世。今天我们一定要走出草原,你将来也一定要走出草原。世界很大,人活着,就要多走些地方,多看看,不要让你的金币没有用就扔掉。"在父亲的鼓励下,那天阿巴格成功走出了草原。长大后,阿巴格离开了家乡,成了一名优秀的海上领航员。

63. 他们父子俩在哪里迷了路?
   A. 海上　　　　B. 草原　　　　C. 高山　　　　D. 沙漠
64. 那次迷路后,阿巴格还有几枚硬币没有使用?
   A. 一枚　　　　B. 两枚　　　　C. 四枚　　　　D. 五枚
65. 通过短文可以得知阿巴格长大后的性格是:
   A. 善于指挥　　B. 勇于探索　　C. 畏首畏尾　　D. 积极乐观
66. 这篇短文告诉我什么道理?
   A. 人在有生之年要勇于探索广阔的世界　　B. 不要随意地把金币埋在土里
   C. 孩子的成长需要父亲的陪伴　　　　　　D. 珍惜金币

67—70

儿童烫伤在家庭意外伤害中十分常见,在紧急时刻,有些家长为"及时治疗"而选择了偏方处理,比如,用酱油缓解烫伤,那么酱油真的能缓解烫伤吗?答案是否定的,酱油不但不能缓解烫伤,反而很容易引起伤口感染。如果烫伤时涂抹酱油,容易导致伤口的原始颜色被遮盖,这使得医生更难判断受伤程度。烫伤使用酱油的说法大概是由于我们在烫伤时,涂抹酱油可以让伤口暂时感到冰凉,因而让人们产生误解。那么遇到烫伤时应该如何处理呢?如果烫伤后皮肤表面发红,但是没有水泡和剧烈痛感的话,建议及时用流动的自来水清洗5—10分钟,还可以将烫伤的部位放入冰水中,浸泡20—30分钟的时间。如果不小心将滚烫的液体洒在袖子或裤腿上,首先应进行冲洗,接着自行将衣物剥离,但是,如果皮肤已经紧紧和衣物粘连在一起,就应及时就医进行检查。更重要的一点是,要注意避免接触易导致烫伤的物品,我们常见的烫伤多因不小心接触开水、高温的电暖气、过热的热水袋等。除了高温物体等造成的烫伤,我们还要注意低温烫伤。

67. 以下符合该篇短文所讨论的问题是:
   A. 儿童烫伤是否应选择偏方处理　　B. 酱油的作用
   C. 烫伤后的处理方法　　　　　　　D. 减轻痛感的方法
68. 如果烫伤后皮肤表面发红,轻微疼痛但没有水泡,处理方式合理的是:
   A. 流动自来水清洗25分钟　　　　B. 放在清水中浸泡25分钟
   C. 浸泡在冰水中25分钟　　　　　D. 直接就医检查
69. 以下导致烫伤概率最小的是:
   A. 拿高温热水袋　　　　　　　　B. 碰高温电暖器

C. 皮肤接触低温化学物品　　　　　　D. 泡温泉

70. 通过这篇短文,我们可以得知:

A. 烫伤后涂抹酱油能够缓解伤痛

B. 当滚烫的液体洒在外衣上应首先自行将衣物剥离

C. 烫伤后直接就医

D. 高温物品和低温物品都有可能导致烫伤

71—74

夏天是得克萨斯州最受欢迎的季节,因为有很多景点可以观赏游玩。当你到达这个"孤星之州",希望你绝不要错过这些景点。首先,你可以参观海洋世界,那里有海洋生物表演、高地攀爬、惊险的游乐设施和水上乐园。有胆量的人还可以去南神父岛玩风帆冲浪,去南神父岛是每一个帆板运动员的梦想。游客还可以在巴顿泉游泳,巴顿泉位于著名的泽尔克公园。它是在巴顿溪建成时形成的。自开放以来,巴顿泉已经成为该州最受欢迎的游泳池之一。在风景优美的得克萨斯山区,还可以参加户外冒险,最有名的是布坎南湖探险,包括划船、徒步旅行、露营等。当然,也可以在大本德公园露营和徒步旅行,大本德以一种古老的方式提供大量的户外活动,比如背包旅行、山地自行车、钓鱼、划船、观赏自然和露营,你能想到的都有。

71. "孤星之州"另一个名称是什么?

A. 得克萨斯州　　B. 南神父岛　　　C. 巴顿泉　　　　D. 大本德公园

72. 到达海洋世界,以下你不能享受到的事情是:

A. 海洋生物表演　B. 攀爬　　　　　C. 划船　　　　　D. 水上乐园

73. 如果你想实现自己帆板运动员的梦想,你会去:

A. 圣托里尼岛　　B. 南神父岛　　　C. 巴顿泉　　　　D. 布坎南湖

74. 根据上文可以得知:

A. 巴顿泉是得州最受欢迎的地方

B. 布坎南湖探险提供室内活动

C. 去布坎南湖和大本德公园都可以划船、钓鱼、露营和冲浪

D. 大本德公园以一种古老的方式提供户外活动

75—80

老师:最近我发现你上课老是不注意听讲,我想问问你是什么原因,能告诉我吗?

学生:因为我心里老想着把剩下的小说看完,它是一部关于神话、武侠方面的书,我很感兴趣并且被里面的情节所吸引。这本书是我从图书室借来的,而且马上就到了归还的日期了,所以,人在课堂心在小说上了(75)。

老师:老师想跟你___76___的是,小说能不能看?答案是肯定的,但是上课时间是绝对不能看的,会影响你文化课的学习;另外看小说一定要有选择,要多看一些经典名著或者关于励志、勤奋方面的书籍。所以,老师建议你:第一,以后再借书的话,多借一些和学习相关的书籍;第二,绝对不能在上课时看,要合理安排时间,在作业完成好、文化课复习好的基础上可以适当看看,可以吗?

学生:老师,我懂了,以后保证不在课堂上看小说了,也不再借那些武侠等方面的书看了,保证按老师的要求做。

老师:很棒,前一个保证是一定要做到的,但是老师并不是强制你一本神话、武侠小说也不看,老师也明白其中的江湖世界是令你感兴趣且着迷的,老师是想提醒你,在十四五岁的这个年纪里,你的三观还并不成熟,小说中的暴力等因素很容易影响你的心性,多读经典、正能量的书籍才是有助于你身心健康成长的关键。

学生:的确,我也有这样的感受,谢谢老师您没有一味地否定我,我会认真听取您的建议,合理安排读书时间,并且规划好我读书的类型。有机会的话,我还想与您交流我的读后感,可以吗?

老师:乐意之至,期待你以后的表现。

75. 替代文中的画线部分"人在课堂心在小说上了"最好的一项是:
  A. 我对上课听讲不感兴趣 B. 我上课注意力不集中
  C. 我想要早点放学回家吃饭 D. 我想马上把小说还到图书馆

76. 文中 __76__ 处应该填写的词语是:
  A. 提问   B. 回答   C. 交流   D. 警告

77. 老师对学生看小说的看法是什么?
  A. 支持   B. 反对
  C. 选择性支持或反对   D. 无所谓

78. 如果给这段文字加一个标题,最好的是:
  A. 晓之以理的教师   B. 择善而从的学生
  C. 师生之间相互尊重的沟通 D. 师生之间的逢场作戏

79. 老师建议学生多阅读经典和正能量的书籍的原因是什么?
  A. 其他书籍内的暴力因素会败坏人的心性
  B. 经典名著等书籍促进学生身心健康
  C. 老师上课要求不许看其他书籍
  D. 经典名著等书籍符合社会主流意识形态

80. 下面说法正确的是:
  A. 学生上课不注意听讲的原因是着急下课还书
  B. 老师就学生上课不认真听讲提出了两条建议
  C. 学生以后不会再阅读任何神话、武侠小说
  D. 老师和学生之间的沟通十分愉快

三、书面表达

(16题,45分钟)

第一部分

(15题,10分钟)

一、81—90题,在每题的语句中有一个或两个空白处,题后有 ABCD 4个选项,其中只有一个可以放入空白处使语句表达顺畅。请选出唯一恰当的答案,并在答题卡的相应字母上面画一横道。

81. 我_____听不懂她在唱什么,_____在这样的夜里竟能听到如此热烈激昂的歌唱,我不由得惊奇进而肃然起敬了。
   A. 然而……却…… B. 即使……也……
   C. 虽然……但是…… D. 因为……所以……

82. 周总理_____普通地浏览,_____一边看一边思索,有时停笔想一想,有时还问我一两句。
   A. 不是……就是…… B. 不是……而是……
   C. 不但……而且…… D. 有时……有时……

83. 在还没有"午休托管班"的时候,午餐都是需要学生自己带来,而现在由于家长繁忙,_____。
   A. 经常学生们在托管班里吃饭 B. 学生们经常在托管班里吃饭
   C. 在托管班里学生们经常吃饭 D. 学生们经常吃饭在托管班里

84. _____,空运来的鲜花比陆运来的鲜花好多了。
   A. 就新鲜度而言 B. 按新鲜度而言 C. 对新鲜度而言 D. 在新鲜度而言

85. 那位失主为了表达谢意,_____。
   A. 昨天又在电视台诚挚地为帮他找到电脑的人点了一首歌
   B. 昨天为帮他找到电脑的人在电视台又诚挚地点了一首歌
   C. 昨天又诚挚地在电视台为帮他找到电脑的人点了一首歌
   D. 昨天在电视台又诚挚地为帮他找到电脑的人点了一首歌

86. 当与友善的人交朋友时,_____。
   A. 我们也一定要以友善的态度对待他
   B. 我们也一定要按友善的态度对待他
   C. 我们也一定要从友善的态度对待他
   D. 我们也一定要把友善的态度对待他

87. 今天是一年一度的全国性知识竞赛日,_____。
   A. 他连一支笔也没有带竟然 B. 竟然他连一支笔也没有带
   C. 他竟然连一支笔也没有带 D. 连一支笔他竟然也没有带

88. 幸亏你的包里装了雨伞,_____。
   A. 不然被这场突如其来的大雨就要给淋感冒了
   B. 不然就要被这场突如其来的大雨给淋感冒了
   C. 就要不然被这场突如其来的大雨给淋感冒了
   D. 就要被这场突如其来的大雨给淋感冒了不然

89. 居里夫人在简陋的办公室里经过漫长的研究,_____。
   A. 后来在那里发现了镭 B. 镭后来在那里发现了
   C. 镭在那里后来发现了 D. 在那里后来发现了镭

90. 昨天我和我的同学一起去玩真人射击,_____!
   A. 那是一场真惊心动魄的历险啊 B. 那是一场惊心动魄的真历险啊

C. 那真是一场惊心动魄的历险啊　　　　D. 那是真一场惊心动魄的历险啊

二、91—95题,每题的语句中有ABCD 4个带有下画线的词语,去掉其中某一个词语会使句子表达产生错误。请找出这个词语,并在答题卡的相应字母上画一横道。

91. 他<u>一直</u>在期待着明天去泰山看日出,<u>但是</u>由于大雪封山,<u>所以</u>只能让他过后推迟
    　　A　　　　　　　　　　　　　　　　　　B　　　　　　　　　C
再去。
　D

92. 我<u>何时</u>都<u>赢不过</u>我的姐姐,<u>无论</u>在学习上还是实践上,她<u>处处</u>都比我厉害<u>得多</u>。
    　A　　　B　　　　　　　　　C　　　　　　　　　　　　　　D

93. 为了有效防控疫情,各大高校都<u>积极</u>响应国家政策<u>让</u>学生在校学习从而减少<u>人员</u>
    　　　A　　　　　　　　　　　B　　　　　　　　C　　　　　　　　　　　　　D
流动。

94. 我们要<u>时刻</u>记得<u>注意</u>安全,<u>因为</u>保护好自己<u>才</u>是对家人最好的回馈。
    　　　A　　　　　B　　　　C　　　　　　　　D

95. 他<u>总是</u> <u>觉得</u>自己的<u>疑心</u>太<u>重</u>,一有风吹草动他就害怕的不行。
    　A　　B　　　　　C　　　D

第二部分

作文要求

1. 写作前认真阅读作文提示,按提示要求在规定的时间内写完。
2. 用汉语简体字书写。每个空格写一个汉字,汉字书写要清楚、工整;每个标点符号占一个空格,标点符号使用要规范。
3. 作文中不得出现跟考生有关的校名、地名和真实姓名。
4. 保持卷面整洁,不得涂画损坏答卷。

(作文,35分钟)

作文提示:在下面的作文中,你将有35分钟的时间来写一篇短文。请以"原来我也拥有这么多"为题,写一篇短文,全文内容不得少于350字(不包括已给出的提示语句)。

原来我也拥有这么多

我们总是羡慕别人,而对自己所拥有的常常视而不见。冬日的暖阳,怒放的花朵,亲朋的问候,动人的文章,甚至是一个小小的善举,一个温暖的眼神……只要用心感受,你会恍然发现:原来,我也拥有这么多!

笔试模拟试题(三)

一、听力理解

(40题,约30分钟)

第一部分

说明:1—15题,这部分试题,都是两个人的简短对话,第三个人根据对话提出一个问题,请你在4个选项中选出唯一恰当的答案。

示例

第8题,你听到:

第一个人说……

第二个人说……

第三个人问……

你在试卷上会看到4个选项。

A. 跑步　　　　　B. 游泳　　　　　C. 滑冰　　　　　D. 踢球

第8题唯一恰当的答案是C,你应该在答题卡上找到题号8,在字母C上画一横道。横道一定要画得粗一些,重一些。

8. [A]　[B]　■　[D]

1. A. 很冷　　　　B. 暖和　　　　C. 不是很冷　　　D. 很热
2. A. 讨厌　　　　B. 无感　　　　C. 喜欢　　　　D. 热爱
3. A. 医院　　　　B. 商场　　　　C. 药店　　　　D. 体育馆
4. A. 粉红色　　　B. 白色　　　　C. 黄色　　　　D. 没买
5. A. 逛商场　　　B. 去海边　　　C. 回老家　　　D. 看电影
6. A. 吃减肥药　　B. 节食　　　　C. 运动　　　　D. 不要减肥
7. A. 她要学习　　　　　　　　　B. 被老师骂了没心情
   C. 忙着逛商场　　　　　　　　D. 还没放学
8. A. 失眠了　　　B. 起晚了　　　C. 不想去　　　D. 放假了
9. A. 心情不好　　　　　　　　　B. 思考中午吃什么
   C. 发呆　　　　　　　　　　　D. 计划晚上吃什么
10. A. 风把花盆吹掉了　　　　　　B. 邻居家的小猫打碎的
    C. 不知道　　　　　　　　　　D. 他自己打碎的
11. A. 男的中彩票了　　　　　　　B. 女的很高兴
    C. 男的快要发工资了　　　　　D. 女的领月薪了
12. A. 耳朵听不见　　　　　　　　B. 睡眠好
    C. 怀疑昨晚没打雷　　　　　　D. 没睡好
13. A. 身材高大　　B. 数学好　　　C. 行动敏捷　　　D. 不能近视

14. A. 教师　　　　B. 厨师　　　　　C. 饭店老板　　　D. 销售人员
15. A. 休息　　　　B. 继续工作　　　C. 玩游戏　　　　D. 下班

第二部分

说明：16—40题，在这部分试题中，你将听到几段简要的对话或讲话，每段话之后，你将听到几个问题，请你在4个选项中选出唯一恰当的答案。

示例

第25—27题，你听到：

第一个人说……

第二个人说……

……

第三个人根据这段对话提出3个问题。

你在试卷上看到4个选项。

A. 面包店　　　　B. 超市　　　　　C. 包子店　　　　D. 咖啡店

根据对话，第25题唯一恰当的答案是A，你应该在答题卡上找到题号25，在字母A上画一横道。横道一定要画得粗一些，重一些。

25. ■　[B]　[C]　[D]

第26、27题略。

16. A. 酸　　　　　B. 辣　　　　　　C. 甜　　　　　　D. 苦
17. A. 对辣椒过敏　B. 容易拉肚子　　C. 容易上火　　　D. 对皮肤不好
18. A. 番茄　　　　B. 豆芽　　　　　C. 黄瓜　　　　　D. 土豆
19. A. 被父母误会　B. 谈恋爱被抓　　C. 不会数学　　　D. 考试没考好
20. A. 无感　　　　B. 感觉不公平　　C. 惊奇　　　　　D. 愉快
21. A. 离家出走　　B. 反抗　　　　　C. 无动于衷　　　D. 和父母交谈
22. A. 陪朋友　　　B. 保持体型　　　C. 摆脱肥胖　　　D. 预防生病
23. A. 两个月　　　B. 一年　　　　　C. 半年　　　　　D. 一个月
24. A. 询问顾客喜好　　　　　　　　B. 由健身教练自行制定
    C. 根据顾客身体状况和个人需要　D. 按照统一标准
25. A. 7200万至6600万年　　　　　　B. 7000万至8000万年
    C. 6600万至5500万年　　　　　　D. 2700万至1700万年
26. A. 没有牙齿　　　　　　　　　　B. 兽脚类恐龙
    C. 保存原始状态　　　　　　　　D. 迄今为止长度最长
27. A. 安徽省　　　B. 福建省　　　　C. 山东省　　　　D. 河北省
28. A. 贝贝英良　　B. 英良贝贝　　　C. 英英贝贝　　　D. 南安英良
29. A. 2015年　　　B. 2008年　　　　C. 2000年　　　　D. 2020年
30. A. 金融危机　　B. 破产危机　　　C. 洪灾　　　　　D. 大批员工辞职

31. A. 不赔不赚   B. 赚了很多   C. 赔了很多   D. 赚的不多
32. A. 改变营销策略   B. 发展线上线下双渠道销售
    C. 与各大网球赛事合作   D. 为河南捐款的无私精神
33. A. 信封没有了   B. 信封装不下画片
    C. 信封太贵了   D. 流行用明信片
34. A. 艺术家   B. 邮政职员
    C. 奥地利的一位博士   D. 艺术家和邮政职员
35. A. 方便运送   B. 样式好看   C. 降低邮费价格   D. 方便书写
36. A. 1865年   B. 1866年   C. 1868年   D. 1869年
37. A. 奥地利   B. 匈牙利   C. 澳大利亚   D. 奥尔良
38. A. 如何使用移动互联网   B. 互联网的发展
    C. 移动互联网的利与弊   D. 加强人与人之间的交流
39. A. 了解天下事   B. 虚浮的娱乐   C. 跨越时空障碍   D. 接触新的世界
40. A. 人际关系   B. 学习工作   C. 生活质量   D. 交通出行

二、阅读理解

（40题，45分钟）

> 说明：41—80题，每段文字后都有几个问题，每个问题都有ABCD 4个选项，请你阅读后根据每题要求选择唯一恰当的答案，并在答题卡的相应字母上画一横道。

41

"蒸"是中国人早期发明的烹饪方法之一，可以追溯到1万多年前的炎黄时期。测定数据表明，蒸菜几乎是最能保留食物营养成分的烹调方法。既没有煮菜、焯菜时水溶性营养素的损失，也没有煎炸时的过高温度使脂肪、蛋白变性；热分解损失较小，氧化损失也少，而且不会摄入过多油脂。

41. 文中画线词语拼音正确的一项是：
    A. 烹饪（hēngrèn）   B. 追溯（zhuīshù）
    C. 脂肪（zhǐfāng）   D. 摄入（shèrù）

42

支教是弥补贫困地区教育资源匮乏的一种有效手段，可以有力地推动教育公平的发展。但是，变味的支教需要抵制，虚假的人设迟早崩塌。我们需要的是真正关切中国教育的大爱者，而非作秀式的表演者。

42. 从这段话中，我们可以知道：
    A. 不要设立虚假人设   B. 支教需要真诚
    C. 支教就能解决教育资源匮乏问题   D. 作秀式的支教很普遍

43—45

金星的英文名称是Venus，尽管听起来很美、很温柔，但__43__，其大气和表面对人类的生存抱有敌意。金星稠密云层的下面，是巨大的、炎热的、以二氧化碳为主要气体的海洋,或者说是一层厚厚的碳酸气浓雾,只有一些特殊植物可以存活,动物是无法呼吸、生存的。更有甚者,金星的表面温度高达465C°,大气压力比地球高出90倍。这样的生存环境,简直像个酷热的地狱。今天的金星地层还在不断发生地震,熔岩四溢,且伴有雷鸣闪电。

43. 文中___43___处应该填写的词语是:
A. 表里如一　　　B. 当之无愧　　　C. 名副其实　　　D. 名不副实

44. 哪种生物能够在金星生存?
A. 动物　　　　　B. 个别植物　　　C. 所有植物　　　D. 人类

45. 下列哪个不是金星的特点?
A. 寒冷　　　　　B. 炎热　　　　　C. 气压大　　　　D. 不断发生地震

46—47

种子的发芽就像分娩,一旦启动就是个不可逆的___46___,因此发芽的时机攸关生死。比如杨树和柳树的种子寿命极短,___47___没有在散播后几个小时内找到湿泥地,就会死亡。热带雨林中,许多树木结的大型种子如果没有在几周内发芽,就会腐败。

46. 文中___46___处应该填写的词语是:
A. 结束　　　　　B. 经过　　　　　C. 过程　　　　　D. 发生

47. 文中___47___处应该填写的词语是:
A. 尽管　　　　　B. 虽然　　　　　C. 如果　　　　　D. 但是

48—50

中国传统医药学由汉、藏、蒙等多个民族的传统医药学共同___48___。它既有东方传统医药学的神秘之处,又往往有现代医药学所不及的奇特功效。它含有神话、传说的成分,其中的许多原理至今也无法用现代医学理论进行科学的___49___,但这种"神秘"的医药学,却常常有着神奇的功效。比如藏医的传授,在很长一段时间,是在寺庙中以隐秘的方式进行的,它用青藏高原所独有的植物、动物、矿物等对患者进行治疗,对包括癌症、中风在内的多种现代医学棘手的疾病有着较好的疗效。

48. 文中___48___处应该填写的词语是:
A. 合成　　　　　B. 拼凑　　　　　C. 组成　　　　　D. 结合

49. 文中___49___处应该填写的词语是:
A. 声明　　　　　B. 表明　　　　　C. 解说　　　　　D. 解释

50. 下列哪一项不是中国传统医药学的神奇之处?
A. 用动物治疗患者
B. 能够治愈所有疾病
C. 用矿物对患者进行治疗
D. 对中风、癌症等棘手的疾病有较好的疗效

51—52

梵高在给弟弟的信中,曾写道,"当我画一个太阳,我希望人们___51___它在以惊人的速度旋转,正在发出骇人的光热巨浪。当我画一片麦田,我希望人们感觉到麦子正朝着它们

最后的成熟和绽放努力。"可以说，__52__艺术,梵高是极具纯粹感的。

51. 文中__51__处应该填写的词语是：
   A. 感想　　　　　B. 感触　　　　　C. 确定　　　　　D. 感觉
52. 文中__52__处应该填写的词语是：
   A. 对待　　　　　B. 由于　　　　　C. 对付　　　　　D. 因为

53—56

基于传统信仰的习俗,虎的影像会出现在育儿、服饰、婚礼、节庆等民间习俗中。在褪去信仰的色彩后,逐渐__53__为人们代代相承的群体习惯。在河北武强传统年画中,有一类"神虎镇宅"的年画。画中或绘一只下山虎,或画一只坐山虎,旁配一只小虎,并拓有"辟邪神虎"的方印。大虎、小虎寓意"虎子",谐音"护子",有保护孩子平安的寓意。当地百姓认为老虎威猛,可保家宅平安。在福建漳州、泉州有一类传统年画,画中是五只老虎守卫着聚宝盆。虎、福谐音,此画名为《五福图》。春节期间,当地人习惯把《五福图》贴在水缸上或钱柜上。

53. 文中__53__处应该填写的词语是：
   A. 固化　　　　　B. 改变　　　　　C. 演化　　　　　D. 进化
54. "神虎镇宅"年画中"虎"的寓意是：
   A. 威猛　　　　　B. 保平安　　　　C. 聚财　　　　　D. 好运
55. 在福建某些地区,《五福图》一般贴在哪儿？
   A. 米缸　　　　　B. 门窗　　　　　C. 衣柜　　　　　D. 水缸
56. 这段文字主要讲了什么？
   A. 年画中"虎"的寓意　　　　　B. 不同地区的年画种类
   C. 传统民间习俗　　　　　　　D. "虎"能辟邪

57—59

高尔夫球起源于15世纪的苏格兰,早期的高尔夫球运动多在王公贵族中进行。15世纪,苏格兰再一次面临"老敌人"英国人的入侵。然而,对高尔夫的狂热追求导致苏格兰人忽视了军事训练。1457年3月,苏格兰王室詹姆斯二世颁布了一项"完全停止并且取缔高尔夫球"的法令,原因是这项消遣性极强的运动,严重影响了苏格兰青年演练苏格兰"国术"——射箭。但后来苏格兰人又忽视了这项禁令。苏格兰议会不得不先后于1471年和1491年再次制定禁止玩高尔夫球的法规。这些法令印证了当时高尔夫球在苏格兰的风靡程度。实际上,连主持制定1491年法规的苏格兰国王詹姆斯四世最终也嗜高尔夫球成瘾,成了高尔夫球场的常客。

57. 苏格兰的"国术"是什么？
   A. 打高尔夫球　　B. 射箭　　　　　C. 骑马　　　　　D. 游泳
58. 下列哪一项是正确的？
   A. 高尔夫球运动什么人都可以玩,非常普遍
   B. 苏格兰议会只颁布了一次禁止玩高尔夫球的法令
   C. 过度热爱高尔夫球曾影响苏格兰人的军事训练

D. 苏格兰国王詹姆斯二世也爱玩高尔夫球

59. 在早期,苏格兰颁布禁止玩高尔夫球的法令,结果如何?
A. 没有人再玩高尔夫球　　　　　　B. 效果甚微
C. 促进了军事训练　　　　　　　　D. 促进了高尔夫球商业的发展

60—62

科学家研究发现,撒哈拉沙漠很早以前并不是一片沙漠,而是一片绿洲,有花草树木,有清澈的湖泊,还有很多动物穿梭在森林里,这里是一片绿色的草原绿洲。

那么撒哈拉沙漠是怎么由一片绿洲变成现在的荒凉沙漠的?其实这都是人类自己造成的,大约在8000年前,人类开始出现在非洲这片草原绿洲,这里有大量的树木、草原,还有各种动物,能够让早期的人类很好地生存下来。原始人类发现了这里之后,开始大量砍伐树木、建造房屋,同时养殖大量的牛羊。随着时间的推移,原来的绿洲不见了,森林没有了,动物没有了,草原的草也被大量的牛羊吃光了。没有了绿色植物的保护,大量的黄土开始被大风吹走,而密度大的沙子留了下来,经过数千年左右的时间,这里就完全变成了大沙漠,而且沙漠化的趋势一直到现在也没有停止,每年撒哈拉沙漠的面积还在不断扩大。

60. 撒哈拉沙漠如何从绿洲变成荒凉沙漠?
A. 大风吹走黄土　　　　　　　　　B. 自然原因
C. 人为破坏　　　　　　　　　　　D. 各种动物将绿色植物吃光

61. 绿洲大约经过了多长时间完全变成大沙漠?
A. 数万年　　　B. 数千年　　　C. 数百年　　　D. 数十年

62. 撒哈拉沙漠目前的状况怎样?
A. 逐渐变成绿洲　　　　　　　　　B. 适合人类居住
C. 沙漠面积不断扩大　　　　　　　D. 沙漠化趋势缓解

63—66

在民间,人们常把未婚的姑娘称为"黄花闺女"。这个名称是怎么来的呢?原来,古时候女子十分注重梳妆打扮,尤其是一些名门贵族的姑娘。相传,南北朝时寿阳公主在廊下午睡,一朵梅花恰巧落在了她的额头,浅浅地印成梅花形态,众侍女见状都说好看至极。此后,寿阳公主时常摘来梅花贴在自己的额头,并允许宫女效仿。这就是传说中的梅花妆的由来,也叫梅妆。梅花妆传到民间,许多富家大户的女儿都争着效仿。在找不到梅花时,就改用黄纸剪出花样,贴在额前,于是逐渐发展成一种贴黄花的习俗。由于梅花妆主要在未婚女子中流行,渐渐地,"黄花闺女"成为未婚女子的代名词。直到金、元时期游牧民族侵入中原以后,贴黄花的习俗才慢慢消失。未婚女子虽然从此不再贴黄花,但"黄花闺女"一词作为未出嫁年轻女子的代名词,一直流传至今。

63. "黄花闺女"是什么意思?
A. 富家小姐　　　　　　　　　　　B. 未婚女子
C. 已婚女子　　　　　　　　　　　D. 化梅花妆的女子

64. 梅花妆是谁发明的?
   A. 寿阳公主	B. 宫女	C. 贵族小姐	D. 游牧民族姑娘
65. 下列哪一项是不正确的?
   A. "黄花"是用黄纸剪出的花样	B. 梅花妆在未婚女子中流行
   C. 明、清时期贴黄花的习俗逐渐消失	D. 宫女也可以效仿梅花妆
66. 这段文字主要介绍了什么?
   A. 梅花妆的画法	B. 贴黄花习俗
   C. "黄花闺女"的由来	D. 寿阳公主的发明

67—70

"短时睡眠者"由于学习、工作或其他活动的压力,故意减少了夜间睡眠的时间。这些人拥有这样的见解:夜间睡眠是一件令人讨厌的事情,打断了日常事务。他们表现得雄心勃勃、积极活跃、精力充沛、立场坚定,对自己的职业选择胸有成竹,并且经常同时从事几项工作,或者一边上学读书,一边从事专职或兼职工作。其中,许多人表示想在朋友和熟人面前表现得"正常"或"合群"。短时睡眠者在回忆梦境时,似乎什么也记不起,或者说他们情愿什么都记不住。这种状况归因于他们通常处理心理问题的方式:不承认问题的存在,认为只要忙忙碌碌,麻烦总会过去的。

"长时睡眠者"情形则大不相同。这些人从小的时候睡眠就一直很长。他们非常重视睡眠,偶尔没有睡够9个小时,他们便会十分不安。他们比短时睡眠者更能回忆起梦的内容。许多长时睡眠者腼腆、内向、消极,特别在社交场合缺乏自信。

67. 短时睡眠者为什么要故意减少睡眠时间?
   A. 失眠	B. 想在别人面前表现的正常
   C. 为了多从事几项工作	D. 由于工作、学习等活动的压力
68. 当长时睡眠者有时不能享受足够的睡眠时,可能会:
   A. 十分不安	B. 精力充沛	C. 十分自信	D. 极度沮丧
69. 根据这篇报告,我们能知道什么?
   A. 许多短时睡眠者不需要睡眠时间
   B. 许多睡眠时间短的人能够记住自己做过的梦
   C. 睡眠时间长的人白天睡的时间更长
   D. 许多长时睡眠者保持着童年时期形成的睡眠习惯
70. 许多"短时睡眠者"可能会认为
   A. 睡眠是对现实的逃避	B. 睡眠干扰他们准确的判断
   C. 夜间睡眠是他们最不喜欢的项目	D. 睡眠是解决心理问题的最好方法

71—74

苍蝇的活跃度与外界的温度有很大的关系。当气温低于15 ℃时,苍蝇就会停止繁殖;当气温低于10 ℃时,苍蝇几乎停止了活动;当气温低于0 ℃时,几个小时内苍蝇就会被冻死。按照这个理论,没有一只苍蝇能够平安地度过冬天,而且苍蝇的寿命大多在两个月左右,所以它们的寿命也不足以支撑它们过冬。但是事实上,有一部分苍蝇确实能够过冬。首先,苍蝇最常见的过冬方式就是以蛹的形态过冬。在苍蝇的整个生长阶段中,蛹形

态是最抗冻的,这与蛹的外壳和密闭的空间有很大的关系。其次,苍蝇从孵化后的10天以后开始产卵。到了秋天,当温度低于蛹羽化的温度,蛹就会停止羽化,直到温度恢复到15 ℃以上时,才会再次进行羽化。这就是冬天很少见到苍蝇,但是来年的夏天苍蝇又会<u>泛滥</u>(71)成灾的原因。

71. 文中画线词语"泛滥"是什么意思?
 A. 事物非常丰富　　　　　　　　B. 事物到处扩散、疯长
 C. 很多,可满足需要　　　　　　D. 事物发展到最大限度

72. 气温在12 ℃时,苍蝇会出现什么情况?
 A. 停止活动　　B. 被冻死　　C. 停止繁殖　　D. 进行羽化

73. 下列说法正确的是:
 A. 苍蝇的寿命比较长　　　　　　B. 没有一只苍蝇能够度过冬天
 C. 当气温在0 ℃~10 ℃时,苍蝇会产卵　D. 苍蝇在蛹形态时可以抗冻

74. 苍蝇不会经历哪个生长阶段?
 A. 卵　　　　　B. 茧　　　　　C. 蛹　　　　　D. 蝇

75—80

记者:现在很多求职者选择进什么样的公司,很重要的一点就是考虑这家公司是否有比较好的发展前景。我想问一下从事这份工作的人的发展　75　或晋升机会如何?

工程师:这主要还是要看自己的能力。<u>俗话说,鸡窝是养不住凤凰的,如果你是凤凰的话,你早晚都会跳出狭小的鸡窝的</u>(76)。如果你没有能力的话,就只能做一个职员,因为不可能每个人都是领导。

记者:这个行业内,公司对刚进入该领域工作的员工进行哪方面的培训?是否有继续深造的机会?

工程师:主要是对新员工相关技能的培训,让员工能够更好地将学校中所学到的知识转化为可用的技能(79)。除此之外,公司还会组织部门学习,让大家更好地了解当前行业的新技术、新动态。在深造方面,公司比较支持大家进行更加高层的学习,公司所举行的每周一次的读书会就是一个很好的例子。

记者:据您所知,从事这份工作的人在单位或同行业内的发展前景如何?

工程师:目前的问题就是人员构成并不是非常合理,尽管做这个行业的人相当多,但是很缺少能够独当一面的优秀研发人才,总的来说就是,高层人才比较稀缺,低层人员泛滥。所以,对于每一个想要在此行业有所发展的人来说,机遇和挑战是并存的。

75. 文中　75　处应该填写的词语是:
 A. 景观　　　　B. 期待　　　　C. 前景　　　　D. 未来

76. 替代文中的画线部分"<u>俗话说,鸡窝是养不住凤凰的,如果你是凤凰的话,你早晚都会跳出狭小的鸡窝的</u>"最好的一项是:
 A. 如果你家庭背景强大,你肯定会得到晋升机会
 B. 如果你能力强,你的发展前景绝对非常可观
 C. 你学到的书本知识越多,发展前景越广阔

D. 公司实力越强,你的晋升机会就越大
77. 下列哪项不是该公司对员工进行的培训?
　　A. 学习学校的课程知识　　　　　　B. 每周举办读书活动
　　C. 了解该行业新动态、新技术　　　　D. 学习能解决实际问题的技能
78. 工程师认为:
　　A. 选择很重要　　　　　　　　　　B. 最重要的是有向前发展的想法
　　C. 低层岗位没有竞争力　　　　　　D. 该领域缺少有能力的优秀人员
79. 与文中画线句子"学到的知识转化为可用的技能"意思相同的一项是:
　　A. 熟能生巧　　B. 学以致用　　C. 纸上谈兵　　D. 实事求是
80. 如果给这段文字加一个标题,最好的是:
　　A. 热门行业推荐　　　　　　　　　B. 大学生就业指南
　　C. 争做高层人才　　　　　　　　　D. 提升自己,抓住机遇

三、书面表达

(16题,45分钟)

第一部分

(15题,10分钟)

一、81—90题,在每题的语句中有一个或两个空白处,题后有 ABCD 4个选项,其中只有一个可以放入空白处使语句表达顺畅。请选出唯一恰当的答案,并在答题卡的相应字母上面画一横道。

81. _____他给我买了一块新的橡皮,我_____不能原谅他故意破坏的行为。
　　A. 宁可……也……　　　　　　　　B. 即使……也……
　　C. 除非……也……　　　　　　　　D. 如果……就……

82. _____你去,_____他去,总得有一个人去。
　　A. 也许……也许……　　　　　　　B. 不但……而且……
　　C. 要么……要么……　　　　　　　D. 一边……一边……

83. _____,你穿红色太衬肤色了,而我就不适合红色。
　　A. 恰恰相反　　B. 不足为奇　　C. 于情于理　　D. 不得不说

84. 不管工作多忙,也要好好吃饭,因为_____。
　　A. 革命是身体的本钱　　　　　　　B. 身体是革命的本钱
　　C. 本钱是身体的革命　　　　　　　D. 本钱是革命的身体

85. 出门购物要自备购物袋,这样能减少白色污染,_____。
　　A. 为环保出一份力　　　　　　　　B. 为一份力而环保
　　C. 出一份力为环保　　　　　　　　D. 一份力为环保出

86. _____,我真是心急如焚,好在没迟到。
　　A. 早晨今天路上又堵车了　　　　　B. 今天早晨路上又堵车了

C. 路上又堵车了今天早晨　　　　　D. 今天早晨路上堵车了又
87. 看到路边环卫工人这么辛苦，_____扔进了垃圾桶。
　A. 丢在地上的易拉罐把我重新捡起来
　B. 我被丢在地上的易拉罐重新捡起来
　C. 我把丢在地上的易拉罐重新捡起来
　D. 易拉罐丢在地上的我把重新捡起来
88. 我们应该_____，而不是任何事情都依靠别人。
　A. 给自己的行为负责　　　　　　B. 行为负责的对自己
　C. 负责的对自己行为　　　　　　D. 对自己的行为负责
89. _____，每到这个时节就会有大批的游客慕名前来。
　A. 三月的昆明是一年中最美好的季节
　B. 昆明的三月是一年中最美好的季节
　C. 一年中最美好的昆明是三月的季节
　D. 昆明是一年中最美好的三月的季节
90. 在过去的一年里，中国的国民生产总值_____。
　A. 有大幅度增长相比往年　　　　B. 往年有大幅度增长相比
　C. 大幅度增长有往年相比　　　　D. 相比往年有大幅度增长

二、91—95题，每题的语句中有ABCD 4个带有下画线的词语，去掉其中某一个词语会使句子表达产生错误。请找出这个词语，并在答题卡的相应字母上画一横道。

91. 这座山对于他来说有点费劲，但他依然努力爬到了顶峰。
　　　　　A　　　　　　　　B　　C　　　　D
92. 我们不管做什么工作，都应该守住道德底线，做一个诚实守信、爱岗敬业的人。
　　　A　　　　　　　　　　　B　　　　　　C　　　　　　　　　　D
93. 这个道理和人喝水一样，冷暖自知，所以不要随随便便地议论一个人。
　　　　A　　　　　　　　　　　　B　　　　　　　　C　　　D
94. 她虽然不懂营销和套路，但凭借坚强的毅力和不服输的精神，创造了业绩第一的
　　　A　　　　　　　　B　　　　　　　　　　　　　　　　　C　　　　D
奇迹。
95. 老师的职责，不只在于教给学生多少学问，还在于启发学生思维和学习兴趣。
　　　　　　　　　A　　B　　C　　　　　　D

第二部分

作文要求

1. 写作前认真阅读作文提示，按提示要求在规定的时间内写完。
2. 用汉语简体字书写。每个空格写一个汉字，汉字书写要清楚、工整；每个标点符号占一个空格，标点符号使用要规范。
3. 作文中不得出现跟考生有关的校名、地名和真实姓名。
4. 保持卷面整洁，不得涂画损坏答卷。

(作文,35 分钟)

作文提示：在下面的作文中,你将有 35 分钟的时间来写一篇短文。请按照下列提示写一篇以"生活中的美"为题的文章,全文内容不得少于 350 字(不包括已给出的提示语句)。

生活中的美

罗丹说:"生活中不是缺少美,而是缺少发现美的眼睛。"一片落叶、一朵花可以是美丽的;一个微笑、一个背影可以是美丽的;一处风景、一首歌可以是美丽的……

笔试模拟试题(四)

一、听力理解

(40 题,约 30 分钟)

第一部分

说明:1—15 题,这部分试题,都是两个人的简短对话,第三个人根据对话提出一个问题,请你在 4 个选项中选出唯一恰当的答案。

示例

第 8 题,你听到:

第一个人说……

第二个人说……

第三个人问……

你在试卷上会看到 4 个选项。

A. 跑步　　　　　B. 游泳　　　　　C. 滑冰　　　　　D. 踢球

第 8 题唯一恰当的答案是 C,你应该在答题卡上找到题号 8,在字母 C 上画一横道。横道一定要画得粗一些,重一些。

8. [A]　[B]　■　[D]

1. A. 步行　　　　B. 坐公交　　　　C. 打车　　　　　D. 坐地铁
2. A. 完美　　　　B. 很棒　　　　　C. 糟糕　　　　　D. 一般
3. A. 电影院　　　B. 商场　　　　　C. 图书馆　　　　D. 家
4. A. 办公室　　　B. 职位　　　　　C. 工作　　　　　D. 同事
5. A. 维修汽车　　B. 出车祸　　　　C. 公交车慢　　　D. 没起床
6. A. 不想吃药　　B. 睡眠不好　　　C. 压力太大　　　D. 不听医生的话

7. A.滑冰很累　　　　B.试卷很难　　　　C.时间不够　　　　D.压力太大
8. A.家　　　　　　　B.商场　　　　　　C.咖啡厅　　　　　D.公交站
9. A.椅子坐着舒服　　　　　　　　　　　B.椅子坐着不舒服
　　C.椅子坏了　　　　　　　　　　　　D.椅子太硬
10. A.生气　　　　　B.惊讶　　　　　　C.冷漠　　　　　　D.无奈
11. A.锻炼身体　　　B.工作　　　　　　C.跳舞　　　　　　D.逛街
12. A.七点半　　　　B.八点　　　　　　C.八点半　　　　　D.九点
13. A.酒旁边　　　　B.番茄酱旁边　　　C.面包旁边　　　　D.饮料旁边
14. A.选择了　　　　B.没选择　　　　　C.没说　　　　　　D.都可以
15. A.新图书馆　　　B.骑自行车　　　　C.约会　　　　　　D.书籍

第二部分

说明：16—40题，在这部分试题中，你将听到几段简要的对话或讲话，每段话之后，你将听到几个问题，请你在4个选项中选出唯一恰当的答案。

示例

第25—27题，你听到：

第一个人说……

第二个人说……

……

第三个人根据这段对话提出3个问题。

你在试卷上看到4个选项。

　A.面包店　　　　　B.超市　　　　　　C.包子店　　　　　D.咖啡店

根据对话，第25题唯一恰当的答案是A，你应该在答题卡上找到题号25，在字母A上画一横道。横道一定要画得粗一些，重一些。

25. ■　[B]　[C]　[D]

第26、27题略。

16. A.减肥　　　　　B.打球　　　　　　C.跑步　　　　　　D.游泳
17. A.食谱问题　　　B.不爱运动　　　　C.吃得太多　　　　D.吃垃圾食品
18. A.不吃垃圾食品　　　　　　　　　　B.少吃垃圾食品
　　C.多餐少食　　　　　　　　　　　　D.吃高蛋白食物
19. A.女的房间　　　B.男的房间　　　　C.宿舍　　　　　　D.教室
20. A.第二天　　　　B.一个星期后　　　C.半个月后　　　　D.一个月后
21. A.桌子　　　　　B.抽屉　　　　　　C.沙发　　　　　　D.书架
22. A.粗心　　　　　B.急躁　　　　　　C.努力　　　　　　D.认真
23. A.星期五　　　　B.星期六　　　　　C.星期日　　　　　D.下周一
24. A.服装店　　　　B.肉店　　　　　　C.蛋糕店　　　　　D.珠宝店

25. A. 不同的国家　　B. 讲礼貌　　　　C. 餐桌礼仪　　　D. 用餐方式
26. A. 英国　　　　　B. 中国　　　　　C. 日本　　　　　D. 墨西哥
27. A. 不礼貌　　　　B. 很享受　　　　C. 很粗鲁　　　　D. 很开心
28. A. 英国人　　　　B. 日本人　　　　C. 墨西哥人　　　D. 阿拉伯人
29. A. 3月23日　　　B. 3月24日　　　C. 4月23日　　　D. 4月24日
30. A. 发现阅读乐趣　　　　　　　　　B. 学会写作
    C. 改变世界　　　　　　　　　　　D. 买更多的书
31. A. 学习外语　　　B. 改变自己　　　C. 了解文化　　　D. 改善健康
32. A. 阅读的重要性　　　　　　　　　B. 世界读书日
    C. 阅读的方法　　　　　　　　　　D. 阅读的乐趣
33. A. 新闻报道　　　B. 人物传记　　　C. 小说　　　　　D. 科普文
34. A. 海口　　　　　B. 北京　　　　　C. 长沙　　　　　D. 成都
35. A. 他是著名的农学家　　　　　　　B. 他培育了杂交水稻
    C. 他拯救了中国　　　　　　　　　D. 他帮助了联合国
36. A. 1600万　　　　B. 5700万　　　　C. 8000万　　　　D. 9000万
37. A. 科学家　　　　B. 农民　　　　　C. 生物学家　　　D. 工程师
38. A. 二年级　　　　B. 三年级　　　　C. 七年级　　　　D. 八年级
39. A. 60分钟　　　　B. 55分钟　　　　C. 50分钟　　　　D. 45分钟
40. A. 第一名　　　　B. 第二名　　　　C. 第三名　　　　D. 第四名

二、阅读理解

(40题,45分钟)

> 说明:41—80题,每段文字后都有几个问题,每个问题都有ABCD 4个选项,请你阅读后根据每题要求选择唯一恰当的答案,并在答题卡的相应字母上画一横道。

41

"每一代人有每一代人的长征路,每一代人都要走好自己的长征路"。抗美援朝的英雄们的使命与担当是保家卫国,而现在的我们面对新时代、新要求,要继承与发扬先辈们留下的精神,坚定理想信念,坚守初心使命,在谱写奋斗新篇章中贡献出自己的力量。

41. 文中画线词语拼音正确的一项是:

A. 长征(chāngzhēng)　　　　　　B. 英雄(yīngxóng)

C. 继承(jìchéng)　　　　　　　　D. 使命(shǐmìn)

42

吗啡本身是毒品的一种。有时为了医治一些危重病人,允许医院使用吗啡作为止痛药。实际上,这样做是应当禁止的。因为,毒品贩子会通过这种渠道获取吗啡,对社会造成严重危害。

42. 从这段话中,我们可以知道:

A. 目前医院里使用的吗啡不是毒品

B. 医院已经成为社会上毒品的一个来源
C. 国家已经有禁止医院使用吗啡的法规
D. 目前还没有吗啡从医院流向毒品贩子

43—45

你认为怎样才算成功呢？追求是没有___43___的,只有不断地进步,当你站在一个新高度的时候再去看以前的自己就觉得成功了,但是还有更高的___44___等待你去实现。只要你每天都在进步,你就是在走向成功,当你回想自己以前奋斗的过程,你就会发现你成功了,因为你一生中都在进步。

43. 文中___43___处应该填写的词语是：
    A. 境界　　　　B. 停止　　　　C. 高低　　　　D. 止境

44. 文中___44___处应该填写的词语是：
    A. 终点　　　　B. 想法　　　　C. 目标　　　　D. 计划

45. 作者要表达的观点是：
    A. 走向成功的方法很多　　　　B. 进步就是在走向成功
    C. 每个人都是成功的人　　　　D. 人要不断地追求成功

46—47

据《每日经济新闻》记者统计,疫情期间,多地教育部门相继___46___春季开学时间不得早于2月底。为了保证学生"停课不停学",几乎所有学校开始寻求在线教学解决方案,___47___最大程度将本地的教学通过线上工具来实现。

46. 文中___46___处应该填写的词语是：
    A. 宣传　　　　B. 宣扬　　　　C. 宣布　　　　D. 宣誓

47. 文中___47___处应该填写的词语是：
    A. 企图　　　　B. 试图　　　　C. 图谋　　　　D. 企划

48—50

有意识地使用火,是人类进化过程的关键___48___,也是人类走向文明的重要象征。有了火的温暖,人们得以熬过寒冷的岁月;有了火的炙烤和蒸煮,人们得以食用熟食___49___体质;有了火的高温,人们得以制陶、冶炼,加速文明进步的步伐。火,并不是自然长久地、___50___地存在,它需要人们掌握一定技巧才能获得。

48. 文中___48___处应该填写的词语是：
    A. 标杆　　　　B. 标志　　　　C. 标明　　　　D. 标准

49. 文中___49___处应该填写的词语是：
    A. 提高　　　　B. 提升　　　　C. 增强　　　　D. 增加

50. 文中___50___处应该填写的词语是：
    A. 继续　　　　B. 断续　　　　C. 陆续　　　　D. 持续

51—52

人生理想、人生价值的实现,往往需要以健康的身体为前提。越重视生命的___51___,就会越珍视医务工作者的付出。他们是医生,也是榜样;他们___52___我们的身体,也涤荡着我们的灵魂。

51. 文中 __51__ 处应该填写的词语是:
A. 代价　　　　B. 价值　　　　C. 评价　　　　D. 价格

52. 文中 __52__ 处应该填写的词语是:
A. 保证　　　　B. 维持　　　　C. 保持　　　　D. 保护

53—56

2021年儿童新闻短篇故事大赛

2021年儿童新闻短篇故事比赛即将举办,我们期待阅读你所有的精彩故事,欢迎所有孩子报名参加!

参赛要求:

＊从幼儿园至六年级的儿童均可报名参加,参赛费用全免。每人有一次参赛机会。

＊所有参赛者必须在参赛前得到学校和家长的许可。

＊参赛者可以选择自己喜欢的题目。

＊参赛作品必须通过 www.kidsnews 网页 __53__ 。

＊比赛于2021年5月11日上午9点开始,2021年7月3日下午5点结束。

年龄分类:

＊幼儿园到二年级:作品字数必须在250到750字之间。

＊3—4年级:作品字数必须在250到750字之间。

＊5—6年级:作品字数必须在500到1000字之间。

获胜奖品:

一等奖(每个年龄组一个),奖金3000元

二等奖(每个年龄组一个),奖金2000元

三等奖(每个年龄组三个),奖金1000元

更多详情请见网址 www.kidsnews。

53. 文中 __53__ 处应该填写的词语是:
A. 提取　　　　B. 提交　　　　C. 提出　　　　D. 提议

54. 关于比赛,说法正确的是:
A. 今年第一次举行　　　　　　B. 孩子们可以免费参加
C. 向所有年龄段的孩子开放　　D. 只有一个孩子能获得一等奖

55. 如果五年级学生想参加比赛,他必须:
A. 从给定列表中选择主题　　　B. 写1000多个字
C. 在网上传送作品　　　　　　D. 2021年5月11日之前完成他的作品

56. 这一段文字是:
A. 新闻消息　　B. 征稿活动　　C. 订阅广告　　D. 比赛通知

57—59

据《21世纪商业先驱报》报道,许多中国家长选择待在家做健康食品,辅导孩子完成家庭作业,有些家长甚至在孩子的学校附近租了一个小房间来节省时间。这类家长有"直升

机父母"的绰号,意思是他们总是紧紧地围着孩子转。专家认为,这样对孩子是有害的,因为他们将无法学会自立。不过,家长们有他们自己的理由。中国的学生家长们愿意尽一切努力帮助他们在激烈的竞争中脱颖而出。今年六月,小田在河北读高中,她妈妈就在学校附近租了一个小房间,帮她洗衣做饭。"我所做的一切将为她节省很多时间,这样她就可以更好地准备高考了。这都是值得的。"她的妈妈说。事实上,美国东北部的学校,像纽约州,也有同样的趋势。九月份,学生们搬进了宿舍,但是很多人有一些额外的"装备":他们的父母。但是学生们仍被建议应该独立面对新的挑战。

57. 下面哪一项是正确的?
A. 专家支持"直升机父母"的工作
B. 作者强烈反对"直升机父母"的行为
C. 许多中国父母为他们的孩子做了很多
D. 美国父母总是让他们的孩子自己面对困难

58. 这段文字加一个标题,以下合适的是:
A. 育儿风格——中国的"直升机父母"
B. 美国"直升机父母"的研究
C. 美国父母和孩子之间的关系
D. 儿童自力更生在中国的重要性

59. 你最可能在哪里看到这段文字:
A. 导游手册   B. 小说   C. 报纸   D. 故事

60—62

长期以来,专家们一直在讨论对健康有益的最佳饮食。他们认为,对健康有益的不仅仅是我们吃什么,还有我们什么时候吃东西。当我们的饮食模式和生物钟很好地匹配时,我们的身体就能发挥最佳状态。

然而,研究发现,一般人在起床后不久就开始喝牛奶,或者在入睡前吃深夜晚餐,这种饮食模式违背了我们的生理规律。科学家们早就知道,人体大脑中有一个主生物钟,它控制着我们的睡眠—唤醒周期。人体内不只有一个生物钟,而是一系列生物钟。每个器官都有一个生物钟控制着每天的活动周期。在每个器官中,成千上万的基因在大致相同的时间开启和关闭。就像每天早上太阳升起,晚上落下,人与生俱来就是24小时制的身体模式,因此必须遵循这一模式。因为就像我们的大脑需要每天晚上睡觉来自我修复和重置一样,其他器官也需要。

60. 下面哪一项符合文中所表达的观点?
A. 不要吃太多   B. 试着减肥
C. 脂肪和低糖饮食   D. 不要太晚吃晚餐

61. 关于生物钟,下面哪一句的说法正确?
A. 它们存在我们的大脑中   B. 每个器官都有生物钟
C. 它们受到我们饮食的影响   D. 主生物钟控制着其他生物钟

62. 可以做这篇文章标题的是?
A. 选择最佳饮食习惯   B. 重置你的生物钟

C. 选择适当时间吃饭　　　　　　D. 小心你的饮食

63—66

风筝冲浪是一项借助充气风筝，脚踩冲浪板的一种惊险刺激的水上运动。它的原理相当简单，就是将风筝用两条或四条强韧的绳子连接到手持横杆上，借着操作横杆来控制其(63)上升、下降以及转向，并结合脚下踩着的各式滑板，就可以在水上滑行。如果你想要玩冲浪板，不是需要有大风、大浪的环境，就是要有快艇的需求，而风筝冲浪在水上只要有二级以上的风就可以玩。和其他的水上运动相比，风筝冲浪还有很多优点：对身材、体能也没有特殊要求，危险等级偏低，一般人都可以玩；又由于它是以风为动力的，更具有成本上的优势；且风筝冲浪的装备能够塞进大背包，你甚至可以携带它乘坐公交车去冲浪。不过，风筝冲浪虽然没有飞行伞、滑翔翼等运动危险，但操作不当，也会对人造成伤害。因此只有选择适当的装备，熟练掌握风筝的操作，才能玩得尽兴而且安全。

63．文中的画线部分"其"指的是：
A. 风筝　　　　B. 绳子　　　　C. 冲浪板　　　　D. 风向

64．关于风筝冲浪，下面哪一句的说法不正确？
A. 成本优势明显　　B. 适合人群广泛　　C. 操作简单易学　　D. 装备携带方便

65．这段文字主要概括的是：
A. 风筝冲浪名字的由来　　　　　B. 风筝冲浪的发展过程
C. 风筝冲浪的危险性　　　　　　D. 风筝冲浪的优点

66．下面哪一项符合文中的观点：
A. 风筝冲浪需要在海面玩　　　　B. 风筝冲浪很危险
C. 选择适当的装备很重要　　　　D. 购买装备便宜

67—70

中国消费者过去喜欢外国品牌，认为美国或欧洲公司生产的产品质量比中国公司好，现在情况越来越不一样了。

亿万富翁李泽楷曾经在CCTV-9的一次采访中告诉《商业内幕》，"1985年以前出生的中国人普遍认为，外国品牌比中国品牌好，但对于1985年后出生的人来说，情况就不一样了。1997年我第一次去英国的时候，我觉得中国和欧洲的差别很大，但对于那些出生于20世纪90年代的人来说，当他们访问欧美时，他们并不认为有什么大的不同。"中国消费者思维方式的转变，在许多曾经被西方公司控制的中国市场都有所体现。瑞士信贷3月份发布的一项研究发现，中国年轻消费者越来越表现出"本土品牌偏好"。根据这项研究，超过90%的中国年轻消费者更愿意购买国内家电品牌。与此同时，生产食品、饮料或个人护理产品的国内公司在过去十年里市场份额增加了3.3%，达到近70%。

中国消费者，尤其是年轻消费者，不要只相信外国品牌更好。今年3月，瑞士信贷的中国消费者研究主管陈查理在接受《南华早报》采访时表示，目前中国消费者认为中国很好，"中国制造"一点也不差。

67．下面哪一句的说法是对的？
A. 越来越多的外国人去购买中国产品

B. 外国产品比中国产品更贵

C. 越来越多的中国消费者更喜欢中国产品

D. 中国老年人不再喜欢外国产品了

68. 下面哪一句最能解释"本土品牌偏好"？

   A. 苹果在2021年在中国手机市场份额为23%

   B. 超过90%的中国年轻消费者更喜欢国内家电品牌

   C. 1985年前出生的中国人认为外国品牌更好

   D. 李泽楷在1997年发现了中国和欧洲之间的巨大差异

69. 谁为本报告做了大部分研究？

   A. 瑞士信贷　　　B. CCTV-9　　　C.《南华早报》　　　D.《商业内幕》

70. 这段话主要讲了什么？

   A."中国制造"的质量　　　　　　B. 外国人眼中的中国产品

   C. 中国消费者思维的变化　　　　D. 中国老消费者和年轻消费者之间的区别

71—74

最近一期的《国家地理》杂志描述了地球上的奇迹之一，撒哈拉沙漠中的小银蚁。这些蚂蚁生活在温度高达70℃的地区，这是一个"鞋子都会融化"的环境。在撒哈拉沙漠，大多数生物为了躲避高温而避免在中午外出，撒哈拉银蚁进化出了许多适应性来做到这一点。科学家们发现，撒哈拉银蚁的一些独特特征使①它们能够在炎热的气候中很好地生长。这些蚂蚁的腿比其他蚂蚁更长，这使得它们的身体与炎热的沙漠保持着更远的距离。它们每秒跑的距离是自己身体的108倍，速度刚刚超过每小时3公里。②它们跟踪太阳的位置，这样它们就知道最直接的回巢路线，从而减少了它们在极端高温下度过的时间。它们的身体还能产生抗热蛋白质。但是，由于银蚁一次只离开巢穴几分钟，时间不足以使蛋白质发挥作用，因此③它们在外出前仍在巢穴中产生蛋白质，否则它们会在蛋白质发挥作用之前死亡。

研究人员还发现，这些蚂蚁的顶部和侧面覆盖着独特的三角形银毛，这种银毛可以驱散热量。即使是在充足的日照条件下，④它们也能帮助蚂蚁的身体将热量转移到更凉爽的地方。这一发现激发了科学家们的灵感，因为它可能会产生新的材料和油漆，可以应用于屋顶或汽车，以保持凉爽。它也有望应用于临床护理、可穿戴设备、防护服等领域。

71. 文中的四个"它们"，哪一个与其他的意思不同？

   A. ①　　　　B. ②　　　　C. ③　　　　D. ④

72. 下面的说法正确的是：

   A. 撒哈拉银蚁的毛发像微小的空气加热系统

   B. 撒哈拉银蚁可以长时间在巢穴外活动

   C. 撒哈拉银蚁对沙漠的适应性将被发现

   D. 撒哈拉银蚁激发出的灵感将带来更多的发明

73. 撒哈拉银蚁什么时候产生抗热蛋白质？

   A. 接触到极热的天气之后　　　　B. 外出行动之前

C. 阳光充足的情况下奔跑时　　　　　D. 从外面回到巢穴后

74. 如果给这段文字加一个标题，最好的是：
   A. 在撒哈拉沙漠生存的小银蚁　　　B. 世界上跳得最快的小银蚁
   C. 会觅食的小银蚁　　　　　　　　D. 小银蚁，大作用

75—80

记者：您是牛津大学的物理学教授，并且___75___欧洲核子研究组织的高级顾问，似乎还在世界各地不知疲倦地做演讲。此外，您每周还有自己的科普电视节目。您怎么会有这么多精力呢？

教授：因为我真的很热爱我所做的一切。能过这样的生活，做我热爱做的事，我<u>乐此不疲(76)</u>。

记者：教授，您的目标到底是什么？您为什么要做这些事情？

教授：正如你所说，我确实在做很多不同的事情。但我认为，这些事情大致可以分为两类，科学教育和对科学的进一步了解。

记者：这两件事难道不会冲突吗？我的意思是，讲课不会占用做实验的时间吗？

教授：不会的。我喜欢教学，我不介意现在比过去花更多的时间去做这件事。另外，我想说的是，教授一门学科有助于我更好地理解这门学科。我发现，当我不得不解释清楚某事物、帮助别人理解它、回答关于它的问题时，教学能够帮我进一步加深对它的理解。高阶的教学对任何人来讲都是非常具有启发性的，不论他们在自己所教授的领域已有多少专业知识。

记者：那您认为近期会有什么科学突破吗？或者说我们很快就能盼来的重大发现或发明？

教授：全世界一直都在开展科学研究，新事物也不断地被发现。实际上，我们当前有很多的数据存放在电脑里，却没有得到充分利用。例如，我们有成千上万张用望远镜拍摄的火星照片，却没人看过它们，更不用说去分析它们了。

75. 文中___75___处应该填写的词语是：
   A. 承担　　　　B. 负担　　　　C. 担任　　　　D. 控制

76. 文中的画线部分"乐此不疲"的意思是：
   A. 累并快乐着　　　　　　　　　　B. 喜欢某件事，不觉得疲倦
   C. 一直专注某件事　　　　　　　　D. 每天都很快乐

77. 关于教授从事的工作，下列说法最准确的是：
   A. 为欧洲的核实验室提供指导　　　B. 监督牛津大学的两个研究小组
   C. 巡回全球各地，参加科学电视节目　D. 科学教育和科学研究

78. 如果给这段文字加一个标题，最好的是：
   A. 科学与科研的选择　　　　　　　B. 知名教授的访谈录
   C. 一位教授的工作　　　　　　　　D. 科学知识教育普及

79. 下面哪一项属于教学给教授带来的好处？
   A. 更好地了解某一学科　　　　　　B. 广泛地了解相关领域

C. 有更强的意志去迎接挑战　　　　D. 与年轻人的关系更加密切

80. 下面说法不正确的是：
A. 教授保持精力充沛的原因是热爱自己做的事情
B. 教授认为科学与科研并不冲突
C. 实现新的科学突破需要利用现有的数据
D. 实现新的科学突破需要应用最新的研究方法

三、书面表达

(16题,45分钟)

第一部分

(15题,10分钟)

一、81—90题,在每题的语句中有一个或两个空白处,题后有ABCD 4个选项,其中只有一个可以放入空白处使语句表达顺畅。请选出唯一恰当的答案,并在答题卡的相应字母上面画一横道。

81. 求知_____为了吹嘘炫耀,_____为了寻找真理、启迪智慧。
A. 宁可……也……　　　　　　　B. 即……又……
C. 不仅……还……　　　　　　　D. 不是……而是……

82. _____是扫描式阅读还是跳跃式阅读,注意力_____要高度集中。
A. 如果……就……　　　　　　　B. 不但……也……
C. 无论……都……　　　　　　　D. 由于……因此……

83. _____,他终究还是来了。
A. 果然不出我所料　　　　　　　B. 突然不出我所料
C. 虽然不出我所料　　　　　　　D. 依然不出我所料

84. 家长对孩子过于溺爱,_____。
A. 对孩子的成长很不利往往　　　B. 往往对孩子的成长很不利
C. 成长对孩子的往往很不利　　　D. 往往很不利对孩子的成长

85. 过程特别艰难,_____。
A. 预示着这一次收获很大可能　　B. 这一次预示着可能很大收获
C. 可能预示着这一次收获很大　　D. 这一次收获可能很大预示着

86. 知道条件很艰苦,_____。
A. 他还是加入到支教的工作中来非常热心地
B. 他加入到支教的工作中来非常热心地还是
C. 他还是非常热心地加入到支教的工作中来
D. 他非常热心地还是加入到支教的工作中来

87. 自那之后,_____。
A. 这件有趣的事情深深印在我的心里　　B. 这件深深有趣的事情印在我的心里

C. 我的心里这件有趣的事情深深印在　　D. 深深印在我的心里这件有趣的事情

88. 他决定好的事情，_____。

A. 估计你说什么都没用　　B. 你说什么都没用估计

C. 估计说什么你都没用　　D. 估计什么都没用你说

89. 这里景色太美了，我从来没有看过_____！

A. 多么壮丽的景象　　B. 非常壮丽的景象

C. 特别壮丽的景象　　D. 如此壮丽的景象

90. 青春年少的我们，_____？

A. 远大的梦想谁没有个呢　　B. 谁没有个远大的梦想呢

C. 谁远大的梦想没有个呢　　D. 谁的梦想没有个远大呢

二、91—95题，每题的语句中有ABCD 4个带有下画线的词语，去掉其中某一个词语会使句子表达产生错误。请找出这个词语，并在答题卡的相应字母上画一横道。

91. 人们<u>通常</u>认为，紧张对人体健康<u>有害</u>，<u>可能</u>会引起某些<u>疾病</u>，其实不然。
　　　　　A　　　　　　　　　　　　B　　　　C　　　　　　　D

92. 你<u>回去</u>考虑一下吧，如果有<u>什么</u>问题，<u>随时</u>可以<u>给</u>我打电话。
　　　A　　　　　　　　　　　B　　　　C　　　　D

93. 这次去参观博物馆，我们<u>只是</u>走马观花地看了<u>一遍</u>，没有时间细看。
　　　　A　　　　　　　　　B　　　　　　　　C　　D

94. 虽然已经是初秋，风<u>微微</u>凉<u>了</u>，可是阳光<u>依然</u>明媚。
　　　A　　　　B　　　C　　　　　　D

95. 你千万不要太自卑了，要相信自己，其实你真的不比别人差多少。
　　　A　　　　　　　B　　　　　　　C　　　　　　　　D

第二部分

作文要求

1. 写作前认真阅读作文提示，按提示要求在规定的时间内写完。

2. 用汉语简体字书写。每个空格写一个汉字，汉字书写要清楚、工整；每个标点符号占一个空格，标点符号使用要规范。

3. 作文中不得出现跟考生有关的校名、地名和真实姓名。

4. 保持卷面整洁，不得涂画损坏答卷。

（作文，35分钟）

作文提示：你最喜欢哪个季节？你喜欢这个季节的什么景象，或者这个季节里曾经发生过什么样的故事？请以"我最喜欢的季节"为题，写一篇短文。请看清题目，根据提示，并按照文中给出的话语写下去，全文内容不得少于350字（不包括已给出的提示语句）。

我最喜欢的季节

一年有四个不同的季节，各有不同。有百花盛开的春天，有骄阳似火的夏天，有金色

满园的秋天,还有白雪皑皑的冬天。每个人都有自己喜欢的季节,我最喜欢的季节是____

笔试模拟试题(五)

一、听力理解

(40题,约30分钟)

第一部分

说明:1—15题,这部分试题,都是两个人的简短对话,第三个人根据对话提出一个问题,请你在4个选项中选出唯一恰当的答案。

示例

第8题,你听到:

第一个人说……

第二个人说……

第三个人问……

你在试卷上会看到4个选项。

A. 跑步　　　　B. 游泳　　　　C. 滑冰　　　　D. 踢球

第8题唯一恰当的答案是C,你应该在答题卡上找到题号8,在字母C上画一横道。横道一定要画得粗一些,重一些。

8. [A]　[B]　■　[D]

1. A. 教师　　　　B. 警察　　　　C. 销售员　　　　D. 医生
2. A. 可爱　　　　B. 掉毛　　　　C. 调皮　　　　D. 不听话
3. A. 没看电影　　B. 错过班车　　C. 下班太晚　　D. 没看演唱会
4. A. 开车　　　　B. 骑车　　　　C. 步行　　　　D. 坐公交
5. A. 癌症　　　　B. 艾滋病　　　C. 人口　　　　D. 感冒
6. A. 寄信　　　　B. 买报纸　　　C. 买面包　　　D. 买面粉
7. A. 去小丽家　　B. 和小丽出去　C. 和小丽打电话　D. 和小丽看电影
8. A. 10:00　　　B. 10:30　　　C. 10:20　　　　D. 10:40
9. A. 会议结束了　B. 记错时间了　C. 会议还没开始　D. 会议照常举行
10. A. 迷路了　　　B. 车坏了　　　C. 交通堵塞　　　D. 丢钱了
11. A. 商店　　　　B. 饭店　　　　C. 学校　　　　　D. 街道

12. A. 喝咖啡　　　　　B. 被人打扰休息　　C. 打电话　　　　　D. 睡觉
13. A. 布料一般　　　　B. 颜色好看　　　　C. 衣服很长　　　　D. 穿着舒服
14. A. 牙刷　　　　　　B. 洗手液　　　　　C. 牙膏　　　　　　D. 什么也没买
15. A. 吃饭　　　　　　B. 工作　　　　　　C. 看电影　　　　　D. 回家

第二部分

说明：16—40题，在这部分试题中，你将听到几段简要的对话或讲话，每段话之后，你将听到几个问题，请你在4个选项中选出唯一恰当的答案。

示例

第25—27题，你听到：

第一个人说……

第二个人说……

……

第三个人根据这段对话提出3个问题。

你在试卷上看到4个选项。

A. 面包店　　　　　B. 超市　　　　　　C. 包子店　　　　　D. 咖啡店

根据对话，第25题唯一恰当的答案是A，你应该在答题卡上找到题号25，在字母A上画一横道。横道一定要画得粗一些，重一些。

25. ■　[B]　[C]　[D]

第26、27题略。

16. A. 想安静晒太阳　　　　　　　　　B. 怕水
    C. 不喜欢冲浪运动　　　　　　　　D. 晕船
17. A. 周日　　　　　　B. 周一　　　　　　C. 周六　　　　　　D. 周五
18. A. 联系专业人员　　　　　　　　　B. 买一双鞋
    C. 去商场购物　　　　　　　　　　D. 买合适的攀岩鞋
19. A. 19:00　　　　　B. 19:30　　　　　C. 20:00　　　　　D. 20:30
20. A. 骑自行车　　　　B. 坐公交车　　　　C. 打出租车　　　　D. 搭地铁
21. A. 帮他借一本书　　　　　　　　　B. 帮他还一本书
    C. 帮他买点吃的　　　　　　　　　D. 帮他带本有趣的书
22. A. 上数学课　　　　B. 上微机课　　　　C. 兼职　　　　　　D. 写文章
23. A. 赚钱　　　　　　B. 工作任务　　　　C. 爱好　　　　　　D. 学术需要
24. A. 夏季　　　　　　B. 秋季　　　　　　C. 春季　　　　　　D. 冬季
25. A. 文化　　　　　　B. 风景　　　　　　C. 食物　　　　　　D. 运河
26. A. 118　　　　　　B. 150　　　　　　　C. 400　　　　　　D. 450
27. A. 博物馆　　　　　B. 地点　　　　　　C. 教堂　　　　　　D. 活动
28. A. 乘船　　　　　　B. 步行　　　　　　C. 骑自行车　　　　D. 坐汽车

29. A. 她一直很顺利　　　　　　　　B. 她很担心自己
　　C. 她相信自己可以穿过沙漠　　　D. 她正慢慢地消失
30. A. 因为她失败了很多次　　　　　B. 因为她不想放弃现在的样子
　　C. 因为她不会飞　　　　　　　　D. 因为她认为自己不可能成功
31. A. 消失在沙子里　　　　　　　　B. 改变她的本性
　　C. 变成微风　　　　　　　　　　D. 变成蒸汽
32. A. 无论别人说什么,我们都应该永远做我们自己
　　B. 为了成功,如果有必要,我们应该改变现状
　　C. 我们可能会像小溪一样经历生活中的困难
　　D. 勇敢面对困境,总有一天会走向成功
33. A. 研究严重病例　　　　　　　　B. 拯救更多的人
　　C. 让世界更多地了解中国　　　　D. 向他的父母学习
34. A. 2018 年　　B. 2019 年　　C. 2020 年　　D. 2021 年
35. A. 病毒能在人与人之间传播　　　B. 不用太担心这种病毒
　　C. 病毒只对老年人有危险　　　　D. 已经研制出抗病毒的疫苗
36. A. 专业医生　　B. 聪明的旅行者　　C. 国家的脊梁　　D. 勇敢的军人
37. A. 我们的英雄钟南山　　　　　　B. 非典
　　C. 新冠病毒　　　　　　　　　　D. 回到前线
38. A. 阅读　　　　B. 旅行　　　　C. 滑冰　　　　D. 打网球
39. A. 11 岁　　　　B. 13 岁　　　　C. 44 岁　　　　D. 55 岁
40. A. 巴基斯坦　　B. 敦煌　　　　C. 兰州　　　　D. 乌鲁木齐

二、阅读理解

(40 题,45 分钟)

> 说明:41—80 题,每段文字后都有几个问题,每个问题都有 ABCD 4 个选项,请你阅读后根据每题要求选择唯一恰当的答案,并在答题卡的相应字母上画一横道。

41

谁的青春不<u>迷茫</u>?要知道,所谓青春,并不是一条笔直的路,而是布满<u>分岔</u>口的,你需要自己去选择走哪一条路。但无论你走哪一条,那都是你的青春。那将是一条独特、<u>崭新</u>的道路。青春无悔,你需要为自己的人生负责,勇敢前进吧!踏上未来的<u>征程</u>,创造属于自己的精彩。

41. 文中画线词语拼音正确的一项是:
　　A. 迷茫(míwǎng)　　　　　　　　B. 分岔(fēnchà)
　　C. 崭新(zhànxīn)　　　　　　　　D. 征程(zhēngchén)

42

虽然失败在人生中不可避免,但人们往往只顾讨论"如何取得成功",却鲜少有人深入谈论我们该"如何应对失败"。失败的价值,在于我们能正确地理解它。只有被我们深刻

了解的那些失败经历,才能真正转化为经验值,变成我们成长进步的养料。否则,失败仅仅是无意义的痛苦。

42. 这段话给我们什么启示?
A. 失败是无意义的痛苦　　　　　　B. 失败是成功之母
C. 正确理解失败　　　　　　　　　D. 积累经验才能进步

43—45

过度的焦虑会带来损害。焦虑可能让我们产生出汗、手抖、心慌等身体__43__,甚至出现大脑一片__44__的状态,比如,原本准备好的发言讲不下去。持续的焦虑可能让我们入睡困难、食不甘味、颈肩紧张、头痛,或无法集中注意力参与学习和生活。更强烈的焦虑可能使我们的行为发生改变,例如由于社交恐惧、上学恐惧等出现回避社交、上学等行为。

43. 文中__43__处应该填写的词语是:
A. 反应　　　　B. 反映　　　　C. 回应　　　　D. 反射

44. 文中__44__处应该填写的词语是:
A. 空洞　　　　B. 空白　　　　C. 稀缺　　　　D. 缺陷

45. 下列选项正确的一项是:
A. 轻微的焦虑可能会使我们入睡困难　　B. 适当的焦虑对身体有益
C. 焦虑不可以克服　　　　　　　　　　D. 强烈焦虑可能使我们的行为发生改变

46—47

科学家研究发现,当人感到饥饿时,只要一个小时后不进食,身体就会产生一种特殊物质。这种物质具有强大的修复功能,对身体健康有益。在人体追踪实验中,__46__饿肚子的人比餐餐饱食的人平均寿命和健康指数都要高出很多。所以,营养学家认为,在人类的长寿因素中,"适当饥饿"是不可缺少的一个要素,而由饱食带来的疾病通过"饿一饿"也能得到__47__。

46. 文中__46__处应该填写的词语是:
A. 妥善　　　　B. 适合　　　　C. 妥当　　　　D. 适当

47. 文中__47__处应该填写的词语是:
A. 愈合　　　　B. 治疗　　　　C. 缓解　　　　D. 医治

48—50

冰壶又称"掷冰壶"、"冰上溜石",是以队为单位在冰上进行的一种投掷性__48__项目,被大家喻为冰上的"国际象棋",它__49__参与者的体能与脑力,展现动静之美,取舍之智慧,属于冬奥会比赛项目。冰壶于14世纪__50__于苏格兰。1795年,第一个冰壶俱乐部在苏格兰创立。1924年冰壶作为表演项目被纳入第一届冬奥会。

48. 文中__48__处应该填写的词语是:
A. 竞赛　　　　B. 竞争　　　　C. 竞选　　　　D. 竞投

49. 文中__49__处应该填写的词语是:
A. 考验　　　　B. 实验　　　　C. 实践　　　　D. 考试

50. 文中__50__处应该填写的词语是:
A. 起源　　　　B. 开始　　　　C. 发展　　　　D. 开端

51—52

人们一般都认为艺术家是"神经质"的,他们的行为像 16 个月大的婴儿,这种观点是___51___的。事实上,"发疯"的艺术家是很___52___的,我所遇到的艺术家都是极具组织头脑,非常成熟的个体。

51. 文中___51___处应该填写的词语是:
A. 正确   B. 片面   C. 客观   D. 错误

52. 文中___52___处应该填写的词语是:
A. 普遍   B. 罕见   C. 珍稀   D. 稀奇

53—56

鱼是冷血动物,它的一生几乎都生活在水里,它们在水中来回游动,鱼身大多是流线型的,并且有一条既结实而又灵活的尾巴,对它们的行动来说是非常___53___的,可以帮助鱼在水中自由地改变方向。鱼身上的侧线可以感知水压的微小变化,因此距离很远就会知道周围的情况。一般较大的震动会使鱼产生趋避反应,迅速躲进水草或者石缝中。这些鱼类在睡觉时,大多是在水中保持不动的状态。珊瑚虫白天活跃,晚上则躲在礁石的裂缝处休息。鱼类休息时的样子与其他时候截然不同,例如,许多白天聚在一起非常活跃的鲤科小鱼晚上却分散开来,在浅水中一动不动,但几乎所有的鱼都要睡觉。

53. 文中___53___处应该填写的词语是:
A. 实用   B. 实际   C. 恰当   D. 恰好

54. 下列选项正确的是:
A. 鲤鱼在白天活动和晚上睡觉都喜欢集体活动
B. 鱼尾巴可以感知水压的变化
C. 鱼尾巴帮助鱼在水中自由地改变方向
D. 几乎所有鱼都要睡觉

55. 文中没有介绍鱼的:
A. 作息   B. 形状   C. 趋避反应   D. 饮食

56. 这篇文章是:
A. 科普文   B. 抒情文   C. 悬疑文   D. 寓言

57—59

楼下住着一对老夫妻,男的是离休的处级干部,女的退休前是一家大医院的主任医师,他们的两个孩子,一个是某局里的中层干部,一个在国外读书。入秋的一个傍晚,我看见那老夫人在翻晒萝卜。我问她,张阿姨,你家还腌咸菜吗?那老夫人很有丰韵,笑起来一脸幸福,她说你王伯就爱吃我做的萝卜咸菜,吃了一辈子都不腻,过去工作再忙,都要给他腌菜,何况现在退休了,有的是时间。望着翻菜的老人,忽然就想起林语堂先生的名言:"欲爱一个人,从他肚子起。"对于那些走过几十载风风雨雨的婚姻来说,爱可能真的就落在碗里,落在"萝卜干"上了。不是每份爱都是惊天动地的,朴实无华也是婚姻的一种境界。

57. 这对老夫妻的家境如何?
A. 贫寒   B. 一般   C. 优越   D. 奢靡

58. 这对老夫妻家中现在是否会腌咸菜？
   A. 会　　　　　　B. 不会　　　　　　C. 不知道　　　　　　D. 以前不会现在会
59. 以下哪项可作为短文的题目？
   A. 幸福一家人　　　　　　　　　　B. 朴实温暖的婚姻
   C. 萝卜咸菜的做法　　　　　　　　D. 下饭伴侣萝卜干

60—62

在人类与糖尿病抗争的历史中，1922年是值得铭记的一年。当年初春，一群糖尿病患者向加拿大多伦多汇聚，大部分人在注射了一针神奇的药剂后，不久便恢复了活力。

在与糖尿病抗争的漫长历史中，人类一直处于下风，直到胰岛素出现，糖尿病患者终于迎来了改变命运的曙光。胰岛素的出现让人类与糖尿病的关系由"听天由命"转向了"主动出击"。而通过提取胰岛素推动历史发生转折的人正是加拿大安大略省的班廷。1923年，32岁的班廷是诺贝尔奖设立以来最年轻的生理学或医学奖获得者。从成果发布到获得诺贝尔奖仅仅一年时间，说明了胰岛素的发现及应用于糖尿病治疗在人类发展史上的重要性。

虽然人类已经取得了前无古人的科学成果，通过提取、合成胰岛素拯救了无数生命，极大地改善了患者的生活质量，但这场战役还没有画上完美的句号(62)。

60. 文中的糖尿病患者最开始是在哪里注射的神奇药剂？
   A. 英国　　　　　　B. 美国　　　　　　C. 加拿大　　　　　　D. 澳大利亚
61. 班廷哪一年获得了诺贝尔生理学或医学奖？
   A. 1922年　　　　B. 1923年　　　　C. 1924年　　　　D. 1925年
62. 文中画线的句子是什么意思？
   A. 糖尿病的治疗还需要进一步的研究　　B. 糖尿病完全可以被治愈
   C. 糖尿病治疗成果已经发展到最高峰　　D. 胰岛素可以治疗所有疾病

63—66

古埃及的法老陵墓出土的最古老的文献和实物证明当时人们已经开始使用染色产品。4000多年前的埃及，法老拉美西斯一世派人去美洲寻找草药，结果带回很多能染色的草本植物。王室成员除了用它染指甲外，还用它来染发。古埃及人极其热爱黑发，而且古埃及人还发明了将白发染成黑色的染发剂。

除古埃及外，其他民族也使用不同的染发方法。古印度人利用番桂树叶作为染料将自己的头发染得亮丽多彩。古印度和波斯曾经非常盛行使用指甲花植物染料给手指甲、头发和足底染色，希伯来人也经常使用这种植物。古罗马人用醋酸铅掩盖灰发，方法是用浸醋的铅梳子梳理头发，使其变黑。日耳曼人则用羊脂和植物灰汁混合将白发染黑。古希腊人还使用其他植物提取物，例如来自核桃和接骨木果的提取物，他们也使用矿物质和金属，如铅、汞、铜，甚至还有从烧焦的蚂蚁卵中提取的动物成分。

63. 哪里出土的文物证明人们在很早就开始使用染色产品？
   A. 古罗马　　　　　B. 古印度　　　　　C. 古希腊　　　　　D. 古埃及
64. 希伯来人是用什么染发、染指甲的？
   A. 醋酸铅　　　　　B. 指甲花植物　　　C. 羊脂　　　　　　D. 草药

65. 古希腊人除了使用植物提取物染发,还用什么?
   A. 番桂树叶　　　　B. 染发剂　　　　C. 金属　　　　D. 醋酸铅
66. 这段文字主要介绍了什么?
   A. 如何将白发染成黑发　　　　　　B. 不同民族有不同的染色方法
   C. 植物提取物染色的方法　　　　　D. 古埃及是最早使用染色产品的民族

67—70

因为新型冠状病毒疫情,寒假比较长,学生们不得不待在家里上网学习。他们的假期过得怎么样?重庆育才中学的王立涛进行了一项调查。他发现超过一半的学生有良好的学习计划。58%的学生在网上课堂上认真听讲,超过67%的学生能按时完成作业。只有21%的学生不喜欢网上课堂,这些学生认为这种课程太无聊,使<u>他们</u>(68)无法全身心投入。重庆育才中学要求学生每天至少锻炼一个小时,然而,调查发现只有15%的学生按照老师说的去做,38%的学生每周参加两到三次体育运动,其余的学生则根本不锻炼。由于没有保持健康的好习惯,不锻炼的学生中很多人比以前更胖了。

关于玩电脑游戏的问题怎么样呢?更严重,只有15%的人不玩电脑游戏,大多数是女孩,68%的男孩每天玩很长时间,其他人每周玩四到五次。王立涛说:"作为中学生,我们应该制订一个好的学习计划。与其玩电脑游戏,不如通过锻炼或做家务来放松。"

67. 下面哪一句的说法是对的?
   A. 有一半以上的学生根本不锻炼　　B. 有21%的学生不参与网上课堂学习
   C. 很少有人认真听网课　　　　　　D. 有58%的学生能按时完成作业
68. 文中的画线部分"他们"指的是谁?
   A. 全体学生　　　B. 58%的学生　　　C. 67%的学生　　　D. 21%的学生
69. 下面哪一项是关于玩电脑游戏的真实情况?
   A. 15%的女孩不玩电脑游戏　　　　B. 68%的学生每天长时间玩电脑游戏
   C. 女孩都不喜欢玩电脑游戏　　　　D. 男孩比女孩更喜欢电脑游戏
70. 从这两段话中,我们能知道:
   A. 努力学习比锻炼更重要　　　　　B. 学生应该制订良好的学习和锻炼计划
   C. 学生在假期里只需要认真地学习　D. 做家务和锻炼是假期最重要的事

71—74

宇宙中有太阳、月亮,地球和许多其他行星。通过地理课,我们知道地球绕着太阳转,月亮绕着地球转。我们有白天和黑夜,因为地球一直在转动。当地球的一部分转向太阳时,就是白天;当地球的一部分远离太阳时,就是夜晚。因为月亮比太阳离地球更近,所以它看起来比太阳大得多。大的东西离得越远看起来就越小,小的东西离得越近看起来也越大。太阳很亮,可以发出很强的光。月亮根本不发光,但看起来也很亮。为什么?事实上,月亮发出的光来自太阳。月亮看起来比行星大得多,亮得多,但实际上行星比月亮更大、更明亮。它们看起来比月亮小,是因为它们离地球更远。

宇宙中还有很多其他行星。但在所有这些行星中,只有地球上有生物,人们也只能生活在地球上。但2003年10月15日上午9点,中国飞行员杨利伟被送往太空。他在那里待了21小时23分。这是中国人第一次进入太空。

71. 我们发现太阳比月亮_____,因为它对我们来说_____。
   A. 更大,更远   B. 更小,更近   C. 更大,更近   D. 更小,更远

72. 当地球的一部分远离太阳时,地球的另一部分是:
   A. 夜晚   B. 白天   C. 一天   D. 周日

73. 来自我国的飞行员是什么时候返回地球的?
   A. 2003年11月15日   B. 2003年10月16日
   C. 2004年5月15日   D. 2003年10月15日

74. 根据文章,以下哪一项是正确的?
   A. 月亮绕着地球转,但是月亮不能发光
   B. 月亮绕着太阳转,它的光来自太阳
   C. 地球绕着月球移动,人们只能生活在地球上
   D. 在所有行星中,只有地球绕着太阳移动

75—80

租客:你好,我想租一套三室两厅两卫的房子,室内设施__75__,社区绿化覆盖率高,最好是能直接拎包入住的那种。您放心,我需要舒适度高的房子,我也懂一分钱一分货的道理(76),这类型的好房子,您这边有什么都可以直接推荐给我,我租房的意向很大。

中介:这种户型并不多见,要找到一模一样的户型比较难,但是您真幸运,昨天刚好有一套满足您需求的房子打算出租,今天有时间吗?我这就带你去看看。

租客:好的,具体位置在哪里?我希望最好在第一中学附近,在这个房子里我和我丈夫一间,我的女儿单独一间,最好再有一间屋子朝阳,我的公公婆婆身体不好,他们偶尔来了,住在朝阳的房子里可以多晒晒太阳。

中介:三室两厅的户型采光设计都是很好的,具体位置是在第一中学附近,您的孩子在那里上学吗?那您的孩子一定很优秀也很辛苦,我常常看见第一中学的学生们在校外等公交车的时候都在背单词,谈论的也都是学习上的难题。

租客:我的孩子从第一小学毕业,今天正好是她小升初开学的日子,我的房子还没找好就很着急了。

中介:其实第一小学和第一中学离得很近,听说管理系统也都是一脉相承的,那您的孩子去第一中学上学的确是极好的选择。我公司这边还有一套更适合你的户型,就是少一个卫生间,但是比之前的那套离学校近得多,一起都去看看吧。

租客:好的,那就麻烦您带我过去看看,我看完正好可以接上孩子吃午饭。

75. 文中__75__处应该填写的词语是:
   A. 齐活   B. 齐全   C. 整齐   D. 完整

76. 替代文中的画线部分"我也懂一分钱一分货的道理"最好的一项是:
   A. 我懂得房子贵的道理   B. 我想要租贵的房子
   C. 我舍得在租房上花大价钱   D. 我想要性价比高的房子

77. 在租户想租的房子中,家里一般生活几个人?
   A. 两个   B. 三个   C. 四个   D. 五个

78. 如果给这段文字加一个标题,最好的是:
    A. 对朝阳房间的渴望　　　　　　B. 舒适的房子
    C. 紧急租房记　　　　　　　　　D. 第一中学入学日
79. 租户在什么时间段看的房子?
    A. 上午　　　　B. 中午　　　　C. 下午　　　　D. 晚上
80. 下面说法正确的是:
    A. 没有满足租户需求的房型　　　　B. 租户的孩子现在在第一小学上学
    C. 租户在中介的介绍下打算看两套房子　D. 租户和中介之间存在沟通障碍

三、书面表达

(16题,45分钟)

第一部分

(15题,10分钟)

> 一、81—90题,在每题的语句中有一个或两个空白处,题后有ABCD 4个选项,其中只有一个可以放入空白处使语句表达顺畅。请选出唯一恰当的答案,并在答题卡的相应字母上面画一横道。

81. 我们_____把轮船停在港口,_____冒着狂风暴雨前进。
    A. 不仅……还……　　　　　　　B. 一……就……
    C. 与其……不如……　　　　　　D. 不是……就是……

82. 宋朝皇帝只知道吃喝玩乐。_____喜欢踢球,_____把一个会踢球的流氓封为了殿师太尉。
    A. 不但……而且……　　　　　　B. 因为……所以……
    C. 如果……就……　　　　　　　D. 既……又……

83. 高三的学生们为了备战高考努力学习,_____。
    A. 就是常常一坐一下午　　　　　B. 常常一坐就是一下午
    C. 一坐常常就是一下午　　　　　D. 常常就是一坐一下午

84. 几位班干部坐在一起,_____。
    A. 都非常认真地对明天要举办的活动发表了自己的看法
    B. 非常认真地都对明天要举办的活动发表了自己的看法
    C. 非常认真地对明天要举办的活动都发表了自己的看法
    D. 都非常认真地发表了自己的看法对明天要举办的活动

85. _____,我是不是现在就应该赶快回家了?
    A. 对于你的意思　　　　　　　　B. 为了你的意思
    C. 通过你的意思　　　　　　　　D. 按照你的意思

86. 本院采用分时段挂号服务,_____。
    A. 如果给您带来不便由此敬请谅解　B. 给您带来不便如果由此敬请谅解

C. 如果由此给您带来不便敬请谅解　　　D. 由此如果给您带来不便敬请谅解

87. 为了写好老师布置的论文，_____。

A. 许多同学近几天就在阅览室里如饥似渴地阅读着
B. 许多同学就在阅览室近几天里如饥似渴地阅读着
C. 许多同学近几天就如饥似渴地阅读着在阅览室里
D. 近几天许多同学就在阅览室里如饥似渴地阅读着

88. 新冠疫情突袭全球，_____。

A. 就经济带来巨大的影响　　　B. 给经济带来巨大的影响
C. 为经济带来巨大的影响　　　D. 把经济带来巨大的影响

89. 我们与其抱怨没有东西能令自己长生不死，_____。

A. 倒不如好好令生命之旅程不枉一走　　B. 不倒如好好令生命之旅程不枉一走
C. 好好令生命之旅程不枉一走倒不如　　D. 好好令生命之旅程倒不如不枉一走

90. 这个学生不仅霸凌其他同学，_____。

A. 竟然而且都不把老师放在眼里　　　B. 而且都不把老师放在眼里竟然
C. 而且竟然都不把老师放在眼里　　　D. 竟然都不把老师放在眼里而且

二、91—95题，每题的语句中有 ABCD 4 个带有下画线的词语，去掉其中某一个词语会使句子表达产生错误。请找出这个词语，并在答题卡的相应字母上画一横道。

---

91. 她聪明能干，人缘也好，我们班里没有不喜欢她的。
　　　　A　　　　B　　　　C　　D

92. 为了帮助灾区人民重建家园，很多明星都参加了这次公益活动。
　　　A　　　　　　　　　　B　　C　　　　　D

93. 要想获得真才实学，就必须要勤奋地学习，懒惰则将一事无成。
　　　A　　　　　　　B　　　C　　　D

94. 这所学校在有关领导的支持下，结合课堂教学，开展了丰富多彩的课外活动。
　　　A　　B　　　C　　　　　　　　　　　　　　　　　　　　D

95. 爱心是一片冬日里的阳光，使饥寒交迫的人感到人间的温暖。
　　　　A　　　B　　　C　　　　　　　　D

第二部分

作文要求

1. 写作前认真阅读作文提示，按提示要求在规定的时间内写完。
2. 用汉语简体字书写。每个空格写一个汉字，汉字书写要清楚、工整；每个标点符号占一个空格，标点符号使用要规范。
3. 作文中不得出现跟考生有关的校名、地名和真实姓名。
4. 保持卷面整洁，不得涂画损坏答卷。

(作文,35分钟)

作文提示: 在下面的作文中,你将有35分钟的时间来写一篇短文。请看清题目,按照给出的话写下去,全文不得少于350字(不包括已给出的提示语句)。

我的理想

每个人都有自己的理想。有的人想当白衣天使;有的人想当飞行员;有的人想当科学家。而我呢,我的理想_____

第二节　口试部分

口试模拟试题(一)

第一部分　朗读短文

短文只朗读一遍,准备60秒,朗读90秒。

相信很多人都听过这么一句话:一定要吃早点,长期不吃早点,对健康百害而无一利,而且特别容易造成胆结石。然而,最近网上出现一种声音,认为"不吃早点容易得胆结石"是无稽之谈。

科学家对这一争论做出了解释:早上不吃早饭导致长时间空腹,若空腹时间超过15个小时,胆囊受到的刺激少,可是胆汁还在正常分泌,就会大量沉积在胆囊,时间一长就会凝结,变成胆结石。所以,科学家们分析认为,吃不吃早点和会不会得胆结石二者之间没有直接关系,但是,胆结石的形成确实跟空腹时长有关系,空腹时间越长,越容易得胆结石。

因此,保持正常的饮食规律和生活规律才是最健康的,合理规划自己的作息,才能让病痛远离,健康长伴。

第二部分　回答问题

请看题目后准备30秒,回答30秒。
1. 不吃早餐容易得胆结石的原因是什么?

请看题目后准备2分钟,回答2分钟。
2. 你对吃早餐与健康之间的关系有什么看法?

口试模拟试题(二)

第一部分　　朗读短文

短文只朗读一遍,准备60秒,朗读90秒。

有一位学生学习书法,用废旧报纸练字多年,可自己一直没有大的进步。老师说:"如果你用宣纸来写,可能会写得更好。"从此以后,这位学生就按照老师说的去做了。果然,写字大有长进。问其原因,老师说,因为你用旧报纸写字的时候,总感觉是在打草稿,即使写得不好也无所谓,以后还有机会,所以就不能完全专心;而用宣纸,你就会感觉机会的珍贵,有一种很正式的心态,从而比平常练习时更加专心致志,用心去写,所以能够把字写好。

生命不应该打草稿,而现实的生活其实也不会给我们打草稿的机会,因为我们所认为的草稿,其实就已经是我们人生的答卷,既无法更改,也无法重绘,所以我们要珍惜每一次机会,认真对待每一天。

第二部分　　回答问题

请看题目后准备30秒,回答30秒。
1. 为什么用宣纸来写字,字可能会写得更好?
请看题目后准备2分钟,回答2分钟。
2. "生命不应该打草稿",对此你有什么看法?

口试模拟试题(三)

第一部分　　朗读短文

短文只朗读一遍,准备60秒,朗读90秒。

无论何种工作,成功的关键都在于我们做事的态度,积极的态度就是成功的保障。

世界上没有一种工作不辛苦,我们带着不同的情绪去工作,所获得的结果也会全然不同。如果一个人主观上积极面对工作中遇到的困难,想的都是如何去解决它,最后获得的就是能力上的成长。但是,一个消极的人每天工作时想的都是熬过一天算一天,最后不仅是在虚度光阴,也是在消耗自己的能力。

工作是施展个人能力的舞台,一个人所学到的知识,他的应变力、决断力、适应力以及协调能力,都将在这个舞台上得到展示。我们要认清工作的本质,它不是一个人维持生活的方式,而是实现自身价值的最佳途径。

第二部分　　回答问题

请看题目后准备30秒,回答30秒。
1. 面对工作积极的人和消极的人,他们分别获得了什么?
请看题目后准备2分钟,回答2分钟。

2. 在社会上,我们每个人都需要工作,在工作的过程中也会遇到一些困难。你认为工作只是维持生活的手段,还是实现自身价值的途径?

口试模拟试题(四)

第一部分　　朗读短文

短文只朗读一遍,准备60秒,朗读90秒。

橄榄树嘲笑无花果树说:"你的叶子到冬天时就落光了,光秃秃的树枝真难看,哪像我终年翠绿,漂亮无比。"不久,一场大雪降临了,橄榄树身上都是翠绿的叶子,雪堆积在上面,最后由于重量太大把树枝压断了,橄榄树的漂亮也荡然无存。而无花果树由于叶子已经落尽了,雪穿过树枝落在地上,所以,无花果树安然无恙。

由此可见,外表的漂亮不一定适应环境,有时是一种负担,而且往往会为生存带来麻烦或灾难。相反,平平常常倒能活得自由、安闲。所以,不如放下对漂亮外表的虚荣追求,踏踏实实地去体会真实简单的生活,这样你将获得更多的乐趣。

第二部分　　回答问题

请看题目后准备30秒,回答30秒。
1. 橄榄树嘲笑无花果树什么?为什么橄榄树的漂亮遭到了破坏?
请看题目后准备2分钟,回答2分钟。
2. 你如何看待追求外表漂亮的心理?

口试模拟试题(五)

第一部分　　朗读短文

短文只朗读一遍,准备60秒,朗读90秒。

很多陆地动物在游泳这项技能上有天生的本能,原因是它们大多是四足动物。对于用四肢行走的动物来说,它们游泳不需要变换姿势,和在陆地上行走时的姿态基本一样。而且它们鼻孔的位置又比较高,只要稍微抬起头,鼻孔就能探出水面呼吸,游泳也就自然变得非常容易。比如狗或马的狗刨式游泳,虽然算不上优雅的游泳动作,但足以让它们过河,可让人类以直立行走的方式在水中游泳是行不通的。

相比动物而言,人类需要学会在水中保持平衡,学会如何在水中控制呼吸,并且,人类的手脚是从身体的两侧和正下方长出来的,这就意味着,如果要同时满足"漂起来"和"游得快"这两个条件,就必须学会把身体位置调整到水平状态,并且掌握适当的呼吸模式。总而言之,游泳不是人类与生俱来的技能。

第二部分　　回答问题

请看题目后准备 30 秒,回答 30 秒。

1. 为什么陆地动物游泳非常容易?

请看题目后准备 2 分钟,回答 2 分钟。

2. 每个人在生活中都会学习一些技能,你学会了哪些技能呢?一起来分享你学习的经历吧!可以是游泳、骑马、跳舞、做饭……

本章试题答案请扫码获取。

本章其他附录包括听力文本及音频。

第四章　附录　　　试题答案

第五章
普通话语音基础知识

第一节 普通话概说

一、普通话的概念

普通话是以北京语音为标准音,以北方话为基础方言,以典范的现代白话文著作为语法规范的一种语言,是现代汉民族的共同语,是中华人民共和国的国家通用语言。

普通话以北京语音为标准音。统一汉语语音,不能以各种方音拼凑起来的语音作为标准音,必须寻求一个有文化基础、有语言影响力、有推广可行性的具体方言语音作为标准音。那么,为什么说以北京语音为标准音的普通话是历史发展的必然结果呢？北京历经元、明、清三代,一直是都城,是全国政治、文化和经济的中心。明清时所谓的"官话",就是以北京语音为标准的。可见,明清以来,北京语音在全国范围内已得到一定程度的推广,为今天作为官方语言的地位奠定了基础。中华人民共和国成立后,北京成为首都,北京语音的影响力和官方语言的地位得到了延续,并在新时代的迅猛发展中得到了更好的推广,广播、电影、电视、话剧等主流传播媒体均使用北京语音。这里需要强调的是,以北京语音为标准音,是以北京音系为标准,而不是说北京话的每一个语音成分都是标准音。北京话中的有些有方言特色的特殊发音是不能进入普通话标准之中的,这些不规范的读音必须排除在外。另外,北京话里还存在一定范围内才使用的方言词和方言语法,还有一些轻声、儿化等语音现象,也应该进行规范性取舍后才能为普通话所吸收,异读字更需要进行必要的定音和统一。

普通话以北方话为基础方言。在汉语的各方言中,北方方言具有很大的优势,使用的人数最多,范围最广,并且方言内部具有很大的一致性,互相之间进行交际没有太大困难。北方方言在漫长的历史发展中一直具有巨大的影响力,不同历史时期的官方语言也基本在北方方言的各时期方言中取舍,北方语言词汇随着官话和白话文学传播开来,已经成为书面语白话文的基础。因此,以北方方言作为普通话的基础,是符合汉民族共同语发展规律的。这里需要强调的是,不是所有北方方言的语汇都能成为普通话的标准,北方方言地域辽阔,各地语汇都存在一定的地域特点。在语言规范过程中,对一些地方色彩很浓、过于地域化的词语,普通话必须做出取舍。在以北方方言作为语汇规范基础的前提下,普通话从其他方言中慎重地吸收了富有特色的语言,在语言发展的进程中,普通话还从古代汉语和外来语中吸收了许多语言因素来丰富自身。

普通话以典范的现代白话文著作为语法规范。所谓"典范"的白话文著作,就是指具有广泛代表性的著作,包括流传度广、脍炙人口的名家名作,普通话以这些作品中的一般用例作为语法规范。所谓"现代白话文著作",即语法规范要以现代的白话文作品为主,因为语言在不断发展,古代汉语中的一些语法规则已经不适用于今天的话语表达,早期白话文作品中的一些范例,有的也已经过时了。语言的发展应该与时俱进,不断调整自身的语法规范。这里,"现代"的含义泛指1919年五四运动以来的历史时期。

普通话不仅是现代汉民族共同使用的汉民族共同语,是通行于全国各民族之间的国家通用语言,也是我国面向世界的官方用语。良好的普通话表达能力,已成为现代人投入工作、深入学习、和谐生活的重要前提条件之一。

国家推广全国通用的普通话。今天,普通话是以汉语授课的各级各类学校的教学用语,是以汉语传送的各级广播电台、电视台和汉语电影、电视剧、话剧必须使用的规范用语,是我国党政机关、团体、企事业单位干部在工作中必须使用的公务用语,是不同方言区以及国内不同民族之间人们的交际用语。

宪法第十九条规定:"国家推广全国通用的普通话"。2000年10月31日,第九届全国人民代表大会常务委员会第十八次会议通过的《中华人民共和国国家通用语言文字法》第二条规定:国家通用语言文字是普通话和规范汉字。第三条规定:国家推广普通话,推行规范汉字。第四条规定:公民有学习和使用国家通用语言文字的权利。国家为公民学习和使用国家通用语言文字提供条件。地方各级人民政府及其有关部门应当采取措施,推广普通话和推行规范汉字。第五条规定:国家通用语言文字的使用应当有利于维护国家主权和民族尊严,有利于国家统一和民族团结,有利于社会主义物质文明建设和精神文明建设。第十条规定:学校及其他教育机构以普通话和规范汉字为基本的教育教学用语用字,法律另有规定的除外。第十一条规定:汉语文出版物应当符合国家通用语言文字的规范和标准。第十二条规定:广播电台、电视台以普通话为基本的播音用语。第十三条规定:提倡公共服务行业以普通话为服务用语。第十四条规定:广播、电影、电视用语用字应当以国家通用语言文字为基本的用语用字。第十八条规定:国家通用语言文字以《汉语拼音方案》作为拼写和注音工具。初等教育应当进行汉语拼音教学。第十九条规定:凡以普通话作为工作语言的岗位,其工作人员应当具备说普通话的能力。以普通话作为工作语言的播音员、节目主持人和影视话剧演员、教师、国家机关工作人员的普通话水平,应当分别达到国家规定的等级标准;对尚未达到国家规定的普通话等级标准的,分别情况进行培训。第二十条规定:对外汉语教学应当教授普通话和规范汉字。

当前,普通话是通行于中国内地(大陆)、中国香港、中国澳门、中国台湾地区及海外华人华侨间的通用语言,并作为官方、教学、媒体等标准语。同时,普通话也是中华人民共和国的官方语言,是新加坡四种官方语言之一,也是联合国六种官方工作语言之一。

二、推广和学习普通话的意义

(1)语言是最重要的交际工具和信息载体。在中国特色社会主义现代化建设的历史进程中,大力推广、积极普及全国通用的普通话,有利于消除语言隔阂,促进社会交往,对社会主义经济、政治、文化建设和社会发展具有重要意义。

（2）随着改革开放和社会主义市场经济的发展，社会对普及普通话的需求日益迫切。推广普及普通话，营造良好的语言环境，有利于促进人员交流，有利于商品流通和培育统一的大市场。

（3）我国是多民族、多语言、多方言的人口大国，推广普及普通话有利于增进各民族各地区的交流，有利于维护国家统一，增强中华民族凝聚力。

（4）语言文字能力是文化素质的基本内容，推广普及普通话是素质教育的重要内容。推广普及普通话有利于贯彻教育面向现代化、面向世界、面向未来的战略方针，有利于弘扬祖国优秀传统文化和爱国主义精神，提高全民族的科学文化素质。

（5）信息技术水平是衡量国家科技水平的标志之一。语言文字规范化、标准化是提高中文信息处理水平的先决条件。推广普及普通话和推行《汉语拼音方案》有利于推动中文信息处理技术的发展和应用。

总之，推广普及普通话有利于我国先进生产力和先进文化发展的需要，符合全国各族人民的根本利益，是构建和谐社会和全面建设小康社会服务的具体行动。

三、普通话与汉语方言

（一）普通话

普通话作为我国的国家通用语言，是现代汉民族的共同语。汉语方言是汉民族语言的地方分支，是局部地区的人们使用的语言。方言在共同语形成之前，可以是形成共同语的基础，在共同语形成之后的很长一段时间里，仍可作为民族语言的地方分支或变体同时存在，并受共同语的影响。

共同语是在某一种方言的基础上形成的，这是与这个地方在政治、经济、文化等方面的影响力分不开的。什么方言能够成为民族共同语的基础方言，取决于该方言在社会中所处的地位，取决于该方言区的政治、经济、文化、人口等条件。

汉民族共同语产生的具体年代还不能说得很确切，最早的汉民族共同语大概产生于春秋时期，当时的民族共同语叫"雅言"，主要流行于黄河流域。

汉朝的汉民族共同语叫"通语"，西汉扬雄编著的《方言》就是用当时的民族共同语"通语"来解释各地方言的，这是我国第一部方言著作。

官方大力推广共同语的政策最早出现于隋朝。隋朝统一中国后，定都长安。隋文帝施行了很多文化措施，命陆法言等编著了《切韵》，以审定纯正的汉语，以金陵雅音和洛阳雅音为基础正音，南北朝官音融合形成长安官音（秦音）。

唐承隋制。唐朝在《切韵》的基础上，制定《唐韵》为唐朝标准音，规定官员和科举考试必须使用唐韵。韵书的出现、"正音"风气的盛行，都在客观上起到了推行民族共同语的作用。

宋朝在《唐韵》的基础上，制定《广韵》。隋唐时期的吴语仍然有一定的流行度。

元朝的民族共同语叫"天下通语",周德清的《中原音韵》记录的就是当时的民族共同语。

明清时期的汉民族共同语叫"官话",最早用于官场,后来也流行于民间。雍正设正音馆,制定以北京话为基础的"官话"作为标准音。当时北京话是在元大都旧北平话的基础上,和移居北京的南京移民的南京话融合形成的,到清朝又受到满语的影响。

民国时期汉族共同语叫"国语"。中华人民共和国成立后汉民族共同语叫"普通话"。

普通话已于1982年写进宪法,国家推广普通话。从此,普通话具有了明确的法律地位,成为全国通用的语言。

(二)方言

1. 方言的内涵

方言俗称地方话,只通行于一定的地域,语言学家把方言当作一种民族语言的地域性变体,方言并不是独立于民族语言之外的另一种语言,但方言具有地域性特征。

需要指出,推广普通话并不是要人为地消灭方言,在方言区推广普通话,其任务是要使方言地区的人民除会说方言外,还会说全民族共同使用的普通话,使方言区人民逐渐习惯于从单一语言的生活向双语(普通话+方言)的生活转变。

2. 方言的文化意义

语言作为文化的载体,承载着一个族群在长期的历史过程中积累的大量文化信息。方言是一种独特的地方文化,每一个地方都有自己独特的方言,它传承数千年,有着丰厚的文化底蕴。汉语的各种方言是地域文化的重要载体和表现形式,也是普通话健康发展的资源和保障。

某种程度上来说,方言更能代表地区文化特色,它所体现的地方特色是普通话无法比拟的,例如东北方言,其简洁、生动、形象、富于节奏感的特色,与东北人豪放、直率、幽默的性格相当吻合;山西的方言最大的特点就是保留入声,声调有极其复杂的变化。

当前,人们已经开始有意识地保护传统文化,如保护地方戏曲、保护民族节日等。普通话作为人与人之间交流沟通的工具,它的普及十分重要,而方言作为地方文化,也应被保护,二者并不矛盾。因此,应该采取积极而有效的措施,保护少数民族语言和汉语方言,这有利于人类文明的传承与发展,也有利于民族团结、社会安定。

3. 我国的七大方言区

汉语的方言,首先可以分为北方方言和南方方言。长江以北是北方方言,长江以南是南方方言。南方方言可以进一步分为中部方言和南部方言。长江流域的湘方言、吴方言和赣方言属于中部方言;珠江流域和东南沿海的闽方言、粤方言和客家方言属于南部方言。南北方言的区别是:北方各方言一致性大、差异性小;南方各方言差异性大、一致性小。

我们把汉语的方言进一步划分,通常可以分为七大方言区,每个大方言区下包括不同的方言片,以下还可以细分出方言小片和方言点。它们的分布情况如下:

1)北方方言

北方方言是现代汉族共同语的基础方言,也称北方话、官话,以北京话为代表,分布在长江以北地区,镇江以西、九江以东的长江南岸沿江一带,内部一致性较强。在汉语各方言中,它的分布地域最广,使用人口最多,使用人口占汉族总人数的70%以上。

北方方言可分为四大次方言。

(1) 华北、东北次方言。分布在北京、天津两市,还包括河北、河南、山东、辽宁、吉林、黑龙江,以及内蒙古的一部分地区。

(2) 西北次方言。分布在山西、陕西、甘肃等地,以及青海、宁夏、内蒙古的一部分地区。

(3) 西南次方言。分布在四川、云南、贵州等地,以及湖北大部分地区、广西西北部、湖南西北角。

(4) 江淮次方言。江淮官话主要分布在江苏、安徽两省中部,此外还有江西北部、湖北东部及其他地区的少量方言。

2) 吴方言

吴方言又称吴语、江浙话或江南话。现代吴方言以上海话为代表。主要分布在上海市,江苏省长江以南、镇江以东地区,南通的小部分地区,浙江的大部分地区,江西东北部,安徽南部和福建西北角,使用人口约占汉族总人口的8.4%。

3) 湘方言

也称湖南话,以长沙话为代表,主要分布在湖南省的大部分地区(西北角除外)、广西北部。湘方言内部还存在新湘语与老湘语之分,使用人口约占汉族总人口的5%。

4) 赣方言

也称江西话,以南昌话为代表,主要分布在江西省的大部分地区和湖北省东南部、福建西北部、安徽西南部、湖南东部部分地区。使用人口约占汉族总人口的2.4%。

5) 客家方言

客家方言又称客话,以广东梅县话为代表。主要分布在广东、广西、福建、江西等部分地区,台湾地区的一部分,湖南、四川的少数地区。客家人从中原迁徙到南方,虽然居住分散,但客家方言仍自成系统,内部差别不大。客家方言使用人口约占汉族总人口的4%。

6) 闽方言

闽方言又称福佬话,现代闽方言主要分布区域跨越福建、海南、广东东部、雷州半岛地区、浙江南部,以及台湾地区的一部分。闽方言还可以进一步分为闽东语、闽南语、闽北语、闽中语、莆仙语五个次方言。五个次方言中,主要是闽东语,以福州话为代表;闽南语,以厦门话为代表。华侨和华裔中有很多人使用闽方言。闽方言使用人口约占汉族总人口的4.2%。

7) 粤方言

以广州话为代表,当地人叫白话,分布在广东中部、西南部和广西东部、南部,以及香港和澳门地区,华侨、华裔中有不少说粤方言的。使用人口约占汉族总人口的5%。

除了七大方言区,还有十大方言的分法,即在原先七大方言基础上再加上徽语、晋语和平语。

所谓徽语,是把皖南徽州一带的方言从江淮官话中分出来。

所谓晋语,是把山西以及河北、河南、内蒙古部分保留入声的方言从北方方言中独立出来。

所谓平语,是把广西东部的方言单列出来。

这些方言之间的差异主要表现在语音、词汇、语法等各个方面。其中语音方面差别最为明显,词汇方面次之,语法结构的差别细微而含蓄,比较难以发现。

虽然现代汉语的各种方言之间存在不少差异,但它们共用一套汉字符号系统,有一批共同的词汇单位,又有大致统一的语法结构和整套关系密切的音系。所以汉语的这些方言仍然是从属于民族共同语的语言变异形式,是现代汉语的地域变体,而并不是和普通话并立的独立语言。

四、普通话水平达标要求

共同的语言和规范化的语言是不可分割的,没有一定的规范就不可能做到真正的共同。普通话的规范指的是现代汉语在语音、词汇、语法各方面的标准。

根据各行业的规定,相关从业人员的普通话水平达标要求如下。

中小学及幼儿园、校外教育单位的教师,普通话水平不低于二级,其中语文教师不低于二级甲等;高等学校教师,普通话水平不低于三级甲等,其中现代汉语教师不低于二级甲等,普通话语音教师不低于一级,对外汉语教学教师,普通话水平不低于二级甲等。

报考中小学、幼儿园教师资格证的人员,普通话水平不低于二级。

师范类专业以及各级职业学校中与口语表达密切相关专业的学生,普通话水平不低于二级。

国家公务员,普通话水平不低于三级甲等。

国家级和省级广播电台、电视台的播音员、节目主持人,普通话水平应达到一级甲等,其他广播电台、电视台的播音员、节目主持人的普通话达标要求按国家广播电视总局的规定执行。

话剧、电影、电视剧、广播剧等表演、配音演员,播音、主持专业和影视表演专业的教师、学生,普通话水平不低于一级。

公共服务行业的特定岗位人员(如广播员、解说员、话务员等),普通话水平不低于二级甲等。

普通话水平应达标人员的年龄上限以有关行业的文件为准。

五、普通话的特点

语言是有声的,语音是语言的物质外壳。有声的语言是人类交流思想的重要工具。口头语言的表达离不开语音,即使是书面语的表达,也要注意语言的音韵美。汉语普通话属于汉藏语系,是一种孤立语。与世界其他语言相比,现代汉语普通话有其显著的特点,这可以从语音、词汇和语法三方面来看。

（一）语音特点

1. 每一个音节都有声调

声母、韵母、声调是汉语音节的三要素，其中，声调是音节必不可少的组成，有"阴平、阳平、上声、去声"四个声调，没有入声。古代入声音节在现代汉语中分别归入平、上、去三个声调中，但有些方言中仍然保留了入声声调。

2. 没有复辅音

辅音以清辅音为主，浊辅音只有 m、l、r、n、ng。

3. 元音在音节中占优势

普通话的音节结构中以元音为主，一个音节中必须包含元音，却不一定有辅音，例如爱(ài)、欧(ōu)、熬(áo)，只有元音没有辅音。辅音一般在音节的开头和结尾，没有两个辅音相连的情况。

4. 音节结构比较简单

普通话的声母和韵母按照一定的拼合规律，只能组合成418个音节。相对很多语言来说，普通话的音节数量较少，这些音节最少由1个音素组成，最多也只有4个音素，音节结构简单，比较容易把握。

5. 声、韵、调的配合规律性强，音节之间容易切分

普通话声、韵、调的配合都有规律可循；21个辅音声母中，只有n既可以作声母也可以作韵尾；声母具有切分音节界限的作用；一个音节可以没有声母，但不能没有韵母和声调；韵母大多由元音充当，声调一般标在主要元音上。

6. 具有音乐性

在普通话中，声母多为清音，发音清脆；韵母中复元音和以元音收尾的较多，发音清晰响亮；声调的抑扬顿挫，使音节分明，词语又有双声、叠韵、叠音等语音形式，使得汉语具有独特的音乐美；语流中的变调、轻声、儿化、语调等现象，使普通话节奏分明、朗朗上口。

（二）词汇特点

1. 语素以单音节为基本形式

汉语中的单音节基本上都是语义的承担者。这些单音节可以作为语素来构成大量单音词，也可以合起来构成合成词。

2. 广泛运用词根复合法构词

由于汉语中有意义的单音节语素差不多都能充当词根语素，这些单音节语素按照一定的构词规律就能创造出许多新词来。这种方法具有很强的能产性，可以满足言语交际对词汇量的需求。而且，也便于对词汇意义的理解和掌握。比如，"树"可以构成"大树""枯树""绿树""果树""茶树""槐树""植树"等大量的词。

3. 双音节词占优势

汉语词汇在发展过程中逐渐趋向双音节化。首先，大量古代单音节词被双音节词所代替，如"日—太阳""月—月亮""目—眼睛""鼻—鼻子""耳—耳朵""石—石头"。此外，还有些多音节短语也被缩减为双音节词，如"国有企业—国企""环境保护—环保""高等学校—高校"。新创造的词也多为双音节，如"退休""沙发"。虽然词汇中的三音节词也有所发展，但双音节词仍然是多数。

4. 存在大量的同义词语

同义词语是指意义相同或相近的一组词语，如"爸爸"和"父亲"、"妻子"和"老婆"等。普通话中有大量的同义词语，这些词语为人们准确、得体地表情达意提供了方便。

（三）语法特点

1. 语序和虚词是表达语法意义的主要手段

词在句子中的先后顺序是表示语法的重要手段，例如，"我爱你"和"你爱我"不同，"干大事业"和"大干事业"中，"大"和"干"词语顺序的不同表达了不同的意义。再如，"你送他的是书""他送你的是书""书是你送他的""书是他送你的""是你送他的书""是他送你的书""送你书的是他""送他书的是你"，由于词序不同，其语法关系也就不同，意思也不一样。

虚词的运用对结构和意义也有很大的影响。比如"学生学习"和"学生的学习"，后者因为多了一个虚词"的"，短语结构由主谓变成偏正了。再如"我和妈妈"和"我的妈妈"。

2. 词、短语和句子的结构原则基本一致

无论词素组成词，词组成短语，短语组成句子，都有主谓、动宾、补充、偏正、联合五种基本语法结构关系。

3. 词类和句法成分不是简单的对应关系

汉语中词类和句子成分的关系较为复杂，同一词类可以充当多种句法成分，词在语法方面呈现出多功能性；同一种句子成分也可以由几类词充当，两者之间又具有一定的灵活性。

4. 量词丰富，有语气词

量词丰富是汉语的一大特点。例如，"一个人""一群人""一屋人""一组人""一堆人""一队人"。另外，汉语语气词也很多，语气词可以使句子表达的各种语气色彩形式化，语气词往往出现在句子的末尾，例如，"好美啊！（感叹）""你快来吧（祈使）"。

第二节 普通话语音基本知识

普通话语音系统主要包括声母、韵母、声调，以及音变等。音节是由音素（包含辅音和元音）组合发音的语音单位，汉语的音节是由声母和韵母组合发音，一个音节可以没有声母，但不能缺少韵母和声调。每一个音节一定有声调贯穿始终。

一、普通话语音的属性

语音，是人的发音器官发出的具有一定意义的声音。普通话的语音，是现代汉民族共同语的物质外壳,是人们表达和交流思想情感的重要载体。语音具有物理属性、生理属性和社会属性。

(一) 语音的物理属性

语音跟其他声音一样,也是一种物理现象,具有物理属性。

任何声音都是由于物体的振动而产生的。发音体的振动引起周围的空气或其他媒介质振动而形成声波,声波作用于人的耳朵,使得鼓膜也产生同样的振动,这样人们就听到了声音。这种物理属性主要表现为"音高、音强、音长、音色",简称"语音四要素"。其中"音色"在语音中的作用最重要,是表达语义的最主要手段。

1. 音高

音高就是声音的高低,主要取决于发音体振动的频率。频率是指在单位时间内振动的次数。频率和音高成正比:频率高,声音就高;反之,频率低,声音就低。

一般地说,音高可以分为"绝对音高"和"相对音高"两类。"绝对音高"是由发音体的性质决定的。长、大、阔、粗、薄、松的发音体振动慢,频率低,声音也就低;短、小、窄、细、厚、紧的发音体振动快,频率高,声音也就高。语音的高低和人的声带的长短、厚薄、松紧等密切相关。女性和儿童的声带较短、偏窄,所以声音就会高一些;成年男性的声带长而宽,所以说话声音就低一些。"相对音高"是由同一个发音体本身的松紧程度来决定的。同一个人发的声音会有高低之别,这是因为人能够通过喉部相关肌肉的运动控制声带的松紧:声带松,振动慢,声音就低;声带紧,振动快,声音就高。普通话发音关注的是相对音高,因为相对音高在语言中的作用是构成声调和语调,汉语普通话中四个声调的差别主要就是由音高来决定的。

2. 音强

音强就是声音的强弱,主要取决于发音体的振幅。振幅即发音体振动的幅度,是指发音体振动时最大的位移距离。振幅与音强成正比,振幅大,声音就强;振幅小,声音就弱。语音的强弱同呼出的气流量大小和发音时用力的程度有关。发音时用力大,气流强,声音就强,反之就弱。

3. 音长

音长就是声音的长短,取决于发音体振动持续时间的长短。语音的长短还跟发音速度的快慢有关。普通话正常语速是每秒钟3—5个音节。音长在重音、轻声和语调中有一定作用。

4. 音色

音色又叫音质、音品,是声音的特色,主要取决于声波振动的形式。我们平时听到的声音大多是由许多频率不同、振幅不同的纯音构成的复合音。音色对语言具有普遍意义,语言中各个音素的差别主要取决于音色,其中,元音的不同完全是音色不同而形成的。

语音的音高、音强、音长和音色这四种物理属性是不可分割的。这四种属性,在不同语言或方言中作用也不相同。在汉语中,音高的变化有着特殊的意义,它构成声调的高低、升降及语调的差别。音高在汉语语音系统中所起的作用仅次于音色。

（二）语音的生理属性

语音是人的发音器官发出来的，发音器官活动的部位和方法不同，都会造成不同的声音。

人的发音器官包括：呼吸器官、发声器官和共鸣器官三大部分。

1. 呼吸器官

主要由肺、气管、支气管组成，肺所产生的气流是发音的动力，没有肺的呼吸作用就不可能有语音。人类语言大多是利用呼气发音，也有少数语言中的某些音是利用吸气发出的，即吸气音。

2. 发声器官

包括喉头和声带。声带是两片带状的富有弹性的薄膜。平时呼吸的时候，声门打开，气流可以自由出入；发音的时候，声带靠拢，声门闭合或留有窄缝，气流冲击声门，使之发生振动，形成嗓音。声带靠拢的程度是可以调节的，人能控制声带松紧变化，发出不同的声音，所以声带是最主要的发音体。

3. 共鸣器官

主要包括口腔、鼻腔、咽腔和喉腔四部分。

口腔是发音的最重要共鸣腔，由上腭和下腭两部分构成。上腭有上唇、上齿、上齿龈、硬腭、软腭和小舌六部分。硬腭可以分为前腭、中腭和后腭三部分。软腭是硬腭以后较软的部分，它可以上下活动，决定气流是进入口腔还是鼻腔。软腭下垂，可以封闭口腔通道，使气流进入鼻腔，形成鼻音；软腭上提则封闭鼻腔通道，气流进入口腔。下腭有下唇、下齿、下齿龈和舌头四部分。舌头是最灵活的发音器官，发音时起很大的作用。舌头又可以分为舌尖、舌面和舌根三部分。舌头在发音时的位置、形状和活动方式不同，可以形成不同的音色，因此舌头的位置、形状及活动方式是音色调节及发音方法的主要依据之一。

咽腔位于喉头上面，是口腔、鼻腔和食道会合之处。咽腔和喉头之间是会厌软骨，调节食道和声道。咽腔往上有鼻腔和口腔两条通道，通过软腭连同小舌起调节作用。咽腔是人类特有的。

喉腔是声门音经过的第一个共鸣腔，包括介于声带和假声带之间的喉室和喉前庭部，喉腔的状况对整个声音质量都有影响。

鼻腔也是共鸣器官，是一个固定的空腔，主要用于发鼻音和鼻化音。

上述器官中，唇、舌、软腭、小舌、声带等能活动的器官叫活动发音器官，其中，舌头的作用最大；上下齿、上下齿龈、硬腭等不能活动的器官叫不活动（固定）发音器官。我们说话时，通常由活动发音器官向不活动发音器官靠拢，从而改变发音部位，以发出不同的声音。发音器官示意如图 5-1。

我们还可以把发音器官由上而下，按照气流运送的三个阶段划分为动力区、声源区、成音区这三个区域，如图 5-2 所示。

（1）动力区。包括肺、横膈膜、气管。

（2）声源区。包括声门、声带、喉头。

（3）成音区。包括口腔、鼻腔、咽腔，统称声腔。造成种种不同音色的区域主要是声腔。

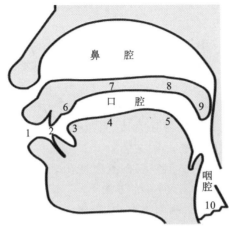

图 5-1　发音器官示意图

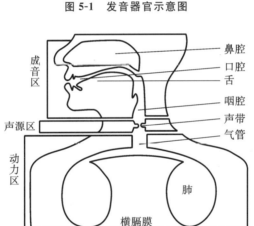

图 5-2　发音器官的三个区域

（三）语音的社会属性

语音的社会属性是语音区别于其他声音的本质属性。语音的社会属性主要表现在以下三个方面。

1. 语音的形式和意义的结合是约定俗成的，两者之间没有必然的联系

单纯的声音本身并无意义，一定的声音和一定的意义结合起来才能成为语音。语音的形式和意义之间不存在必然的联系，也就是说，用什么样的声音形式来表达什么样的意义内容，这完全是一个社会成员之间约定俗成的。所以，同样的语音形式可以表达不同的意义，例如："zhishi"这两个音节，汉语中就可以用来表示"知识、芝士、知事"等多种意义。同样的意义也可以有不同的语音形式，比如有些方言把"饺子"叫作"水饺"，有的方言则叫作"元宝"或"扁食"。语音和意义的结合，必须是一定社会群体共同遵守和接受的，个人不能随意改变,因此,语音具有社会属性。

2. 语音必然表现出一定的民族特征和地域特征

不同的语言的语音表现为不同的民族特征,例如:汉语的塞音可以分为送气和不送气两种,很多国家和民族的语言都没有这样的区别。此外,不同的方言会表现为不同的地域特征,例如吴方言、粤方言、闽方言中都有入声,而普通话则没有;普通话有 zh、ch、sh、r 的卷舌声母,而很多方言中则没有。不同的方言会呈现出有地域色彩的方言语调、声调。

3. 语音的系统性

一种语言的语音都形成自己的一套系统,主要表现如下。

其一,系统所包含的音素数目及其相互关系,例如普通话里 b—p、d—t、g—k、z—c、zh—ch、j—q,形成不送气和送气的对立。

其二,有些音在几种语言里都存在,但它们在各自的语音系统中的作用和地位并不一样。汉语普通话中 n 和 l 发音部位相同,但发音方法不同,而在有些方言中混淆了这两个发音部位相同的声母,例如,江淮方言、西南方言中,很多人"浓重"与"隆重"不分,"留念"与"留恋"不分。

二、普通话语音的构成

(一) 音节和音素

音节是语音结构的基本单位,是最小的语音片段,一个汉字就是一个音节。例如,"pǔ tōnghuà"是三个音节,对应的汉字就是"普通话"。不过,儿化韵除外。如,"huār"是一个音节,但写出来是两个汉字"花儿"。

音素是最小的语音单位,音节由音素构成。普通话中音节最少的由一个音素构成,最多的由四个音素构成,如"ā(啊),áo(熬),bào(报),huāng(慌)"。这几个音节分别是由一、二、三、四个音素构成的。一般一个音素用一个字母来表示,但也有少数音素是用两个字母表示,如 ng,或用一个字母加上附加符号代表几个音素,如 ê。

(二) 元音和辅音

音素按性质的不同,可以分成元音和辅音。

元音是指发音时气流在口腔或鼻腔中不受任何阻碍,声带振动,声音清晰、响亮的音素。如 a、o、e、i、u、ü 等。

辅音是指发音时气流通过口腔或鼻腔,并受到某部分的阻碍,发音时声带多数不振动,声音一般不响亮的音素。其中,声带振动的辅音叫浊辅音,声带不振动的辅音叫清辅音。如 m、n、l、r 是浊辅音,p、t 是清辅音。

(三) 声母、韵母和声调

传统的分析方法是将音节分成声母、韵母和声调三个部分。

声母是指音节开头的辅音。如"gān"(干)这个音节里,辅音 g 就是它的声母,"chī"(吃)这个音节里,辅音 ch 就是它的声母。有些音节开头的音素是元音,不是辅音,这就没有声母了,也可以说它的声母是"零",因此习惯上称为"零声母"。

韵母是指音节中声母后面的部分。如"gān"(干)这个音节中的 an,就是它的韵母。零声母音节整个由韵母构成,如"é"(额)、"áo"(熬)、"yào"(药)等。韵母以元音为主,韵母的元音可以是一个,如 e、a;也可以是两个或三个,如 ai、ou 是两个元音,iou、iao、uai 是三个元音。

声调是指音节的高低升降和曲折长短的变化。由于汉语的一个音节基本上就是一个汉字,所以声调也称为字调。声调是汉语音节中不可缺少的成分,同声母、韵母一样,也有区别意义的作用。

第三节　普通话语音系统

一、声母

声母是汉语音节开头的辅音,普通话里有 22 个辅音,声母辅音有 21 个(还有一个后鼻辅音 ng,只作韵尾,不能作声母)。这 21 个声母分别是:b、p、m、f、d、t、n、l、g、k、h、j、q、x、zh、ch、sh、r、z、c、s。

不同的声母是由不同的发音部位和发音方法决定的。

(一)声母的分类

1. 从发音部位来看

发音部位是指辅音发音时气流在发音器官受到阻碍的位置。上下两个部位接触或接近,就会形成阻碍。上位以上腭为主,是形成阻碍的被动或不动部分;下位以舌头为主,是形成阻碍的主动即活动部分。根据气流在口腔受阻的部位,可将声母分为七类:双唇音、唇齿音(齿唇音)、舌尖前音、舌尖中音、舌尖后音、舌面前音(舌面音)、舌面后音(舌根音),如表 5-1 所示。

表 5-1　声母表

双唇音	b、p、m
唇齿音	f
舌尖中音	d、t、n、l
舌面后音	g、k、h
舌面前音	j、q、x
舌尖后音	zh、ch、sh、r
舌尖前音	z、c、s

(1) 双唇音：b、p、m。

b 发音时，双唇闭合，阻塞气流，软腭上升，堵塞鼻腔通路，声带不颤动，较弱的气流冲破双唇的阻碍，迸裂而出，爆发成音，如"版本(bǎnběn)""报表(bàobiǎo)"的声母。

p 发音的状况与 b 相近，只是发 p 时有一股较强的气流冲开双唇，如"琵琶(pípa)""批判(pīpàn)"的声母。

m 发音时，双唇闭合，软腭下降，气流振动声带，从鼻腔通过形成鼻音，如"密码(mìmǎ)""盲目(mángmù)"的声母。

(2) 唇齿音：f。

f 发音时，下唇接近上齿，形成窄缝，气流从唇齿间摩擦出来，声带不颤动，摩擦成声，如"发放(fāfàng)""芬芳(fēnfāng)"的声母。

(3) 舌尖中音：d、t、n、l。

d 发音时，舌尖抵住上齿龈，软腭上升，堵塞鼻腔通路，声带不颤动，较弱的气流冲破舌尖的阻碍，迸裂而出，爆发成声，如"道德(dàodé)""定夺(dìngduó)"的声母。

t 发音的状况与 d 相近，只是发 t 时气流较强。如"探讨(tàntǎo)""团体(tuántǐ)"的声母。

n 发音时，舌尖抵住上齿龈，软腭下降，打开鼻腔通路，气流振动声带，从鼻腔通过发音，如"呢喃(nínán)""泥泞(nínìng)"的声母。

l 发音时，舌尖抵住上齿龈，软腭上升，堵塞鼻腔通路，气流振动声带，从舌头两边通过，如"理论(lǐlùn)""力量(lìliàng)"的声母。

(4) 舌面后音：g、k、h。

g 发音时，舌根抵住软腭，软腭后部上升，堵塞鼻腔通路，声带不颤动，较弱的气流冲破舌根的阻碍，爆发成声，如"广告(guǎnggào)""更改(gēnggǎi)"的声母。

k 发音的状况与 g 相近，只是气流较强，如"坎坷(kǎnkě)""开口(kāikǒu)"的声母。

h 发音时，舌根接近软腭，留出窄缝，软腭上升，堵塞鼻腔通路，声带不颤动，气流从窄缝中摩擦成声，如"绘画(huìhuà)""呼唤(hūhuàn)"的声母。

(5) 舌面前音：j、q、x。

j 发音时，舌面前部抵住硬腭前部，软腭上升堵塞鼻腔通路，声带不颤动，较弱的气流把阻碍冲开，形成一条窄缝，气流从窄缝中挤出，摩擦成声，如"积极(jījí)""解决(jiějué)"的声母。

q 发音的状况与 j 相近，只是气流较强，如"前期(qiánqī)""齐全(qíquán)"的声母。

x 发音时，舌面前部接近硬腭前部，留出窄缝，软腭上升，堵塞鼻腔通路，声带不颤动，气流从窄缝中挤出，摩擦成声，如"学习(xuéxí)""信息(xìnxī)"的声母。

(6) 舌尖后音：zh、ch、sh、r。

zh 发音时，舌尖上翘，抵住硬腭前部，软腭上升，堵塞鼻腔通路，声带不颤动，较弱的气流把阻碍冲开一条窄缝，从窄缝中挤出，摩擦成声，如"政治(zhèngzhì)""真正(zhēnzhèng)"的声母。

ch 发音的状况与 zh 相近，只是气流较强，如"传承(chuánchéng)""出差(chūchāi)"

的声母。

sh 发音时,舌尖上翘接近硬腭前部,留出窄缝,气流从缝间挤出,摩擦成声,声带不颤动,如"实施(shíshī)""少数(shǎoshù)"的声母。

r 发音状况与 sh 相近,只是摩擦比 sh 弱,同时声带振动,气流带音,如"融入(róngrù)""容忍(róngrěn)"的声母。

(7) 舌尖前音:z、c、s。

z 发音时,舌尖平伸,抵住上齿背,软腭上升,堵塞鼻腔通路,声带不颤动,较弱的气流把阻碍冲开一条窄缝,从窄缝中挤出,摩擦成声,如"总则(zǒngzé)""自在(zìzài)"的声母。

c 和 z 的发音区别不大,不同的地方在于 c 气流较强,如"层次(céngcì)""参差(cēncī)"的声母。

s 发音时,舌尖抵住下齿背,形成窄缝,气流从窄缝中挤出,摩擦成声,声带不颤动,如"思索(sīsuǒ)""松散(sōngsǎn)"的声母。

2. 从发音方法来看

辅音的发音方法指发音时喉头、口腔和鼻腔节制气流的方式和状况,可以从三个方面区分。

(1) 阻碍的方式的区别。

第一,塞音。成阻时发音部位完全形成闭塞,持阻时,气流积蓄在阻塞的部位之后,除阻时受阻部位突然解除阻塞,使积蓄的气流透出,爆破成声。普通话有 6 个塞音:b、p、d、t、g、k。

第二,擦音。成阻时发音部位之间接近,形成适度的间隙,持阻时气流从窄缝中摩擦成声,除阻时发音结束。普通话有 6 个擦音:f、h、x、sh、s、r。

第三,鼻音。成阻时发音部位完全闭塞,封闭口腔通路,持阻时软腭下垂,打开鼻腔通路,声带振动,气流达到口腔和鼻腔。气流在口腔受到阻碍,由鼻腔透出成声,除阻时口腔阻碍解除。鼻音是鼻腔和口腔的双重共鸣构成的,鼻腔是不可调节的发音器官。普通话有 2 个鼻音声母:m、n。

第四,边音。普通话只有 1 个舌尖中的边音——l,舌尖和上齿龈接触,使口腔中间的部位阻塞,持阻时声带振动,气流从舌头两边与上颚两侧、两颊内侧形成的夹缝中通过,透出声音,除阻时声音结束。

第五,塞擦音。以"塞音"开始,以"擦音"结束。由于塞擦音的塞与擦是同部位的,塞音的除阻阶段和擦音的成阻阶段融为一体,两者结合得很紧密。普通话有 6 个塞擦音:j、q、zh、ch、z、c。

(2) "送气音"和"不送气音"的区别。

根据克服阻碍时气流强弱的不同,声母中的塞音、塞擦音可以分为送气音和不送气音。

送气音——辅音发音时气流送出比较快和持久,由于除阻后声门大开,流速较快,在声门及声门以上的某个部位造成摩擦,形成送气音。普通话有 6 个送气音:p、t、k、q、ch、c。

不送气音——指发音时没有送气音特征,同送气音形成对照。普通话有 6 个不送气音:b、d、g、j、zh、z。

送气音与不送气音在汉语里分得很清楚,如"怕—爸""踏—大""愧—贵"。

(3)"浊音"和"清音"的区别。

清音:发音时,声带不颤动,透出的气流不带音。普通话有17个清音:b、p、f、d、t、g、k、h、j、q、x、zh、ch、sh、z、c、s。

浊音:发音时,声带颤动,透出的气流带音。普通话有4个浊音:m、n、l、r。

辅音声母发音部位和发音方法分类如表5-2所示。

表5-2 辅音声母发音部位和发音方法分类总表

按发音部位分类		按发音方法分类							
声母分类	发音部位	塞音		塞擦音		鼻音	擦音		边音
		清音		清音					
		不送气音	送气音	不送气音	送气音	浊音	清音	浊音	浊音
双唇音	上唇下唇	b	p			m			
唇齿音	上齿下唇						f		
舌尖前音	舌尖上齿背			z	c		s		
舌尖中音	舌尖上齿龈	d	t			n			l
舌尖后音	舌尖硬腭前			zh	ch		sh	r	
舌面前音	舌面硬腭			j	q		x		
舌面后音	舌根软腭	g	k				h		

(二)声母辨正及练习

声母的辨正主要有六个方面:翘舌音(卷舌音)zh、ch、sh和平舌音 z、c、s的辨正;鼻音 n 和边音 l 的辨正;唇齿音 f 和舌面后音 h 的辨正;舌面前音 j、q、x 和翘舌音 zh、ch、sh 的辨正;翘舌音 r 和边音 l 的辨正;舌面前音 j、q、x 和舌面后音 g、k、h 的辨正。

1. zh、ch、sh—z、c、s 辨正

由于发声母 zh、ch、sh 的时候,舌尖上翘,因此叫作翘舌音,发声母 z、c、s 的时候,舌尖平伸,所以叫作平舌音。全国很多方言区都会出现平翘舌不分的情况,在学习平翘舌声母时首先要辨别哪些字发平舌音,哪些字发翘舌音。

平舌音和翘舌音对应的发音方法相同,其区别主要在于发音部位。zh、ch、sh 是舌尖后音,发音时是舌尖翘起并后缩,触及(zh、ch)或靠近(sh)硬腭前端,翘起的舌尖与硬腭前端构成阻碍,使气流受阻,摩擦成声。z、c、s 是舌尖前音,发音时是舌尖平伸,触及(z、c)或靠近(s)上齿背,舌尖与上齿背构成阻碍,使气流受阻,摩擦成声。具体发音动程如图 5-3 所示。

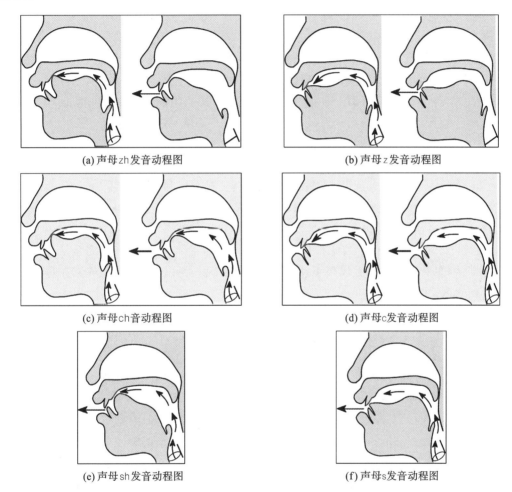

(a) 声母 zh 发音动程图　　(b) 声母 z 发音动程图
(c) 声母 ch 音动程图　　(d) 声母 c 发音动程图
(e) 声母 sh 发音动程图　　(f) 声母 s 发音动程图

图 5-3　zh、ch、sh 和 z、c、s 发音动程图

学习翘舌音的发音首先要练习翘舌的动作,反复训练,直到有了翘舌能力,翘舌自然,就能够发出相对清楚的翘舌音。

普通话里,平舌音约占 30%,翘舌音约占 70%。也就是平舌音少,翘舌音多。

可以利用普通话声韵配合关系来区分声韵配合规律:①以 ua、uai、uang 作韵母的字,声母是 zh、ch、sh,如"抓、耍、拽、庄、床、双"等;②以 en 作韵母的字,除了"怎、参(差)、岑、森"几个字外,以 eng 作韵母的字,除了"层、曾"和以"曾"作声旁的少数字外,其余字的声母都是舌尖后音;③以 ou 作韵母的字,除了"凑"等少数字外,其余的声母是 ch;④以 un 作韵母的字中,只有"顺、吮、舜、瞬"四个字的声母是 sh,其余字声母是 s;⑤以 ong 作韵母的字中,声母只有 s,没有 sh。

(1) zh、ch、sh 和 z、c、s 对比辨音练习一。

志愿—自愿	窄巷—宰相	中止—宗旨	知识—姿势	主旨—阻止
仿照—仿造	支柱—资助	征订—增订	支援—资源	制动—自动
鱼翅—鱼刺	重来—从来	初步—粗布	吹动—催动	常驻—藏住
出操—粗糙	小炒—小草	新春—新村	木柴—木材	八成—八层
诗人—私人	近视—近似	申述—申诉	收集—搜集	闪光—散光
商业—桑叶	午睡—五岁	上升—丧生	熟语—俗语	筛子—塞子

(2) zh、ch、sh 和 z、c、s 对比辨音练习二。

制作	杂志	栽种	资助	自重	振作	正宗	赈灾	职责	沼泽	增长
财产	采茶	操场	磁场	促成	陈醋	成材	出操	残喘	差错	除草
上司	绳索	哨所	石笋	深思	生死	散失	扫射	诉说	四声	苏轼

2. n—l 辨正

n 与 l 都是舌尖中音和浊音,在闽方言、赣方言、湘方言和江淮官话、大部分西南官话中混读。就发音部位而言,l 实际比 d、t、n 要略靠后一点点,舌尖接触上齿龈的位置比 n 略偏后一些。二者的显著区别主要是发音方法的不同。

n 是鼻音,用舌尖顶住上齿龈形成阻塞,软腭下降,封闭口腔,使气流完全从鼻腔中透出。这时候,如果舌尖顶住上齿龈不动,延长发音时间,就可以明显感到气流在鼻腔内共鸣所形成的振动。

l 是边音,发音时用舌尖轻柔地触到上齿龈,接触点要小,同时,软腭上升,注意不要让气流从鼻腔漏出来。舌头两侧跟上腭两侧保持适度距离,这样,气流就可以从舌头两边透出。

如果发 n 的时候,口腔没有完全关闭,有气流从舌尖边透出,发出的 n 常常不是纯粹的鼻音,听起来带有 l 的音。发音时要注意把舌的两侧与上腭完全贴紧、闭合,使气流只能够从鼻腔透出。如果发舌边音 l,没有控制好软腭,气息从鼻腔漏出,边音就容易带上鼻音色彩。n、l 的发音方法的不同,我们训练时可以捏住鼻子来仔细揣摩。

(1) n 和 l 对比辨音练习一。

鸟雀—了却	老年—老连	老农—牢笼	牛黄—硫黄	大娘—大梁
无奈—无赖	水牛—水流	男裤—蓝裤	女客—旅客	脑子—老子
年夜—连夜	留念—留恋	浓重—隆重	烂泥—烂梨	酝酿—运量
闹灾—涝灾	大怒—大路	难住—拦住	牛年—榴莲	泥巴—篱笆

(2) n 和 l 对比辨音练习二。

| 能力 | 来年 | 冷暖 | 哪里 | 纳凉 | 奶酪 | 脑力 | 内涝 | 岭南 | 留念 |
| 牛奶 | 恼怒 | 扭捏 | 能耐 | 呢喃 | 男女 | 理论 | 联络 | 老练 | 老农 |

3. f—h 辨正

普通话中,声母 h 和 f 是两个差别较大的音,但有些方言区存在 f 和 h 混读的情况,在学习时首先要注意 f 和 h 的发音部位,还要清楚记忆声母 f 和 h 相对应的字词。

f 是唇齿音和擦音,发音时,下唇触到上齿并留一小缝,让气流从小缝中摩擦而出,声带不振动。

而 h 是舌面后音和擦音,发音时,舌面后部上抬至软腭并留一小缝,让气流从小缝中摩擦而出,声带不振动。

f 和 h 的发音方法完全相同,它们的区别是发音部位不同,在不同的发音部位,用相同的方法来发音,是很容易区分的。

(1) f 和 h 对比辨音练习一。

舅父—救护　公费—工会　附注—互助　仿佛—恍惚　防虫—蝗虫
斧头—虎头　复员—互援　方地—荒地　防止—黄纸　飞机—灰鸡
乏力—华丽　犯事—憾事　赋税—护税　发誓—花市　奋战—混战
大副—大户　大凡—大寒　废报—汇报　防鼠—黄鼠　服饰—忽视

(2) f 和 h 对比辨音练习二。

发话　符号　反悔　繁华　丰厚　复合　烽火
凤凰　愤恨　废话　防洪　混纺　后方　化肥
洪峰　画符　花粉　恢复　合法　花费　合肥

4. zh、ch、sh—j、q、x 辨正

有一些方言把普通话里的翘舌音 zh、ch、sh 读成舌面前音 j、q、x,粤方言、闽方言、湘方言及吴方言区会出现声母 zh、ch、sh 与 j、q、x 混用的情况。

北方方言、吴方言及湘方言区中的一些人,常常把 j、q、x 发成 z、c、s,如把"九"读成"ziǔ",其实声母 z、c、s 是不能和 i、ü 和以 i、ü 起头的韵母相拼,而 j、q、x 则可以。产生这种错误的主要原因是方言中舌面前音 j、q、x 是由舌面前部与硬腭形成阻碍而发声的。

普通话声母 j、q、x 是舌面前音,发音时舌尖要下垂抵住下齿背,舌面前部向上隆起,贴紧(j、q)或靠近(x)硬腭前部。j、q 是塞擦音,要用气流把舌面和硬腭前部贴紧的部位冲开一条窄缝,并摩擦成声。x 是擦音,气流从舌面和硬腭前部形成的适度空隙中摩擦成声。

zh、ch、sh 是舌尖后音,发音时舌尖后缩上举,轻巧接触(zh、ch)或靠近(sh)硬腭稍前一点的部位。

zh、ch、sh 和 j、q、x 对比辨音练习。

墨汁—墨迹　交织—交际　密植—密集　编制—边际　昼夜—就业
阐明—浅明　专长—砖墙　失礼—洗礼　翔实—详细　确实—缺席
获释—获悉　烧窑—逍遥　收拾—修饰　电扇—电线　艰深—艰辛

5. r—l 辨正

在 r 音节和 l 音节的区分中,大多不存在双向混读的现象,也就是说,一般不会把 l 音节读成 r 音节,不把"热"读成"乐"。但是,学会并读准 r 声母很重要。

从发音部位说,r 是舌尖后音,同 zh、ch、sh 的发音部位一样,是由舌尖和硬腭前部构成阻碍而发的音。从发音方法看,r 是浊音和擦音。发音时,舌尖上翘,抵住硬腭前部并留一条小缝,让气流从小缝中摩擦而出,同时声带振动。

l声母是舌尖中音,是由舌尖和上齿龈构成阻碍而发的音。从发音方法看,l是浊音和边音。发音时,舌尖抵住上齿龈后部,让气流从舌侧两边摩擦而出,同时声带振动。

r和l的区别是发音部位不同,舌尖抵住的位置有前后之别。

(1) r和l对比辨音练习一。

出入—出路　柔道—楼道　快热—快乐　阻燃—阻拦　收入—收录
衰弱—衰落　染色—脸色　求饶—囚牢　必然—碧蓝　乳汁—卤汁

(2) r和l对比辨音练习二。

认领　容量　人力　扰乱　热烈　日落　锐利　日历
例如　利刃　来人　利润　让路　热浪　老人　烈日

6. j、q、x—g、k、h 辨正

普通话舌面前音很大一部分是舌面后音受舌面前高元音i、ü的影响,经过腭化作用产生的,许多方言(江淮方言和吴方言)至今都没有完成这一转化过程,有许多普通话是j、q、x声母的字在方言区仍读成g、k、h的情况,韵母也不一样,如"街"读成"gāi","鞋"读成"hái"。

g、k、h和j、q、x在音色上有明显差异。g、k、h是舌面后音,舌面后部向后上方隆起,抵住(g、k),或靠近(h)软、硬腭之间的交界处。g、k是塞音,用气流冲开阻碍部位,气流爆发成音。h是擦音,直接让气流透过舌根与软、硬腭构成的窄缝摩擦成声。

j、q、x是舌面前音,舌面前部隆起,贴紧(j、q)或靠近(x)硬腭前端发音。j、q是塞擦音,发音部位贴紧,闭住气流,然后再松出一条窄缝透出气流成声。x是擦音,直接让气流透过前舌面与前硬腭构成的窄缝,摩擦成声。具体发音动程如图5-4所示。

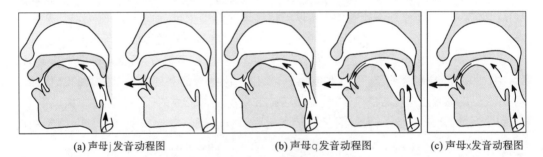

(a) 声母j发音动程图　　(b) 声母q发音动程图　　(c) 声母x发音动程图

图5-4　j、q、x发音动程图

g、k、h和j、q、x音色差异较大,辨音和发音训练难度不大。

(三) 声母练习绕口令

1. b和p的练习

(1) 八百标兵奔北坡,炮兵并排北边跑,炮兵怕把标兵碰,标兵怕碰炮兵炮。

(2) 炮兵攻打八面坡,炮兵排排炮弹齐发射,步兵逼近八面坡,灭敌八千八百八十多。

(3) 半盆冰棒半盆瓶,冰棒碰盆盆碰瓶。冰棒碰盆盆不怕,盆碰冰棒瓶必崩。

(4) 张伯伯,李伯伯,饽饽铺里买饽饽,张伯伯买了个饽饽大,李伯伯买了个大饽饽,拿回家里喂婆婆,婆婆又去比馃馃,也不知张伯伯买的馃馃大,还是李伯伯买的大馃馃。

(5) 老彭拿着一个盆,路过老陈住的棚,盆碰棚,棚碰盆,棚倒、盆碎、棚压盆。老彭要赔老陈的棚,老陈要赔老彭的盆,老陈陪着老彭去补盆,老彭帮着老陈来修棚。

2. d 和 t 的练习

(1) 东洞庭,西洞庭,洞庭山上一根藤,藤上挂铜铃。风吹藤动铜铃动,风停藤定铜铃静。

(2) 白石塔,白石搭,白石搭白塔,白塔白石搭,搭好白石塔,白塔白又大。

(3) 断头台倒吊短单刀,歹徒登台偷短刀,断头台塌盗跌倒,对对短刀叮当掉。

(4) 吃葡萄吐葡萄皮儿,不吃葡萄不吐葡萄皮儿。吃葡萄不吐葡萄皮儿,不吃葡萄倒吐葡萄皮儿。

(5) 会炖我的炖冻豆腐,来炖我的炖冻豆腐。不会炖我的炖冻豆腐,就别炖我的炖冻豆腐。要是混充会炖我的炖冻豆腐,弄坏了我的炖冻豆腐,那就吃不成我的炖冻豆腐。

3. b 和 d 的练习

(1) 长扁担,短扁担,长扁担比短扁担长半扁担,短扁担比长扁担短半扁担,短扁担绑在板凳上,长板凳不能绑比长扁担短半扁担的短扁担,短板凳也不能绑比短扁担长半扁担的长扁担。

4. f 和 h 的练习

(1) 粉红墙上画凤凰,红凤凰、粉凤凰,粉红凤凰、红粉凤凰,黄凤凰。

(2) 丰丰和芳芳,上街买混纺。红混纺,粉混纺,黄混纺,灰混纺,红花混纺做裙子,粉花混纺做衣裳。红、粉、灰、黄花样多,五颜六色好混纺。

(3) 化肥会挥发,黑化肥发灰,灰化肥发黑,黑化肥发灰会挥发,灰化肥发挥会发黑,黑化肥挥发发灰会挥发,灰化肥挥发发黑会发灰。

(4) 小方和小黄,一块儿画凤凰,小方画黄凤凰,小黄画红凤凰,黄凤凰和红凤凰,画得都像活凤凰,望着小方和小黄。

5. n 和 l 的练习

(1) 老龙恼怒闹老农,老农恼怒闹老龙,农怒龙恼农更怒,龙恼农怒龙怕农。

(2) 门外有四辆四轮大马车,你爱拉哪两辆就拉哪两辆。拉两辆,留两辆。

(3) 练一练,念一念,n 和 l 要分辨。l 是舌边音,n 是靠前的鼻音。你来练,我来念,不怕累,不怕难,齐努力,攻难关。

(4) 南边来了两队篮球运动员,一队穿篮球衣的男运动员,一队穿绿球衣的女运动员。男女运动员都来练投篮,不怕累,不怕难,努力练投篮。

(5) 牛郎年年恋刘娘,刘娘连连念牛郎;牛郎恋刘娘,刘娘念牛郎,郎恋娘来娘念郎。

6. zh、ch、sh 和 z、c、s 的练习

(1) 四是四,十是十,十四是十四,四十是四十,不要把十四说成四十,不要把四十说成十四。

(2) 宿舍前边有三十三棵桑树,宿舍后边有四十四棵枣树,张小四分不清桑树和枣树,把三十三棵桑树说成枣树,把四十四棵枣树说成桑树。

(3) 三哥三嫂子,请借我三斗三升酸枣子,等我明年采了酸枣子,再还你四斗四升酸枣子。

(4) 知道说知道,不知道说不知道,不要知道说不知道,也不要不知道说知道。说话要老老实实,办事一定要实事求是。

(5) 山前有四十四棵死涩柿子树,山后有四十四只石狮子。山前的四十四棵死涩柿子树,涩死了山后的四十四只石狮子。山后的四十四只石狮子,咬死了山前的四十四棵死涩柿子树。不知是山前的四十四棵死涩柿子树,涩死了山后的四十四只石狮子,还是山后的四十四只石狮子,咬死了山前的四十四棵死涩柿子树。

7. g、k、h 的练习

(1) 哥挎瓜筐过宽沟,过沟筐漏瓜滚沟,隔沟够瓜瓜筐扣,瓜滚筐空哥怪沟。

(2) 哥哥挂钩,钩挂哥哥刚洗的白小褂儿。姑姑隔着隔扇去钩鼓,鼓高姑姑难钩鼓。哥哥给姑姑去钩鼓,姑姑给哥哥把小褂儿补。

8. j、q、x 的练习

(1) 田建贤前天从前线回到家乡田家店,只见家乡变化万千,繁荣景象出现在眼前。连绵不断的青山,一望无边的棉田,新房建成一片,高压电线通向天边。

(2) 谢老爹在街上扫雪,薛大爷在屋里打铁。薛大爷见谢老爹在街上扫雪,就急忙放下手里正在打着的铁,跑到街上帮助谢老爹来扫雪;谢老爹扫完了街上的雪,就急忙进屋里帮薛大爷打铁。二人一同扫雪,二人一同打铁。

(3) 七巷一个漆匠,西巷一个锡匠,七巷漆匠偷了西巷锡匠的锡,西巷锡匠偷了七巷漆匠的漆。

二、韵母

韵母共有 39 个(见表 5-3),按结构可以分为单韵母、复韵母、鼻韵母;按开头元音发音口形可分为开口呼、齐齿呼、合口呼、撮口呼,简称"四呼"。

表 5-3 韵母总表

类型	开口呼	齐齿呼	合口呼	撮口呼
单韵母	-i(前)/-i(后)	i	u	ü
	a	ia	ua	
	o		uo	
	e			
	ê	ie		üe
	er			
复韵母	ai		uai	
	ei		uei	
	ao	iao		
	ou	iou		

续表

类　型	开　口　呼	齐　齿　呼	合　口　呼	撮　口　呼
鼻韵母	an	ian	uan	üan
	en	in	uen	ün
	ang	iang	uang	
	eng	ing	ueng	
	ong	iong		

注：《汉语拼音方案》韵母表中，韵母共35个，不含-i(前)、-i(后)、ê、er。

（一）单韵母的分类及辨音练习

由一个元音构成的韵母叫单韵母，又叫单元音韵母。单韵母发音的特点是口形始终不变，舌位不移动，发音时软腭要向上抬起堵塞鼻腔通路，发音时不能夹带鼻音。

1. 单韵母的分类

普通话中单韵母有10个，可分为舌面元音7个、舌尖元音2个和卷舌元音1个。

（1）舌面元音。

舌面元音的区别主要在于舌位的前后、舌位的高低和唇形。

根据舌位的前后不同，舌面元音可以分为三类：前元音(i/ü/ê)、后元音(u/o/e)、央元音(a)。

根据舌位的高低不同，元音可分为五类：高元音、半高元音、中高元音、半低元音、低元音。舌位的高低和口腔的开口度大小有关，舌位越低，口腔开口度就越大；舌位越高，口腔开口度就越小。高元音有i、u、ü，半高元音有e、o，半低元音有ê，低元音有a。

根据唇形可分为圆唇元音和不圆唇元音。圆唇元音有ü、u、o，不圆唇元音有i、ê、e、a。

具体舌位分析如图5-5所示。

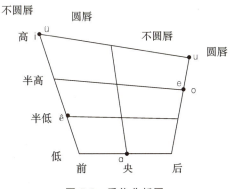

图5-5　舌位分析图

a：舌面央、低、不圆唇元音。a发音时，口腔大开，舌头前伸，舌位低，舌头居中，嘴唇呈自然状态，如"沙发(shāfā)""大巴(dàbā)"的韵母。

o：舌面后、半高、圆唇元音。o发音时，口腔半合，舌位半高，舌头后缩，嘴唇拢圆，如

"婆婆（pópo）""磨破（mópò）"的韵母。

e：舌面后、半高、不圆唇元音。e 发音状况大体像 o，只是双唇自然展开成扁形，如"特色（tèsè）""哥哥（gēge）"的韵母。

i：舌面前、高、不圆唇元音。i 发音时，口腔开口度很小，舌头前伸，前舌面上升接近硬腭，气流通路狭窄，但不发生摩擦，嘴角向两边展开，呈扁平状，如"集体（jítǐ）""笔记（bǐjì）"的韵母。

u：舌面后、高、圆唇元音。u 发音时，口腔开口度很小，舌头后缩，后舌面上升接近硬腭，气流通路狭窄，但不发生摩擦，嘴唇拢圆成一小孔。如"出租（chūzū）""嘱咐（zhǔfù）"的韵母。

ü：舌面前、高、圆唇元音。ü 发音时，口腔开口度很小，舌头前伸，前舌面上升接近硬腭，但气流通过时不发生摩擦，嘴唇拢圆成一小孔。发音情况和 i 基本相同，区别是 ü 嘴唇是圆的，i 嘴唇是扁的，如"序曲（xùqǔ）""区域（qūyù）"的韵母。

ê：舌面前、半低、不圆唇元音。ê 发音时，口腔半开，舌位半低，舌头前伸，舌尖抵住下齿背，嘴角向两边自然展开，唇形不圆。在普通话里，ê 很少单独使用，经常出现在 i、ü 的后面，在 i、ü 后面时，书写要省去符号"ˆ"。

（2）舌尖元音。

-i（前）发音时，舌尖前伸，对着上齿背形成狭窄的通道，气流通过不发生摩擦，嘴唇向两边展开。用普通话念"思"并延长，字音后面的部分便是-i（前）。这个韵母只跟 z、c、s 配合，不和任何其他声母相拼，也不能自成音节。如"子（zǐ）""次（cì）""思（sī）"的韵母。

-i（后）发音时，舌尖上翘，对着硬腭形成狭窄的通道，气流通过不发生摩擦，嘴角向两边展开。用普通话念"诗"并延长，字音后面的部分便是-i（后）。这个韵母只跟 zh、ch、sh、r 配合，不与其他声母相拼，也不能自成音节。如"指（zhǐ）""吃（chī）""时（shí）"的韵母。

（3）卷舌元音。

er 发音时，口腔半开，开口度比 ê 略小，舌位居中，稍后缩，唇形不圆。在发 e 的同时，舌尖向硬腭轻轻卷起，不是先发 e，然后卷舌，而是发 e 的同时舌尖卷起。"er"中的 r 不代表音素，只是表示卷舌动作的符号。er 只能自成音节，不和任何声母相拼。如"二（èr）""而（ér）""耳（ěr）"字的韵母。er 不代表两个音素，它是一个居于舌面中央位置的不圆唇元音，加上一个卷舌的动作，又称为"特殊元音"。

2. 单韵母辨音与练习

单韵母的辨正主要是指 i 和 ü，o 和 e 的辨正，以及防止丢失韵头 i 和 u。

普通话的复元音韵母和带鼻音韵母有许多是有韵头 i、u 的，而在南方有些方言中没有。如广州话把"流"念成 lòu，上海话把"吞"读成 tēn。还有些南方方言把"队"念成 dèi，把"推"念成 tēi。这些方言区的人学习普通话时，就应该注意学好有韵头的韵母的发音，弄清字音的韵母有无 i 或 u 韵头。另外，还要注意掌握一个规律：普通话里的唇音声母及声母 n、l 是与韵母 ei 相拼的，其他声母才与韵母 uei 相拼合，只有极少例外。

1）i—ü 辨正

普通话里 i 和 ü 分得很清楚，但有些方言，比如闽方言、客家方言及西南的一些地区方言中没有撮口呼韵母。这些方言中的 i 和 ü，全都念成 i，如把"小鱼"（xiǎoyú）念成"小姨"

(xiǎoyí),把"云"(yún)念成"银"(yín)。要注意唇形的区别。

(1) i 和 ü 对比辨音练习一。

生意—生育　记住—巨著　忌讳—聚会　起名—取名　意识—浴室
名义—名誉　意见—预见　奇异—区域　美意—美玉　姓李—姓吕

(2) i 和 ü 对比辨音练习二。

继续　几缕　体育　律例　与其　举例　曲艺　比喻
寄语　疑虑　预计　羽翼　异域　雨季　聚集　急剧

2) e—o 辨正

有些方言韵母 o 和 e 不分,如西南地区的不少方言则把一些字的 e 韵母读成 o 韵母,东北地区的不少方言把一些字的 o 韵母读成 e 韵母。o 和 e 的发音情况大致相同,区别在于 o 发音时唇形圆,e 发音时唇形不圆。学习时,要注意唇形的区别。此外,还要注意掌握一个规律,即普通话韵母 o 只跟 b、p、m、f 拼合,而韵母 e 却相反,不能和这四个声母拼合("什么"的"么"字除外),所以记住 b、p、m、f 后面的韵母通常是 o 而不是 e。

e 和 o 对比辨音练习。

微薄　楷模　佛祖　舍得　伯伯　哥哥
白鹅　小河　社保　磨破　波折　卧佛

（二）复韵母的分类及辨音练习

复韵母是由两个或三个元音结合而成的,所以它们的发音不像单韵母那样始终不变,而是有一个变动的过程。(单韵母发音可以延长,复韵母延长后是结束的韵母,发音时应注意动程。)

复韵母有两个特点应注意。

首先,从一个元音逐渐滑动到另一个元音,舌位、唇形都会发生变动。

其次,一个复元音韵母中只有一个发音响亮的主要元音(韵腹),主要元音在复元音韵母发音时所占时值最长,其他都是次要元音,发音轻短,其中韵尾发音模糊。

1. 复韵母的分类

普通话共有 13 个复韵母:ai、ei、ao、ou、ia、ie、ua、uo、üe、iao、iou、uai、uei。根据主要元音所处的位置,复韵母可分为前响复韵母(ai、ei、ao、ou)、中响复韵母(iao、iou、uai、uei)和后响复韵母(ia、ie、ua、uo、üe)。

(1) 前响复韵母。

前响复韵母由两个元音复合而成,前一个元音是韵腹,后一个元音是韵尾。前响复韵母共有 4 个:ai、ei、ao、ou。它们的共同特点是前一个元音清晰响亮,后一个元音轻短模糊,音值不太固定,只表示舌位滑动的方向,即前重后轻、前长后短、前紧后松。

ai 发音时,先发 a,这里的 a 舌位靠前,念得长而响亮,然后舌位向 i 移动,不到 i 的高度。i 只表示舌位移动的方向,音短而模糊,如"白菜(báicài)""开采(kāicǎi)""灾害(zāihài)"的韵母。

ei 发音时,先发 e,比单念 e 时舌位前一点,这里的 e 是个央元音,然后向 i 的方向滑动,如"北美(běiměi)""肥美(féiměi)""黑妹(hēimèi)"的韵母。

ao 发音时,先发 a,这里的 a 舌位靠后,是个后元音,发得响亮,接着向 o 的方向滑动,如"草稿(cǎogǎo)""犒劳(kàoláo)"的韵母。

ou 发音时,先发 o,接着向 u 滑动,舌位不到 u 即停止发音,如"抖擞(dǒusǒu)""欧洲(ōuzhōu)"的韵母。

(2) 中响复韵母。

中响复韵母由三个单元音复合而成,中间一个元音是韵腹,前一个元音是韵头,后一个元音是韵尾。发音时,中间的元音最长、最响,两头的元音比较短而弱,口腔开口度有一个从小到大再到小的显著变化过程。

中响复韵母共有 4 个:iao、iou、uai、uei。它们的发音特点是前一个元音轻短,后面的元音含混,音值不太固定,只表示舌位滑动的方向,中间的元音清晰、响亮。

iao 发音时,先发 i,紧接着发 ao,使三个元音结合成一个整体,如"料峭(liàoqiào)""逍遥(xiāoyáo)"的韵母。

iou 发音时,先发 i,紧接着发 ou,紧密结合成一个复韵母,如"优秀(yōuxiù)""悠久(yōujiǔ)"的韵母。

uai 发音时,先发 u,紧接着发 ai,使三个元音结合成一个整体,如"摔坏(shuāihuài)""怀揣(huáichuāi)"的韵母。

uei 发音时,先发 u,紧接着发 ei,紧密结合成一个整体,如"归队(guīduì)""回味(huíwèi)"的韵母。

中响复韵母在自成音节时,韵头 i、u 改写成 y、w。复韵母 iou、uei 前面加声母的时候,要省写成 iu、ui,如 liu、gui 等;不跟声母相拼时,不能省写。

(3) 后响复韵母。

后响复韵母也由两个元音复合而成,后一个元音是韵腹,前一个元音是韵头。后响复韵母共有 5 个:ia、ie、ua、uo、üe。它们的共同特点是前面的元音发得轻短,只表示舌位从那里开始移动,后面的元音发得清晰、响亮。

ia 发音时,i 表示舌位起始的地方,发得轻短,很快滑向前元音 a,a 发得长而响亮,如"假牙(jiǎyá)""恰恰(qiàqià)"的韵母。

ie 发音时,i 表示舌位起始的地方,发得轻短,很快发 e,前音轻短,后音响亮,如"姐姐(jiějie)""谢谢(xièxie)"的韵母。

ua 发音时,u 念得轻短,很快滑向 a,a 念得清晰、响亮,如"刮花(guāhuā)""耍滑(shuǎhuá)"的韵母。

uo 发音时,u 念得轻短,舌位很快滑向 o,o 清晰、响亮,如"错过(cuòguò)""骆驼(luòtuo)"的韵母。

üe 发音时,先发高元音 ü,ü 念得轻短,舌位很快滑向 e,e 清晰、响亮,如"雀跃(quèyuè)""绝学(juéxué)"的韵母。

后响复韵母在自成音节时,韵头 i、u、ü 改写成 y、w、yu。

2. 复元音韵母的辨音与练习

(1) ai 和 ei 对比辨音练习。

台北　盖被　败类　开背　黑白　美白　擂台　泪海

(2) ao 和 ou 对比辨音练习。

暴瘦　道口　稿酬　毛豆　柔道　楼道　漏勺　老抽　刀套　犒劳

(3) ia 和 ie 的对比辨音练习。

跌价　解决　灭绝　佳节　假借　接洽　野鸭　截下　确切　决裂

(4) ua 和 uo 的对比辨音练习。

刮奖　刷锅　花朵　华佗　火花　国画　苦瓜　落寞　宽阔　说话

(5) üe 的辨音练习。

确实　略过　决斗　决绝　雀跃　月亮　同学　雪花　缺血　约会

(6) iao 和 iou 的对比辨音练习。

校友　要求　丢掉　柳条　交流　娇羞　料酒　牛角　油条　有效

(7) uai 和 uei 的对比辨音练习。

怪罪　快慰　外汇　对外　快嘴　衰退　鬼怪　追怀　毁坏　外快

(三) 鼻韵母的分类及辨音练习

鼻韵母是由元音和鼻辅音韵尾结合而成的韵母,所以发音时也需要注意两点:第一,由元音过渡到鼻辅音是逐渐滑动的;第二,鼻辅音韵尾阻塞部位要落实,又因为鼻辅音充当的是韵尾,所以发音时值不能长。

1. 鼻韵母的分类

鼻韵母共有 16 个:an、en、in、ün、ian、uan、üan、uen、ang、eng、ing、ong、iang、iong、uang、ueng,可分为前鼻韵母和后鼻韵母。

1) 前鼻韵母

前鼻韵母发音时,先发元音,然后舌尖向上齿龈移动,并抵住它,软腭下降,鼻音逐渐增加。舌尖抵住上齿龈后,即刻停声,不要拖音。有韵头的鼻韵母,韵头发音要轻短。

an 发音时,先发 a,然后舌尖向上齿龈移动,最后抵住上齿龈,发前鼻音 n,如"谈判(tánpàn)""灿烂(cànlàn)"的韵母。

en 发音时,先发 e,然后舌尖向上齿龈移动,抵住上齿龈发鼻音 n,如"本身(běnshēn)""振奋(zhènfèn)"的韵母。

in 发音时,先发 i,然后舌尖向上齿龈移动,抵住上齿龈,发鼻音 n,如"贫民(pínmín)""拼音(pīnyīn)"的韵母。

ün 发音时,先发 ü,舌尖向上齿龈移动,抵住上齿龈,气流从鼻腔通过,如"军训(jūnxùn)""均匀(jūnyún)"的韵母。

ian 发音时,先发 i,i 轻短,接着发 an,i 与 an 结合紧密,如"甜点(tiándiǎn)""电线(diànxiàn)"的韵母。

uan 发音时,先发 u,紧接着发 an,u 与 an 结合成一个整体,如"传唤(chuánhuàn)"

"还款(huánkuǎn)"的韵母。

üan 发音时,先发 ü,紧接着发 an,ü 与 an 结合成一个整体,如"圆圈(yuánquān)""轩辕(xuānyuán)"的韵母。

uen 发音时,先发 u,紧接着发 en,u 与 en 结合成一个整体,如"论文(lùnwén)""伦敦(lúndūn)"的韵母。

2) 后鼻韵母

后鼻韵母发音时,先发元音,接着舌根向软腭移动,最后抵住软腭,发后鼻音"ng"。鼻音不要拖音,有韵头的鼻韵母,韵头发音要轻短。

ang 发音时,先发 a,舌头逐渐后缩,舌根抵住软腭,气流从鼻腔通过,如"党章(dǎngzhāng)""帮忙(bāngmáng)"的韵母。

eng 发音时,先发 e,舌根向软腭移动,抵住软腭,气流从鼻腔通过,如"更正(gēngzhèng)""承蒙(chéngméng)"的韵母。

ing 发音时,先发 i,舌头后缩,舌根抵住软腭,发后鼻音 ng,如"清零(qīnglíng)""精灵(jīnglíng)"的韵母。ing 自成音节时,作 ying。

ong 发音时,先发 o,舌根抬高抵住软腭,发后鼻音 ng,如"松动(sōngdòng)""从容(cóngróng)"的韵母。

iang 发音时,先发 i,接着发 ang,使二者结合成一个整体,如"踉跄(liàngqiàng)""想象(xiǎngxiàng)"的韵母。

iong 发音时,先发 i,接着发 ong,二者结合成一个整体,如"汹涌(xiōngyǒng)""炯炯(jiǒngjiǒng)"的韵母。

uang 发音时,先发 u,接着发 ang,由 u 和 ang 紧密结合而成,如"状况(zhuàngkuàng)""装潢(zhuānghuáng)"的韵母。

ueng 发音时,先发 u,接着发 eng,由 u 和 eng 紧密结合而成。

iang、iong、uang、ueng 自成音节时,韵头 i、u 改写成 y、w。

2. 鼻韵母的辨音与练习

1) 前后鼻韵母辨正

前后鼻韵母的辨正是韵母辨正最主要的内容,因为前后鼻韵母的混读涉及的方言区较多。

普通话有两个鼻音韵尾:-n 和-ng。它们所构成的鼻韵母区分得很清楚。很多方言区不分前后鼻音。有的前鼻音靠后,有的后鼻音靠前,其中以 in 和 ing 混淆最多,en 和 eng 其次,有少部分地区混淆 an 和 ang、uan 和 uang。此外,有些方言区还存在-n、-ng 弱化为鼻化元音的现象。

首先,要正确区分-n 和-ng 的发音。-n 发音时用舌尖顶住上齿龈形成阻塞,闭住口腔,使气流完全从鼻腔中透出,同时声带颤动,发出鼻音。-ng 发音部位同 g、k、h 相同,发音时用舌面后部顶住软腭,让气流从鼻腔流出,同时声带颤动,发出鼻音。-n 和-ng 的发音方法相同,主要区别是发音部位不同,如图 5-6 所示。

其次,发鼻韵母时,发音过程要清楚、完整。从元音的发音状态过渡到辅音的发音状

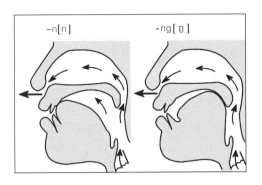

图 5-6 前后鼻韵尾区别示意图

态的过程要清楚,收尾辅音必须到达阻塞部位,比如 an 和 ang 的发音,先拉长声音念 a,不要中断,舌头向前伸,舌尖到达上齿龈,出现鼻音,即为 an;同样,拉长声音念 a,舌头向后抬高,舌面后部到达软腭,出现鼻音,即为 ang。

再次,还要注意把握韵腹元音的舌位。有时一对前、后鼻韵母,韵腹元音的写法是一样的,但实际发音舌位有前后之分。比如 an 的韵腹元音是舌位靠前的低元音[a],ang 的韵腹元音是舌位靠后的低元音[ɑ]。

前后鼻韵母在拼写规则上是有一些规律的:

b、p、m、f 拼 eng 不拼 ong;

d、t、n、l 除"嫩"字外,其余汉字都拼 eng 韵母,比如等、疼、能、冷等;

d、t、n 除"您"字外,都拼 ing 韵母,比如丁、停、拧等;

g、k、h 除"艮""肯"两类声旁字拼 en 韵母外,其余汉字都拼 eng 韵母,比如耕、吭、恒等;

z、c、s 除"参(cēn)""森""怎"三个常用字拼 en 韵母外,其余都是"曾"旁字,都拼 eng 韵母。

2) 前后鼻韵母辨音练习

(1) an 和 ang 的对比辨音练习一。

担心—当心 看家—康佳 战役—仗义 绊住—帮助 简化—讲话

(2) an 和 ang 的对比辨音练习二。

伴唱 上班 账单 方案 繁忙 反抗 擅长 演讲 现象
想念 两面 量变 钢管 宽广 官网 端庄 担当 狂欢

(3) en 和 eng 对比辨音练习一。

珍奇—争气 伤神—上升 人身—人生 真言—证言 瓜分—刮风

(4) en 和 eng 对比辨音练习二。

真诚 成人 尘封 整人 人称 成本 省份 烹饪 登门

(5) in 和 ing 对比辨音练习一。

认亲—认清 亲民—清明 信服—幸福 禁听—静听 弹琴—谈情
贫民—拼命 亲近—清静 今人—惊人 禁赛—竞赛 林子—领子

（6）in 和 ing 对比辨音练习二。

亲情　聘请　心灵　引领　心境　轻音　清音　平民　精心

（四）韵母练习绕口令

a：门前有八匹大伊犁马，你爱拉哪匹马拉哪匹马。

e：坡上立着一只鹅，坡下就是一条河。宽宽的河，肥肥的鹅，鹅要过河，河要渡鹅。不知是鹅过河，还是河渡鹅。

i：一二三，三二一，一二三四五六七。七个阿姨来摘果，七个花篮儿手中提。七棵树上结七样儿，苹果、桃儿、石榴、柿子、李子、栗子、梨。

u：鼓上画只虎，破了拿布补。不知布补鼓，还是布补虎。

i—ü：这天天下雨，体育局穿绿雨衣的女小吕，去找穿绿运动衣的女老李。穿绿雨衣的女小吕，没找到穿绿运动衣的女老李，穿绿运动衣的女老李，也没见着穿绿雨衣的女小吕。

er：要说"尔"专说"尔"/马尔代夫，喀布尔/阿尔巴尼亚，扎伊尔/卡塔尔，尼泊尔/贝尔格莱德，安道尔/萨尔瓦多，伯尔尼/利伯维尔，班珠尔/厄瓜多尔，塞舌尔/哈密尔顿，尼日尔/圣皮埃尔，巴斯特尔/塞内加尔的达喀尔，阿尔及利亚的阿尔及尔。

-i：（前）：一个大嫂子，一个大小子。大嫂子跟大小子比包饺子，看是大嫂子包的饺子好，还是大小子包的饺子好，再看大嫂子包的饺子少，还是大小子包的饺子少。大嫂子包的饺子又小又好又不少，大小子包的饺子又小又少又不好。

-i：（后）：知之为知之，不知为不知，不以不知为知之，不以知之为不知，唯此才能求真知。

ai：买白菜，搭海带，不买海带就别买大白菜。买卖改，不搭卖，不买海带也能买到大白菜。

ei：贝贝飞纸飞机，菲菲要贝贝的纸飞机，贝贝不给菲菲自己的纸飞机，贝贝教菲菲自己做能飞的纸飞机。

ai—ei：大妹和小妹，一起去收麦。大妹割大麦，小妹割小麦。大妹帮小妹挑小麦，小妹帮大妹挑大麦。大妹小妹收完麦，噼噼啪啪齐打麦。

ao：隔着墙头扔草帽，也不知草帽套老头儿，也不知老头儿套草帽。

ou：忽听门外人咬狗，拿起门来开开手；拾起狗来打砖头，又被砖头咬了手；从来不说颠倒话，口袋驮着骡子走。

an：出前门，往正南，有个面铺面冲南，门口挂着蓝布棉门帘。摘了它的蓝布棉门帘，棉铺面冲南，给它挂上蓝布棉门帘，面铺还是面冲南。

en：小陈去卖针，小沈去卖盆。俩人挑着担，一起出了门。小陈喊卖针，小沈喊卖盆。也不知是谁卖针，也不知是谁卖盆。

eng：郑政捧着盏台灯，彭澎扛着架屏风，彭澎让郑政扛屏风，郑政让彭澎捧台灯。

ang—an：张康当董事长，詹丹当厂长，张康帮助詹丹，詹丹帮助张康。

eng—en：陈庄程庄都有城，陈庄城通程庄城。陈庄城和程庄城，两庄城墙都有门。陈庄城进程庄人，陈庄人进程庄城。请问陈程两庄城，两庄城门都进人，哪个城进陈庄人，程庄人进哪个城?

ia：天上飘着一片霞,水上漂着一群鸭。霞是五彩霞,鸭是麻花鸭。麻花鸭游进五彩霞,五彩霞挽住麻花鸭。乐坏了鸭,拍碎了霞,分不清是鸭还是霞。

ie：姐姐借刀切茄子,去把儿去叶儿斜切丝,切好茄子烧茄子,炒茄子、蒸茄子,还有一碗焖茄子。

iao：水上漂着一只表,表上落着一只鸟。鸟看表,表瞪鸟,鸟不认识表,表也不认识鸟。

iou：一葫芦酒,九两六。一葫芦油,六两九。六两九的油,要换九两六的酒,九两六的酒,不换六两九的油。

ian：半边莲,莲半边,半边莲长在山涧边。半边天路过山涧边,发现这片半边莲。半边天拿来一把镰,割了半筐半边莲。半筐半边莲,送给边防连。

in：你也勤来我也勤,生产同心土变金。工人农民亲兄弟,心心相印团结紧。

iang：杨家养了一只羊,蒋家修了一道墙。杨家的羊撞倒了蒋家的墙,蒋家的墙压死了杨家的羊。杨家要蒋家赔杨家的羊,蒋家要杨家赔蒋家的墙。

ing：天上七颗星,树上七只鹰,梁上七个钉,台上七盏灯。拿扇扇了灯,用手拔了钉,举枪打了鹰,乌云盖了星。

ua：一个胖娃娃,画了三个大花活蛤蟆;三个胖娃娃,画不出一个大花活蛤蟆。画不出一个大花活蛤蟆的三个胖娃娃,真不如画了三个大花活蛤蟆的一个胖娃娃。

uo(o)：狼打柴,狗烧火,猫儿上炕捏窝窝,雀儿飞来蒸饽饽。

uai：槐树槐,槐树槐,槐树底下搭戏台,人家的姑娘都来了,我家的姑娘还不来。说着说着就来了,骑着驴,打着伞,歪着脑袋上戏台。

uei：威威、伟伟和卫卫,拿着水杯去接水。威威让伟伟,伟伟让卫卫,卫卫让威威,没人先接水。一二三,排好队,一个一个来接水。

uang：王庄卖筐,匡庄卖网,王庄卖筐不卖网,匡庄卖网不卖筐,你要买筐别去匡庄去王庄,你要买网别去王庄去匡庄。

ueng：老翁卖酒老翁买,老翁买酒老翁卖。

ong：冲冲栽了十畦葱,松松栽了十棵松。冲冲说栽松不如栽葱,松松说栽葱不如栽松。是栽松不如栽葱,还是栽葱不如栽松?

uan—uang：那边划来一艘船,这边漂去一张床,船床河中互相撞,不知船撞床,还是床撞船。

uan—an：大帆船,小帆船,竖起桅杆撑起船。风吹帆,帆引船,帆船顺风转海湾。

uen—en：孙伦打靶真叫准,半蹲射击特别神,本是半路出家人,摸爬滚打练成神。

üe：真绝,真绝,真叫绝,皓月当空下大雪,麻雀游泳不飞跃,鹊巢鸠占鹊喜悦。

ün：军车运来一堆裙,一色军用绿色裙。军训女生一大群,换下花裙换绿裙。

üan：圆圈圆,圈圆圆,圆圆娟娟画圆圈。娟娟画的圈连圈,圆圆画的圈套圈。娟娟圆圆比圆圈,看看谁的圆圈圆。

iong：小涌勇敢学游泳,勇敢游泳是英雄。

三、声调

声调是音节的高低升降形式，它主要是由音高决定的。音乐中的音阶也是由音高决定的，因此，声调可以用音阶来模拟，学习声调也可以借助于自己的音乐感。但要注意，声调的音高是相对的，不是绝对的；声调的升降变化是滑动的，不像从一个音阶到另一个音阶那样跳跃式移动。

由于汉语一个音节基本上就是一个汉字，声调又称字调。声调与声母、韵母构成普通话音节，是汉语音节中不可缺少的成分。声调可以说是语音结构中最敏感的成分。不同方言区、不同民族语言的人对话，声调是最显著的区别性特征，所以，声调是学习普通话语音的重点和难点。

（一）声调的特点和作用

1. 声调的特点

一是声调的变化取决于音高。声调同音长、音强都有关系，但它的性质主要由音高决定。音高的变化是由发音时声带的松紧决定的。发音时声带越紧，在一定时间内颤动的次数越多，声音就越高，反之，声音就越低。在发音过程中，声带可以始终保持一样的松紧度，调节松紧度造成一定的变化，产生不同的音高变化，就构成各种不同的声调。

二是声调的音高是相对的音高。由于性别的不同、年龄的差异，声带的厚薄和长短有别，随着说话时的内容、心情、语气等变化，声音会有高低之分。但无论音高有何差异，声调的高低升降变化形式不变，即调型不变。

三是声调的升降变化是滑动的，不像音乐中的音阶那样是跳跃性的。

2. 声调的作用

一是可以使字音纯正，区别词义。普通话的声母、韵母可以区别意义，同样，声调也有区别意义的作用。如果说话时没有声调，就无法准确表达汉语的意义，也不能完整地标注汉语的语音。相同的声母、韵母组合在一起，可以因为声调的不同而表示不同的意思。

例如：才华—菜花　打车—大车　联系—练习　慰问—维稳
　　　我要烟—我要盐—我要演—我要砚

二是增强语言的节奏感和感染力。汉语普通话有四个声调，每字一调，一个句子由不同的声调组合而成，让人在听觉上有高低起伏、错落有致的感觉。尤其是汉语的诗词歌赋的美，不仅体现在韵律的回环上，更体现在平仄抑扬的音乐性和节奏感中，显示出汉语独有的自然音乐美。

例如：千奇百怪　锦绣山河　山重水复　灯红酒绿　山盟海誓

（二）声调的调值和调类

1. 调值

调值是音高升降变化的范围，也就是声调升降、平曲的起讫点和转折点上的实际音高值。

描写声调的高低通常用五度标记法:立一竖标,中分5度,最低为1,最高为5。

2. 调型

调型指声调高低、升降的变化模式。55为高平调型,35为高升调型,214为降升调型,51为全降调型。

3. 调号

调号即声调的符号,指标示声调所用的简单明了的符号,即把五度标记法图形简化为一种不标刻度的声调符号,例如《汉语拼音方案》中使用的声调符号"ˉ ˊ ˇ ˋ"。

4. 调类

调类就是声调的种类,是根据声调的实际读法归纳出来的类别,也就是把调值相同的归为一类。在普通话或方言里,所有的音节有几种实际读法就有几种调类,普通话的四种调值,就可以归纳出四个调类,分别是阴平、阳平、上声和去声。具体分布及特点见图5-7、表5-4。

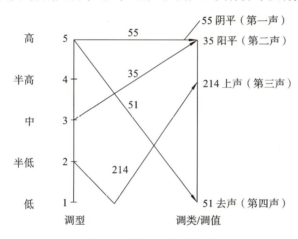

图 5-7 调型、调类、调值图

表 5-4 普通话调型、调值、调号、调类对应说明表

调类(四声)	调型	调值	调号	调值描写	例字
阴平	高平调	55	ˉ	起音高高一路平	方 fāng
阳平	高升调	35	ˊ	曲中到高往上升	年 nián
上声	降升调	214	ˇ	先降后升曲折起	九 jiǔ
去声	全降调	51	ˋ	高起猛降到底层	面 miàn

(1)阴平(第一声)。

又称高平调,用五度标记法来表示,就是从5到5,写作55。声带绷到最紧,始终无明显变化,保持音高。

例如:

编 biān	端 duān	酸 suān	挑 tiāo
方 fāng	亏 kuī	宣 xuān	装 zhuāng
天空 tiānkōng	机关 jīguān	招生 zhāoshēng	虚心 xūxīn

声音 shēngyīn	倾听 qīngtīng	欢呼 huānhū	村庄 cūnzhuāng
飞机 fēijī	车间 chējiān	纱窗 shāchuāng	冲锋 chōngfēng
吹风 chuīfēng	夸张 kuāzhāng	剥削 bōxuē	车厢 chēxiāng

(2) 阳平(第二声)。

又称高升调(或说中升调),起音比阴平稍低,然后升到高,用五度标记法表示,就是从3升到5,写作35。声带从不松不紧开始,逐步绷紧,直到最紧,声音从中到最高。

例如:

全 quán	怀 huái	情 qíng	玩 wán
然 rán	棉 mián	连 lián	年 nián
学习 xuéxí	情形 qíngxíng	昂扬 ángyáng	来源 láiyuán
成年 chéngnián	如何 rúhé	银铃 yínlíng	从容 cóngróng
情怀 qínghuái	存钱 cúnqián	阳平 yángpíng	求实 qiúshí
平时 píngshí	轮流 lúnliú	岩石 yánshí	原则 yuánzé

(3) 上(shǎng)声(第三声)。

又称降升调,起音半低,先降后升,用五度标记法表示,就是从2降到1,再升到4,写作214。声带从略微有些紧张开始,立刻松弛下来,稍稍延长,然后迅速绷紧,但没有绷到最紧。

例如:

秒 miǎo	碾 niǎn	脸 liǎn	广 guǎng
九 jiǔ	闯 chuǎng	扁 biǎn	晚 wǎn
爽朗 shuǎnglǎng	野马 yěmǎ	粉笔 fěnbǐ	小品 xiǎopǐn
产卵 chǎnluǎn	诋毁 dǐhuǐ	辅导 fǔdǎo	酒厂 jiǔchǎng

(4) 去声(第四声)。

又称高降调,或称全降调,起音高,接着往下滑,用五度标记法表示,是从5降到1,写作51。声带从紧开始到完全松弛为止,声音从高到低,音长是最短的。

例如:

面 miàn	片 piàn	掉 diào	换 huàn
辣 là	热 rè	卖 mài	腕 wàn
创造 chuàngzào	计划 jìhuà	判断 pànduàn	大概 dàgài
照相 zhàoxiàng	办事 bànshì	降落 jiàngluò	路费 lùfèi
祝贺 zhùhè	戏剧 xìjù	电视 diànshì	毕业 bìyè
会议 huìyì	奋斗 fèndòu	竞赛 jìngsài	上课 shàngkè

(三) 声调练习

1. 阴平与阳平对比练习

清 qīng 明—晴 qíng 明	呼 hū 喊—胡 hú 喊	冲锋 fēng—重逢 féng
拍 pāi 球—排 pái 球	知 zhī 道—直 zhí 道	开初 chū—开除 chú
掰 bāi 开—白 bái 开	大衣 yī—大姨 yí	包 bāo 子—雹 báo 子

2. 阳平与上声对比练习

大学 xué—大雪 xuě　　除 chú 雾—储 chǔ 物　　土肥 féi—土匪 fěi
战国 guó—战果 guǒ　　人气 rén—忍气 rěn　　小乔 qiáo—小巧 qiǎo
老胡 hú—老虎 hǔ　　　白 bái 色—百 bǎi 色　　骑 qí 马—起 qǐ 码

3. 上声与去声对比练习

展 zhǎn 开—绽 zhàn 开　　每秒 miǎo—美妙 miào　　水 shuǐ 莲—睡 shuì 莲
大饼 bǐng—大病 bìng　　果 guǒ 仁—过 guò 人　　　水火 huǒ—水货 huò

4. 阳平与去声对比练习

正直 zhí—政治 zhì　　发愁 chóu—发臭 chòu　　同情 qíng—同庆 qìng
肥 féi 料—废 fèi 料　　协 xié 议—谢 xiè 意　　　壶 hú 口—户 hù 口
竹 zhú 子—柱 zhù 子　　时 shí 代—世 shì 代　　　文 wén 化—问 wèn 话

5. 绕口令

（1）妈妈骑马，马慢，妈妈骂马；伯伯磨墨，墨破，伯伯摸墨；姥姥烙酪，酪烙，姥姥捞酪；舅舅救鸠，鸠飞，舅舅揪鸠。

（2）山上一只虎，林中一只鹿，路边一头猪，草里一只兔，还有一只鼠。数一数，一二三四五，虎鹿猪兔鼠。

四、普通话音变

普通话中单念一个音节时，它的声母、韵母、声调都是固定不变的。但是，声调在具体的词汇和句子朗读时是会有所变化的，我们称之为音变。

普通话的音变可分两类：一类是词语规范所要求的音变，主要表现在轻声和儿化词中，我们称之为轻声、儿化音变；另一类是语流连读中所发生的自然音变，人们说话时，总是一个音紧接着一个音，各个音连续不断，形成长短不等的一段段语流。语流内的一连串音紧密连接，发音部位和发音方法不断改变，有时难免相互影响，产生明显的变化。这种语音变化，称为"语流音变"。

普通话中的音变主要有轻声、儿化、上声变调、"一"和"不"的变调、叠字形容词的变调、语气词"啊"的音变等。

（一）轻声

1. 轻声的定义

普通话音节都有一个固定的声调，可是某些音节在词和句子中失去了它原有的声调，读成一种轻短、模糊的调子，甚至声母、韵母也发生了变化，这就是轻声。

普通话的轻声是一种读得短而轻的声调，是从阴阳上去四声变化而来的，并在词语中伴随重音出现。轻声词指第二个音节读轻声的双音节词，如"和尚、豆腐、官司、态度、眉毛"等。此外，还有三音节的轻声词，如"老太太、小伙子、胡萝卜、不在乎、一辈子"。

尽管轻声词结构复杂，数量众多，掌握起来有一定的难度，但也不是无规律可循的。应试者在应试中出现下列三种情况中的任何一种，都判定为读音错误。

(1) 把国家普通话测试大纲中规定的必读轻声判断错误,读成非轻声;
(2) 轻声音节的音长或音强读得和前一个音节相同;
(3) 轻声音节的音长或音强读得比前一个音节长。

一般认为,轻声的调子读得短而轻,这就要求实际发音时,轻声音节的音长不能等同前一个音节的音长或比前一个音节的音长长,而应该在其原有音长长度的基础上缩短,音强也相应地削弱一些。另外需要注意的是,轻声音节的音高不固定,实际调值受前面一个音节声调的影响,有高低的差别。在阴平、阳平后面的轻声音节调子较低,上声后面的调子读得最高,去声后面的读得最低。

2. 轻声的作用

轻声既是一种语音现象,又和词义、词性有关,而且还和语法、感情色彩等有很大的关系。

(1) 轻声对某些词具有区别词义的作用。

兄弟(轻声:好朋友)——兄弟(非轻声:哥哥和弟弟)

是非(轻声:纠纷)——是非(非轻声:正确和错误)

不是(轻声:短处)——不是(非轻声:表否定)

大爷(轻声:傲慢、不劳动的男人)——大爷(非轻声:年长的男人)

东西(轻声:物品)——东西(非轻声:指方向)

(2) 有时在区别词义的同时也区别词性。

大意(轻声:形容词)——大意(非轻声:名词)

利害(轻声:副词或形容词)——利害(非轻声:名词)

对头(轻声:名词)——对头(非轻声:形容词)

地道(轻声:形容词)——地道(非轻声:名词)

(3) 可以标志短语与词的区别。

火烧(轻声:一种没有芝麻的烧饼)——火烧(非轻声:主谓短语)

煎饼(轻声:一种面饼)——煎饼(非轻声:动宾结构)

3. 轻声的规律

多数轻声同词汇、语法有密切联系,具体有以下 9 种。

(1) 语气助词"吗、呢、啊、吧"等。

有吗　人呢　好啊　来吧

(2) 助词"着、了、过、的、地、得、们"等。

吃过　忙着　走了　你的　大胆地　唱得(好)　同学们

(3) 名词的后缀"子、儿、头、么"等。

儿子　车子　鸟儿　斧头　看头　什么

(4) 方位词。

前面　地里　天上　地下　里边

(5) 叠音词和动词的重叠形式后面的字。

跑跑　说说　谈谈　哥哥　爷爷　宝宝

(6) 表示趋向的动词。

进去　出来　举起来　走进来　拿回来

(7) 量词"个"。

那个　这个　五个　八个

(8) 数词"一"夹在重叠动词之间,否定词"不"夹在动词或形容词之间,或在可能补语结构中。

走一走　聊一聊　来不来　打不开　拿不动

(9) 某些常用的双音节词的第二个音节习惯上读轻声(必读轻声)。

窗户　豆腐　萝卜　学生　知道　衣服　眼睛

(二) 儿化

1. 儿化和儿化韵

er在普通话里是一个比较特殊的韵母,它不和声母相拼,也不能和其他音素组合成复合韵母,可以自成音节。er自成的音节很少,常见的有"耳、二、儿、而、饵、尔、迩"等。此外,er常附在其他音节后边,使该音节发生变化,成为一个带卷舌动作的韵母,这就是儿化现象。儿化后的韵母称儿化韵,带儿化韵的音节,一般用两个汉字来表示。用汉语音字母写这些儿化音节,只需在原来的音节之后加上"r"。

儿化韵的发音有两个显著特点:

(1) 原本是一个独立音节的"儿",在连读音变中,与前一个音节的韵母结合成一个音节,即在念到前一个音节韵母的末尾时,随之加上一个卷舌动作。

(2) "儿化"了的韵母带有卷舌色彩,带儿化韵母的音节,书面上一般用两个汉字来表示,如(huar)花儿。

把带儿化韵母的一个音节读成两个音节或没有读作儿化韵母均算错误。造成错误的原因,关键是实际发音时,不会或不习惯在发韵母的同时卷舌,而是使韵母的发音和卷舌两个动作先后发生,以至于出现两个音节。要避免这种情况,须切记并确保韵母发音与卷舌动作的同步。

儿化韵母发音时,很多人卷舌不自然,可以通过练习,加强舌头的灵活性,使发音自然。

2. 儿化的作用

儿化并不只是一种纯粹的语音现象,许多儿化现象与词的词汇意义、语法意义有密切的关系,而且有一定的修辞作用,有时增加一个卷舌动作,能使口语表达更形象、更生动。另外,儿化在表达词语的语法意义和修辞上都起着积极的作用。

(1) 区别词性(确定为名词)。

盖(动词)—盖儿(名词)

错(形容词)—错儿(名词)

活(动词)—活儿(名词)

尖(形容词)—尖儿(名词)

画(动词)—画儿(名词)

（2）区别词义。

信（信件）—信儿（消息）

头（脑袋）—头儿（领头的人）

末（最后）—末儿（细碎的或呈粉状的东西）

白面（指面粉）—白面儿（指白色粉末）

（3）表示喜爱，带有温婉的感情色彩。

小曲儿、来玩儿、有趣儿、小手儿、说话儿、小孩儿

脸蛋儿、小花猫儿、小苹果儿、慢慢儿走

（4）表示细、小、轻、微的性状。

小鱼儿、石子儿、门缝儿、一会儿、办事儿、木棍儿、纸条儿

3. 儿化韵的发音规律

儿化也是有规律的。普通话里除了 er 韵母外，其他的韵母都可以儿化。儿化韵的基本特征就是卷舌。韵母儿化后，读音也发生相应的变化。如果韵母的发音与卷舌动作不冲突，发韵母时就可以直接卷舌；如果冲突，就要改变韵母的发音，以适应卷舌的要求。普通话儿化的规律如下。

（1）韵母为 a、o、e、u 的音节，儿化后主要元音基本不变，后面直接加上表示卷舌动作的"r"。

小马儿 xiǎomǎr　　滑坡儿 huápōr　　纸盒儿 zhǐhér　　露珠儿 lùzhūr

（2）韵母 ia、ua、ao、ou、uo、iao、iou 等，儿化后主要元音或韵尾基本不变，直接加"r"。

一下儿 yíxiàr　　山花儿 shānhuār　　跳高儿 tiàogāor　　老头儿 lǎotóur

知了儿 zhīliǎor　　顶牛儿 dǐngniúr

（3）韵母 i、ü 儿化后在原韵母之后加上 er，i、ü 仍保留。

小米儿 xiǎomǐer　　有趣儿 yǒuqùer

（4）韵母 -i（前、后）儿化后失去原韵母，加 er。

戏词儿 xìcer　　树枝儿 shùzher

（5）以 i 或 n 为韵尾的韵母，儿化后丢掉韵尾，主要元音后面加 r。

一块儿 yíkuàr　　树根儿 shùgēr　　饭馆儿 fànguǎr　　冰棍儿 bīnggùr

（6）以 ng 为韵尾的韵母，儿化后丢掉韵尾 ng，主要元音鼻化，同时在鼻化元音后加上 r。

瓜瓤儿 guārár　　板凳儿 bǎndèr

（7）韵母 in、ün 儿化后，丢掉韵尾 n，主要元音保留，后面加上 er；韵母 ing 儿化后，丢掉韵尾 ng，主要元音保留，后面另上鼻化的 er。

手印儿 shǒuyìer　　花裙儿 huāquér　　花瓶儿 huāpíer

4. 儿化绕口令练习

（1）进了门儿，倒杯水儿，喝了两口运运气儿。顺手拿起小唱本儿，唱了一曲儿又一曲儿，练完了嗓子练嘴皮儿。绕口令儿，练字音儿，还有快板儿对口词儿，越说越唱越带劲儿。

（2）有个小孩儿叫小兰儿，口袋里装着几个小钱儿，又打醋来又买盐儿，还买了一个小饭碗儿。小饭碗儿，真好玩儿，红花绿叶镶金边儿，中间还有个小红点儿。

（3）东直门儿有个老婆儿拿棍儿赶小鸡儿，西直门儿有个老头儿骑驴儿唱小曲儿。老头儿上山头儿砍木头，砍了这头儿砍那头儿。对面儿来了一个小丫头儿，给老头儿送来一盒儿小馒头儿，没留神撞上一块儿大木头，栽了一个小跟头儿。

（三）上声变调

上声在阴平、阳平、上声、去声前都会产生变调，只有在单念或处在词语、句子的末尾才有可能读原调。

（1）上声在阴平、阳平、去声、轻声前，即在非上声前，丢掉后半段上声的尾巴，变为半上声。

如：每天 měitiān　每年 měinián　每月 měiyuè

上声＋阴平：普通　暖心　好听　火车　老师

上声＋阳平：美人　祖国　语言　朗读　领航

上声＋去声：感冒　努力　美育　语气　感谢

（2）上声在轻声前也变成半上声。

如：老婆、马虎、口袋、伙计、斧头、我们、爷爷、哑巴。

（3）两个上声相连，前一个上声的调值发生变化，接近阳平。

如：领土　表演　理解　美好　广场　首长　海水

（4）三上相连。

三个上声相连，则按三个音节彼此之间的紧密程度将其分为两种变调情况。

① 如果前边两个上声音节关系较为紧密，即词语的结构是"双音节＋单音节（双单格）"时，开头和中间的上声音节则调值都接近阳平。

选举法　演讲稿　洗脸水　海产品　管理岗　展览馆

② 若后两个上声音节关系紧密，即词语的结构是"单音节＋双音节（单双格）"时，则第一个上声变为半上，中间一个上声调值接近阳平。

老领导　冷处理　小拇指　买水果　小雨伞　米老鼠

（5）四上相连。

四个上声音节连读时，可将两个音节分为一组，然后按两上相连或三上相连的变调规律变化。除最后一组的最后一个音节可读原调外，前面各组的最后一个音节都可读为半上声，如指指点点、岂有此理。

（6）上声音节出现在句子末尾时，由于受语调下降的影响，多数情况下读为半上。在陈述句、祈使句、感叹句中一般都是这样，如"请你往北走""她的字写得真好"两句话中的"走"和"好"。

（7）上声变调练习。

① 领导请你把演讲稿处理好。

② 请你给我买点水果。

③ 我总想给你讲讲美好理想。

④ 你很了解我。
⑤ 展览馆里有好几场表演。

（四）"一"和"不"的变调

"一、不"是古入声字，它们的变调是普通话里比较突出的现象，说明分别如下。

1．"一"的变调

(1) "一"单念或作序数词时读原调。

如：一、一楼（第一层楼）、一连（第一连）。

(2) 在去声音节前变阳平调。

如：一个、一旦、一次。

(3) 在非去声音节前变去声。

如：一千、一天、一边、一批（阴平前）；
一群、一年、一直、一行（阳平前）；
一本、一打、一百、一眼（上声前）。

(4) "一"在一个词的词尾时，读音不变，仍读原调。

如：专一、同一、统一、整齐划一。即便在这个词的后面出现了其他声调的字，"一"的读音也不变，如统一行动、统一规划，"一"并不因后面出现的字而产生变调。

再如："十一斤"的"一"是"十一"的词尾，不能变调，类似的还有：五一、六一、八一、十一、万一、单一、星期一、始终如一、不一而足。

(5) 夹在重叠动词或其他词当中读轻声。

如：等一等、看一看、说一声、拿一个。

2．"不"的变调

(1) "不"在单念或在非去声音节前读本音 bù。

如：不屈、不喝、不开、不听（阴平前）；
不同、不行、不如、不能（阳平前）；
不懂、不久、不冷、不起（上声前）。

(2) 在去声（第四声）前读阳平（第二声）bú，而不读本音 bù。

如：不够、不是、不变、不怕、说一不二。

(3) 夹在三音节词语中间，口语中常常读轻声。

如：对不起、差不多、好不好、起不来、拿不动、打不开。

（五）叠字形容词的变调

1. AA 式叠字形容词

AA 式叠字形容词有三种，变调规律大致相同。

第一，加"儿"韵尾，第二个音节不管原来是什么声调，都必须变成阴平（第一声），如好好儿、慢慢儿。

第二，加"儿"韵尾再加"的"（或"地"），第二个音节不管原来是什么声调，也都必须变成阴平（第一声）。如好好儿地、满满儿的。

第三,不儿化也不加"的"或"地",可以把第二个音节读成阴平,也可以不变化。如"慢慢走"既可以变调,也可以不变调。

2. ABB 式叠字形容词

当 ABB 式叠字形容词的后两个音节不是阴平调时,有的必须变为阴平调,如"热腾腾",有的则必须读原调,如"直挺挺",其他的既可变调读阴平,也可读原调。

3. AABB 式叠字形容词

AABB 式叠字形容词也是形容词的一种常见形式,当它后面两个音节不是阴平调时,有的必须变调,变调规则是:一般第二个 A 读轻声,BB 读阴平,如"马马虎虎"。叠字形容词变调并非绝对,有些形容词重叠的情况就可以不按前面的规律变调,如"安安静静"等。

(六)语气词"啊"的音变

"啊"是一个表达语气和情感的声音,可作叹词,也可作语气词。

"啊"作叹词时用在句首,可以表示喜悦、赞叹、惊疑、醒悟等情感或情绪。在这种语境中,"啊"仍读作 a,具体用哪种声调与话语表现的思想感情有关。

作为语气词,"啊"往往附着在句尾,表示祈使、疑问、感叹等语气。"啊"的音变是跟前一个音节连读而受其末尾音素的合音影响,是一种增音现象。在不同的语音环境中,"啊"的读音有不同的变化形式。

1."啊"的音变规律

(1) 前面音节的末尾音素是 a、o、e、(其中 ao、iao 除外)i、ü、ê 的,读作"呀"(ya)。

快回家啊! 你去说啊!
今天好热啊! 好好学习啊!
多有趣啊! 赶紧向他道谢啊!
多美的花啊! 日子过得真快啊!

(2) 前面音节的末尾音素是 u(包括 ao、iao)的,读作"哇"(wa)。

你在哪里住啊? 真是本好书啊!
多好啊! 口气可真不小啊!
真苗条啊!

(3) 前面音节的末尾音素是 n 的,读作"哪"(na)。

早晨的空气多清新啊! 你是哪里人啊!
你猜得真准啊! 小心啊!
这件事可真不简单啊! 天啊!
多好看啊!

(4) 前面音节的末尾音素是 ng 的,读作"啊"(nga)。

这幅图真漂亮啊! 注意听啊!
最近太忙啊! 行不行啊!
小心水烫啊! 河水真清啊!
灯好亮啊! 颜色红不红啊?

(5) 前面音节的末尾音素是-i(前)的,读作"啊"(za);前面音节的末尾音素是的-i(后)

的,读作"啊"(ra)。

吃瓜子啊!
你有什么事啊!
你怎么撕了一地纸啊!

多少工资啊?
要实现人生的价值啊!

掌握"啊"的变音规律,并不需要死记硬背,只要将前一个音节顺势连读"a",自然就会念出"a"的变音来。需要注意的是,用汉语拼音拼写音节时,"啊"仍写作a,不必写出音变情况。

2. "啊"的音变练习

(1) 读下列词语,注意"啊"的音变规律。

苍天啊　唱歌啊　是你啊　快来啊　真好啊　开门啊　别走啊　真美啊　别哭啊
真好啊　好热啊　真冷啊　没事啊　是你啊　真行啊　头疼啊　漂亮啊　有趣啊
小心啊　真大啊　好吃啊　真笨啊　回家啊　好看啊　多贵啊　有用啊　是谁啊

(2) 读下列句子,注意"啊"的音变规律。

花园里的花可真多啊,什么牡丹啊,芍药啊,玫瑰啊,杜鹃啊,紫荆啊,月季啊,郁金香啊,什么都有,咱们一起去看看啊!

小朋友真可爱啊!你看他们多开心啊,唱啊,跳啊,跑啊,笑啊,多么幸福啊!

超市里的货物真多啊!你看啊,鸡啊,鱼啊,米啊,面啊,油啊,饼干啊,衣服啊,真让人眼花缭乱啊!

(3) 对话练习。

甲:请问,到公园怎么走啊?
乙:啊!真巧啊!我正好也要去公园,一起走啊!
甲:好啊!
乙:天啊!这里好热闹啊,你看,到处都是人。
甲:是啊!真是谢谢你啊,我现在要去找我的朋友,有缘再见啊!
乙:不客气,再见!

甲:这些图片真美啊!
乙:当然啊,这可都是选拔出来的优秀作品啊!
甲:你看啊,那些图片上的风景,真是美不胜收啊!
乙:能够被邀请参观这样的展览,确实收获很大啊!
甲:是啊!希望以后有机会多参加这样的活动。
乙:如果有机会可别忘了带上我啊!

本章附录包括《国家普通话水平测试用儿化词语表》《普通话测试必读轻声词语表》。

第五章　附录

第六章
国家普通话水平测试

第一节 国家普通话水平测试简介

一、国家普通话水平测试的定义

普通话水平测试(Putonghua Shuiping Ceshi,PSC),是我国为加快共同语普及进程、提高全社会普通话水平而设置的一种语言测试制度,由政府专门机构主持。它不是普通话系统知识的考试,不是文化水平的考核,也不是口才的评估,是应试人员运用普通话规范程度和熟练程度的检测和评定。普通话水平测试属于标准参照性考试,以口语方式进行。

普通话水平测试由国家语言工作委员会普通话培训测试中心及地方(省、自治区、直辖市)普通话培训测试中心具体负责实施。非普通话培训测试实施机构组织的测试结果,一律不作为普通话水平的凭证。普通话水平测试是资格证书测试。有关行业对本行业从业人员提出了相应的普通话水平等级要求,《普通话水平等级证书》是从业人员普通话水平的凭证,在全国范围内通用。

二、国家普通话水平测试的形式

普通话水平测试全部采用口试方式进行。

经教育部语言文字应用管理司同意,自 2007 年 1 月 1 日起,安徽正式使用计算机智能测试系统辅助普通话水平测试,采用最新的计算机语音识别技术,具有测试效率高、准确率高等特点,整套测试系统处于全国领先水平。目前,计算机辅助测试系统已在全国范围内得到广泛应用。

三、国家普通话水平测试的性质

普通话水平测试的性质由普通话水平测试的实际决定。第一,普通话水平测试是应试者的标准语水平测试,不是外语测试。第二,普通话水平测试是语言运用能力的测试,而且主要侧重于语言形式规范程度的测试,不是语言知识测试,也不是表达技巧的测试,更不是文化水平考试,尽管这种测试与语言知识、表达技巧、文化水平都有一定的关系。

四、国家普通话水平测试等级标准

国家语言文字工作委员会1997年颁布了《普通话水平测试等级标准（试行）》。普通话水平测试是对应试者运用普通话的规范程度、熟练程度的口语考试。考试形式为口试。普通话水平等级分为三级六等，即一、二、三级，每个级别再分出甲乙两个等次；一级甲等为最高，三级乙等为最低。普通话水平测试不是对口才的评定，而是对应试者掌握和运用普通话所达到的规范程度的检测和评定，是应试者的汉语标准语测试。应试者在运用普通话口语进行表达的过程中所表现的语音、词汇、语法规范程度，是评定其所达到的水平等级的重要依据。

一 级

甲等：朗读和自由交谈时，语音标准，词语、语法正确无误，语调自然，表达流畅。测试总失分率在3%以内。

乙等：朗读和自由交谈时，语音标准，词语、语法正确无误，语调自然，表达流畅。偶然有字音、字调失误。测试总失分率在8%以内。

二 级

甲等：朗读和自由交谈时，声韵调发音基本标准，语调自然，表达流畅。少数难点音（平翘舌音、前后鼻尾音、边鼻音等）有时出现失误。词语、语法极少有误。测试总失分率在13%以内。

乙等：朗读和自由交谈时，个别调值不准，声韵母发音有不到位现象。难点音（平翘舌音、前后鼻尾音、边鼻音、fu—hu、z—zh—j、送气不送气、i—ü不分、保留浊塞音和浊塞擦音、丢介音、复韵母单音化等）失误较多。方言语调不明显。有使用方言词、方言语法的情况。测试总失分率在20%以内。

三 级

甲等：朗读和自由交谈时，声韵母发音失误较多，难点音超出常见范围，声调调值多不准。方言语调较明显。词语、语法有失误。测试总失分率在30%以内。

乙等：朗读和自由交谈时，声韵母发音失误多，方言特征突出。方言语调明显。词语、语法失误较多。外地人听其谈话有听不懂的情况。测试总失分率在40%以内。

语音标准程度的评测应兼顾定量与定性。不宜过于机械地看待关于错误数量的表述，而应从定性方面总体把握，方言性质的错误、声韵缺陷、字调语调偏误的类型是多还是少，程度是深还是浅，均要放入"方言程度"中来评价，看其属于"不明显""比较明显""明显"，还是"重"。

归档时，错误量和方言程度是一并考虑的；确定具体扣分时，在错误数量相当的情况下，方言性质的字调、语调失误比例高的扣分会多一点。

五、国家普通话水平测试内容及评分标准

普通话水平测试的范围是国家测试机构发布的《普通话水平测试用普通话词语表

《普通话水平测试用普通话与方言常见语法差异对照表》《普通话水平测试用朗读作品》《普通话水平测试用话题》。

普通话水平测试试卷由4个部分组成。

①读单音节字词(100个音节);②读多音节词语(100个音节);③朗读短文(1篇,400个音节);④命题说话。试卷满分100分,测试四项内容的分值依次为10分、20分、30分、40分。

(一) 读单音节字词(100个音节,限时3.5分钟,共10分)

(1) 测试目的。测查应试者普通话声母、韵母、声调读音的标准程度。

(2) 测试要求。100个音节里,每个声母出现一般不少于3次,方言里缺少的或容易混淆的酌量增加1~2次;每个韵母的出现一般不少于2次,方言里缺少的或容易混淆的韵母酌量增加1~2次;4个声调出现次数大致均衡,字音声母或韵母相同的要隔开排列。不使相邻的音节出现双声或叠韵的情况。

(3) 评分标准。此项成绩占总分的10%,即10分。读错一个字的声母、韵母或声调扣0.1分。读音有缺陷每个字扣0.05分。一个字允许读两遍,即应试者发觉第一次读音有口误时可以改读,按第二次读音评判。

限时3分钟,超时扣分。

(4) 注意事项。

① 考试时必须横向朗读,不漏字,不跳行;

② 尽量不要重读,出现口误可及时重读一次;

③ 按正常语速朗读,不得超时,否则超时部分会不计分或出现评测失败;

④ 读完后请及时点击"下一题"按钮。

(二) 读多音节词语(100个音节,限时2.5分钟,共20分)

(1) 目的。测查应试者声母、韵母、声调和变调、轻声、儿化读音的标准程度。

(2) 要求。声母、韵母、声调出现的次数与读单音节字词的要求相同;上声与上声相连的词语不少于3个,上声与非上声相连的词语不少于4个,轻声不少于3个,儿化读音不少于4个(应为不同的儿化韵母);词语的排列要避免同一测试要素连续出现。

(3) 评分。

① 语音错误,每个音节扣0.2分;

② 语音缺陷,每个音节扣0.1分;

③ 超时1分钟以内,扣0.5分;超时1分钟以上(含1分钟),扣1分。

(4) 注意事项。

① 考试时必须横向朗读,不漏词,不跳行;

② 尽量不要重读,出现口误可及时重读一次;

③ 按正常语速朗读,不得超时,超时部分不计分或出现评测失败;

④ 读完后请及时点击"下一题"按钮。

（三）朗读短文（短文1篇，400个音节，限时4分钟，共30分）

（1）目的。测查应试者使用普通话朗读书面作品的水平。在测查声母、韵母、声调读音标准程度的同时，重点测查连读音变、停连、语调以及流畅程度。

（2）要求。短文从《普通话水平测试用朗读作品》中选取。文中标注"//"处为400个音节的位置，应试者可读到"//"后第一个标点处停止，以保证第400个音节所在句子的完整性。应试者在朗读时要注意读音准确，尽量避免错字、漏字、增字、换字等现象的出现；要注意语气和语调的变化、语流的自然通畅，尽量避免回读、停连不当、不连贯等现象的发生。

（3）评分。评分以朗读作品的前400个音节（不含标点符号和括注的音节）为限。
① 每错1个音节，扣0.1分，漏读或增读1个音节，扣0.1分；
② 声母或韵母的系统性语音缺陷，视程度扣0.5分、1分；
③ 语调偏误，视程度扣0.5分、1分、2分；
④ 停连不当，视程度扣0.5分、1分、2分；
⑤ 朗读不流畅（包括回读），视程度扣0.5分、1分、2分；
⑥ 超时扣1分。

（4）注意事项。
① 考前应认真练读60篇短文，力争朗读流畅，不漏读，不增读，不回读；
② 朗读时要把握好语调、语气，表情达意要准确、适度；
③ 按正常语速朗读，不得超时，超时部分不计分或出现评测失败；
④ 读完后请及时点击"下一题"按钮。

（四）命题说话（命题说话1篇，限时3分钟，共40分）

普通话口语规范包括语音、词汇、语法三方面的规范。命题说话的标准与前三项的语音规范标准相同，只是它不同于字词认读，也不同于朗读。它的根本特点是"说"，就是按照日常口语的语音、语调来说话，不能一个字一个字地念出来，也不能像朗读那样一句一句地读出来。说话讲究语音自然，不能有背读的痕迹；要注意用词的规范，不使用方言词和生僻词；要尽量多用口语词，少用书面语句，多用短句、单句，少用或不用结构复杂的长句、复句；要注意语法规范，不用方言语法格式，以避免出现语法错误；要注意培养自己良好的心理素质，平时注意多在公众场合说话，锻炼自己的表达能力，避免因紧张出现上述问题。

命题说话项由测试员评定分数。

1. 目的

测查应试者在没有文字凭借的情况下说普通话的水平，重点测查语音标准程度，词汇、语法规范程度和自然流畅程度。

2. 要求

测试话题从《普通话水平测试用话题》中选取。应试者从给定的两个话题中选定一个，流畅、连贯地说一段话，不允许中途换题。应试者以单向说话为主，如发生明显背稿、离题、说话难以继续等情况时,主试人应及时提示或引导。应试者说满 3 分钟之后,主试人即可请应试者停止。

3. 评分标准

(1) 语音标准程度,分六档,共 25 分。

一档:语音标准,或极少有失误(酌情扣 0 分、1 分、2 分)。

二档:语音错误在 10 次以下,有方音但不明显(酌情扣 3 分、4 分)。

三档:语音错误在 10 次以下,但方音比较明显;或语音错误在 10—15 次之间,有方音但不明显(酌情扣 5 分、6 分)。

四档:语音错误在 10 次—15 次之间,方音比较明显(酌情扣 7 分、8 分)。

五档:语音错误超过 15 次,方音明显(酌情扣 9 分、10 分、11 分)。

六档:语音错误多,方音重(酌情扣 12 分、13 分、14 分)。

(2) 词汇语法规范程度,分三档,共 10 分。

一档:词汇、语法规范(扣 0 分)。

二档:词汇、语法偶有不规范的情况(酌情扣 1 分、2 分)。

三档:词汇、语法屡有不规范的情况(酌情扣 3 分、4 分)。

(3) 自然流畅程度,分三档,共 5 分。

一档:语言自然流畅(扣 0 分)。

二档:语言基本流畅,口语化较差,有背稿子的表现(酌情扣 0.5 分、1 分)。

三档:语言不连贯,语调生硬(酌情扣 2 分、3 分)。

(4) 缺时:说话不足 3 分钟,酌情扣分;

缺时 1 分钟以内(含 1 分钟),酌情扣 1 分、2 分、3 分(每 20 秒扣 1 分);

缺时 1 分钟以上,酌情扣 4 分、5 分、6 分(每 30 秒扣 1 分);

说话 5 秒以内(含 5 秒)的语音空白,归到自然流畅度扣分项里去,5 秒以上计入缺时。

说话不足 30 秒(含 30 秒),本测试项成绩计为 0 分。有效话语至少 30 秒,本项才做计分评测,31 秒有效说话时间为净说话时间,可以包括读所说话题题目的时间。可以累计计算。

(5) 离题、内容雷同,视程度扣 4 分、5 分、6 分。

离题,指命题说话的内容完全脱离指定的话题和范围。不同于作文离题,作文离题指作文偏离主题、中心。说话离题扣分主要是针对以不变应万变的恶意离题等投机行为,是惩罚性扣分。30 个说话题目本就有交集,测试时从宽把握。视离题程度扣 4 分、5 分、6 分,1 分钟以内扣 4 分,2 分钟以内扣 5 分,2 分钟以上扣 6 分。例如:把"节日"说成"节目"。

雷同,指把别人的作品和语句作为自己的说话内容,包括现成的诗文、媒体文章(不超过 30 秒不扣分,要看是否有意为之),与其他考生说话内容相同或差异小,视雷同程度扣 4 分、5 分、6 分,1 分钟以内扣 4 分,2 分钟以内扣 5 分,2 分钟以上扣 6 分。

(6) 无效话语,累计占时酌情扣分。

无效话语指应试者的话语与要测查的语言特征无关,无评判效度。这种现象在人工测试中基本没有出现过,机辅测试中却时有发现,并以不同形式表现出来,如语句不断重复、读秒、数数、唱歌、说外语等。读准考证,前后重复,列数人名、地名、书名、事物名称也视为无效语料。

无效话语累计占时1分钟以内(含1分钟),酌情扣1分、2分、3分;累计占时1分钟以上,酌情扣4分、5分、6分;有效语料不满30秒(含30秒),本测试项成绩计为0分。

4. 注意事项

(1) 应试者应围绕一个话题连续说话3分钟,说话时按正常语速进行,不宜过快或过慢,允许句间停顿,如果停顿时间超过5秒,超出部分累计以缺时论处。

(2) 要认真对待命题说话项考试,端正态度,认真准备,说身边的事,说自己的话。

(3) 考试完毕,系统将自动提交试卷,请摘下耳麦,离开考场。

六、计算机辅助普通话水平测试操作流程

报到室(候考室):持身份证原件,编号编组,采集人像,采指纹,随机抽取试卷。

准备室(备考室):对号入座,10分钟准备时间,认真看试卷备考。

测试室(考场):对号入室,沉着冷静,字正腔圆,完成四题测试。

国家普通话水平智能测试系统使用指南

(一) 信息采集

请考生在考试当天携带身份证、准考证。

首先,考生在老师的安排下进入候考室。在候考室,老师会采集考生的身份证信息、指纹信息和照片作为本次考试的认证信息,同时采集的照片也会用在普通话证书上。操作页面如图6-1。

图6-1 操作页面1

第一步,请考生将身份证贴到终端设备相应的位置上进行身份信息验证。操作页面

如图 6-2。

图 6-2 操作页面 2

第二步,指纹采集,考生需要把右手拇指放在指纹采集器上,连续采集 3 次。操作页面如图 6-3。

图 6-3 操作页面 3

第三步,照片采集,请考生坐到老师指定的位置上采集照片。操作页面如图 6-4。

第四步,系统抽签,系统将会随机自动分配机器号给考生,请记住自己的机器号。操作页面如图 6-5。

其次,进入备考室,按照老师指定的座位坐好,并做好考前准备。

(二)进入正式考试流程

当你进入测试室后,请先按照屏幕提示戴上耳机,并将麦克风调整到距嘴边 2—3 厘米的位置,然后用采集时所用的右手拇指在指纹机上验证,验证通过后进入正式考试页

图 6-4　操作页面 4

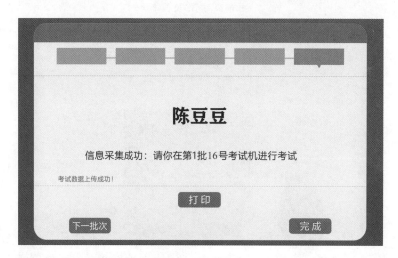

图 6-5　操作页面 5

面。如果多次验证不通过,请告知老师。操作页面如图 6-6。

指纹验证通过后,电脑上会弹出你的个人信息,请认真核对,确认无误后点击"确定"按钮。操作页面如图 6-7。

点击"确定"按钮后,页面会弹出提示框"请等待考场指令!",准备试音。当进入试音页面后,你会听到系统的提示语"现在开始试音",请务必在听到"嘟"的一声后朗读文本框中的个人信息。提示语结束后,请以适中的音量和语速朗读文本框中的试音文字。试音结束后,系统会提示你试音成功与否。如果试音失败,页面会弹出提示框,请点击"确认"按钮重新试音。如果试音成功,页面会弹出提示框"试音成功,请等待考场指令!"操作页面如图 6-8。

当系统进入第一题,你会听到系统的提示语"第一题,读单音节字词,限时 3.5 分钟,请横向朗读"。听到"嘟"的一声后,你就可以朗读试卷的内容了。第一题的限制时间是

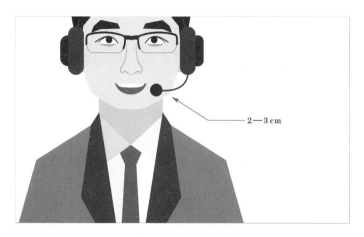

图 6-6　操作页面 6

图 6-7　操作页面 7

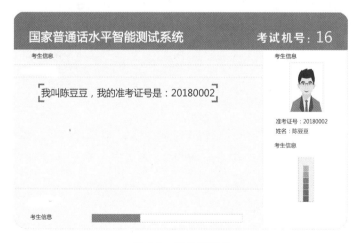

图 6-8　操作页面 8

3.5分钟,下方有时间条,请注意控制时间,你如果提前读完了,不要等待,立即点击右下角"下一题"按钮进入第二题的考试。

同样,请注意控制时间,并在读完后立即点击"下一题"按钮。

第四题,命题说话,请在 10 秒内选一个你要说话的题目,如果 10 秒内不选择,系统将默认为第一个命题说话。命题说话必须说满 3 分钟,3 分钟后,系统会自动提交,弹出相应提示框"考试完成,请摘下耳机,安静离开考场"。

第二节 普通话测试单音节字词的应试技巧

一、单音节字词测试的内容

读单音节字词是普通话水平测试的第一项内容,这一项测试要求应试者读单音节字词 100 个。这 100 个音节涵盖了普通话所有的声母、韵母和声调。测试的目的在于考查应试者普通话声母、韵母和声调的发音。应试者应该在规定的时间内,清晰、准确、音量适中地读出试卷所给出的 100 个单音节字词。读的顺序是,从左到右、自上而下地横向依次扫读,应避免跳读、漏读、增读等现象的发生。

单音节字词测试的满分是 10 分,占测试总成绩的 10%。测试中对应试者语音按错误和缺陷两种情况评判。读错一个字的声母、韵母或声调,扣 0.1 分;读音有缺陷的,每个字扣 0.05 分;应试者读某一个字音时如果出现口误,允许读第二遍,按第二次读音评判。

二、单音节字词测试中容易出现的问题

普通话水平测试第一项的 100 个单音节字词绝大部分都在 2500 个常用字和 1000 个次常用字的范围内,偶尔也会出现个别生僻字。在具体测试中,第一项测试的失分除了应试者自身的语音系统性错误之外,还容易出现错读现象,这种不必要的失分主要有以下几方面原因。

(一)紧张情绪的干扰

测试时,应试者容易出现紧张情绪,以至于把常见的字都读错了。单音节字词脱离具体语境后,应试者容易出现大脑一片空白的现象,无法对个别字的读音做出准确判断,造成不必要的扣分,影响考试成绩。

(二)形声字的惯性思维

测试时,应试者在遇到一些看似认识的形声字时,就不假思索地按照认读形声字的惯性思维将其读成声旁字的读音,或读成与其有相同声旁的其他形声字的读音,如把"粳"

(jīng)读成 gěng,把"皈"(guī)读成 bǎn。

(三)联绵词的错读

第一项测试中会出现个别联绵词中的一个字。联绵词属于双音节语素,平时都是作为整体出现的,拆开后出现容易让人不适应,产生似曾相识但又把握不准的感觉,造成错读。例如:"倜傥"拆开后"倜"和"傥"的读音,"蹒跚"拆开后"蹒"和"跚"的读音,很容易产生干扰。

(四)方言的影响

每个方言都有自己的特点,容易出现一定的声母、韵母或声调的系统性错误。如很多方言区的人都容易出现的平翘舌问题,即 zh、ch、sh 与 z、c、s 的混淆,鼻音 n 和边音 l 的混淆,唇齿音 f 和舌面后音 h 的混淆。

(五)节奏或语速的处理不当

第一项测试 100 个音节需要按一定的节奏和速度,平稳准确地读出来,但很多应试者容易语速过快,出现崩字、吞字的现象,也有的测试者会出现拖音、延时等现象,造成"缺陷"扣分或者超时。

三、单音节字词测试的应试技巧

读单音节字词的目的是检测应试者普通话语音标准程度的水平。计算机智能测试系统通过音质听辨,判断应试者每个音节中声母、韵母、声调的发音标准程度,做出"正确""错误"和"缺陷"的评判,这项测试限定时间为 3.5 分钟,充分的时间要求应试者 100 个字的读音要完整、饱满、清晰,在进行这一项测试时需要注意以下五点。

(一)要把音节中的声母、韵母、声调读完整、正确

声母发音要有力度、有弹性、时值要短而干净利索。读好声母需要熟悉并掌握声母的发音部位和发音方法。比如声母 f 和 h 的发音,很多应试者都会混淆,这两个声母的发音部位完全不同。韵母发音时要注意韵头、韵腹、韵尾三者之间的关系。其中,韵腹的发音要着重,为使韵腹能够突出,韵头和韵尾就需要相应发得弱一些、轻一些、短一些。同时,韵头、韵腹、韵尾的发音过程并不是各自独立的、断裂的,而是连续滑动、渐进糅合的一个整体。声调发音要注意调值的完整和调型的准确,普通话一共只有四个声调,但方言中的声调比较复杂,还有部分民族语言属于无声调语言,应试者容易出现调值不完整或调型的偏差,特别是上声调缺。应试者应掌握四个声调的发音特点,测试时不要求快,要将每一个音节的声调平稳而完整地读出。

（二）注意读单音节字词的顺序

读的顺序从左到右、自上而下地横向依次扫读，不能跳读、漏读、增读，不能跳行、错行。测试中如果发现误读，允许再读一遍，评判以第二遍读音为准。如果第一遍读对了，第二遍又改错了，评判仍以第二遍为准。有的测试者对考试要求不熟悉，会造成不必要的扣分。

（三）注意测试的节奏

测试时，每个音节间要有一定间歇，否则容易产生音变现象。但是，音节之间的间歇也不能太长，朗读不能拖音，因为有时间限制。另外，也不能几个字一组进行停顿。

（四）不能出现儿化和轻声的处理

第一项测试不涉及儿化和轻声的考查，但有些应试者受方言或发音习惯的影响会把单音节字词加以儿化或轻读，例如把"鸟"读成"鸟儿（niǎor）"。

（五）注意语速的处理

100 个音节，限时 3.5 分钟，这说明该测试项对语速是有一定要求的。语速过快会造成复韵母动程不足或调值不到位等缺陷，语速过慢则可能超时，测试中要注意控制语速。

第三节 普通话测试多音节词语的应试技巧

一、多音节词语测试的内容

读多音节词语是普通话水平测试的第二项内容，包含由 100 个音节组成的词语，以双音节词语为主，每套试卷会出现 1—2 个三音节词，或者 1 个四音节词。第二项测试除了考查应试者声母、韵母和声调的发音标准程度外，还要考查变调、轻声和儿化。读的顺序仍旧是，从左到右、自上而下地横向依次扫读，应避免跳读、漏读、增读等现象的发生。

第二项测试的满分是 20 分，占总分的 20%。读错一个字的声母、韵母或声调，扣 0.2 分；读音有缺陷的，每个字扣 0.1 分；如果出现口误，允许读第二遍，评判以第二遍为准。

二、多音节词语测试中容易出现的问题

普通话水平测试第二项是由 100 个单音节字组成的词语，这些词语来自国家普通话水平测试大纲词汇，考查内容在第一项声母、韵母、声调的基础上增加了变调、轻声和儿

化,测试时出现的问题除了第一项中常见的若干问题之外还会出现以下四类问题。

(一) 变调的错误处理

第二项测试会出现变调的考查,包括"一""不"的变调以及上声变调等,应试者如果不熟悉变调规则就会误读。如"情不自禁","不"的发音应该变调为 bú,但很多考生都会将其误读为 bù。

(二) 轻声的判断失误

第二项测试试题中会出现不少于 3 个词语的轻声,有些轻声是我们语言表达习惯中容易掌握的,但也有一些是容易误判的,如"码头""铺盖""盘算"等,应试者会按平时的错误习惯误读为非轻声,产生不必要的失分。轻声的判断需要应试者熟悉《普通话水平测试用必读轻声词语表》。

(三) 儿化的读音错误

第二项测试试题中会出现不少于 3 个词语的儿化,虽然儿化不存在判断错误的问题,但容易出现错误的处理。测试中的儿化属于双音节词,需要应试者在第二个字的主要元音后直接卷舌,发音要自然。但是,一些应试者会把儿化发成三个音节,例如"鲜花儿"应读成 xiānhuār,而不是 xiānhuā'er。还有一些应试者由于方言或语言习惯中没有儿化音,在处理儿化音节时虽然没有读成三个音节,但卷舌色彩不够,或者卷舌生硬、不自然,这就需要对儿化音节进行有针对性的练习。

(四) 节奏或语速的处理不当

第二项测试 100 个音节组成的 40 多个词语也需要按一定的节奏和速度平稳、准确读出来。很多应试者测试时容易语速过快,这往往会造成词语最后一个字收音太快,声调不完整,听起来类似轻声的读音,造成"缺陷"扣分。也有个别测试者会拖音、延时,造成测试超时扣分。

三、多音节词语测试的应试技巧

多音节词语测试的目的除了考查每个音节中声母、韵母、声调的发音标准程度外,还要考查变调、轻声和儿化,这项测试限定时间为 2.5 分钟,要求应试者将 40 多个词语的读音完整、饱满地读出之外,还要正确处理变调、轻声和儿化,在进行这一项测试时需要注意以下六点。

(一) 声母、韵母、声调读音完整、正确

这一项声母、韵母、声调读音的要求与第一项基本一致。

（二）注意读多音节词语的顺序

读多音节词语的顺序也是从左到右、自上而下地横向依次扫读，不能跳读、漏读、增读，不能跳行、错行。测试中如果发现误读，允许再读一遍，评判以第二遍读音为准。如果第一遍读对了，第二遍又改错了，评判仍以第二遍为准。

（三）注意测试的节奏

节奏要适中，不能太快。节奏太快易造成发音模糊，轻重音也会不明显，形成语音缺陷。每个词语间要有一定间歇，要把结束的字的读音发完整、到位。同时，间歇的时间也不能太长，不能拖音。注意词语的连贯，不能将音节割裂成一个一个来读。

（四）要掌握变调规则

要熟悉"一""不"的变调以及上声变调的规则，在测试中才可以做出正确的变调处理。

（五）轻声词发音要标准

首先，要准确判断轻声词。每一套试题中都有不少于3个轻声词，这些轻声词并未标明，因此应试者要先准确判断出哪些是轻声词。其次，要读准轻声词。在读轻声时，有些应试者轻声发音不够规范。比如轻声音值不够，轻声音节的音高是随相邻前一音节的声调而变化的，在阴平后面念半低调，在阳平调后念中调，在上声后面念半高调，在去声后面念最低调。要注意，测试中所有的轻声词语均来自《普通话水平测试用必读轻声词语表》，应试者应在备考时有针对性地进行练习。

（六）儿化韵的发音要规范

儿化属于双音节词，需要应试者在第二个字的主要元音后直接卷舌，卷舌要自然，不要把儿化音节读成三个音节或干脆读成两个音节。此外，还要注意儿化的范围，在测试中，凡是第二个音节末尾写有"儿"的音节一律儿化处理，这些儿化词语均来自《普通话水平测试用儿化词语表》，应试者应在备考时有针对性地进行练习。

第四节　普通话测试朗读短文的应试技巧

一、朗读测试的内容

朗读是普通话水平测试的第三项内容，要求朗读一篇400个字的短文，短文从《普通话水平测试用朗读作品》中选取。应试者在朗读时要注意读音准确，尽量避免错字、漏字、增字、换字等现象的出现；要注意语气和语调的变化、语流的自然通畅，尽量避免回读、停连不当、不连贯等现象的发生。

《普通话水平测试实施纲要》对朗读的定位是：测查应试者使用普通话朗读书面作品的水平，在测查声母、韵母、声调、读音标准程度的同时，重点测查连读音变（上声、轻声、儿化、"一、不"的变调、"啊"的音变、叠声形容词的音变）、停顿、语调、流畅程度等，是一项综合性测试。

在普通话水平测试的过程中，朗读注重声音洪亮、音量均匀、吐字清晰，节奏和停顿等可以根据表述需要而有所变化。

二、朗读测试的应试技巧

（一）念准每一个字的声母、韵母、声调

普通话水平测试朗读项考查点较多，最基本的要求就是400个字要发音准确，声母、韵母、声调任何一个地方出现问题都会成为扣分点，每错一个字扣分0.1，所以，应该把字音准确摆在首位。声韵调的标准是普通话测试的基本要求，前两项由于是以单音节字词或多音节字词形式出现的，错误和缺陷比较容易克服，但到了朗读测试，在400字的短文处理中需要注意轻重音、停连、语言流畅度等各种细节，这样，注意力分散后，应试者对字词错误和缺陷的控制力就会不足，在语流中确保每个字发音准确就成为一个难点。普通话语音中常见的平翘舌不分、前后鼻音不分、声调不到位等系统性错误往往会在这一项暴露出来。

朗读中有一个细节需要强调，作品中会遇到一些外来音译人名和地名，这些外来音译人名应按汉字本音读，不应按外语的发音习惯改变汉字的声韵调，如朗读作品中出现的布鲁诺、托尔斯泰等。

（二）根据具体语境确定多音字的读音

普通话中存在大量的多音字，但在朗读作品中，多音字的读音意义是确定的，读音也是确定的。我们应根据具体的语境来确定多音字的读音。

1. 它所有的丫枝，一律向上，而且紧紧靠拢，也像是加过人工似的（读 shì，不读 sì），成为一束，绝不旁逸斜出。（《白杨礼赞》）
2. 它的皮光滑而有银色的晕（读 yùn，不读 yūn）圈。（《白杨礼赞》）
3. 枝蔓（读 màn，不读 wàn）上下，慢慢地，竟锈上绿苔（读 tái，不读 tāi）、黑斑。（《丑石》）
4. 我们那条胡同的左邻右舍的孩子们放的风筝几乎都是叔叔编扎（读 zā，不读 zhā）的。（《风筝畅想曲》）
5. 在我生日会上，爸总是显得有些不大相称（chèn，不读 chēng）。（《父亲的爱》）

6. 蜕变的桥,传递了家乡进步的消息,透露(lù,不读 lòu)了家乡富裕的声音。(《家乡的桥》)

(三)按照变调规则处理各种音变

朗读不同于读单音节字和多音节词语,在语流中,一些字音受前后音节的影响会产生一些音变现象,朗读时要根据变调规律确定读音。

1. "一"的变调

(1) 没有一(yí)片绿叶,没有一(yì)缕炊烟,没有一(yí)粒泥土,没有一(yì)丝花香,只有水的世界,云的海洋。(《可爱的小鸟》)

(2) 一(yí)个夏季的下午,我随着一(yì)群小伙伴偷偷上那儿去了。就在我们穿越了一(yì)条孤寂的小路后,他们却把我一(yí)个人留在原地。(《迷途笛音》)

2. "不"的变调

(1) 可能有人不(bù)欣赏花,但决不(bú)会有人欣赏落在自己面前的炮弹。(《莲花和樱花》)

(2) 它不(bù)苟且、不(bù)俯就、不(bù)妥协、不(bú)媚俗,甘愿自己冷落自己。(《牡丹的拒绝》)

3. 语气词"啊"的音变

(1) 推开门一看,嗬!好大的雪啊(ya)!(《第一场雪》)

(2) 这都是千金难买的幸福啊(wa)。(《提醒幸福》)

4. 轻声和儿化词

朗读作品中轻声和儿化词语的处理是重要的考点。这是考查作品的细节,也是考查应试者轻声和儿化词语在具体语流中的运用。

朗读作品中轻声词的出现频率很高,朗读时注意学习和掌握轻声词,特别是有规律可循的轻声词,要重视。还有一些轻重两可的次轻声词,处理得当就能使自己的普通话语音面貌更为自然。

(1) 假日到河滩上转转,看见许多孩子在放风筝。一根根长长的引线,一头系在天上,一头系在地上,孩子同风筝都在天与地之间悠荡,连心也被悠荡得恍恍惚惚了,好像又回到了童年。(《风筝畅想曲》)

(2) 我和母亲走在前面,我的妻子和儿子走在后面。小家伙突然叫起来:"前面是妈妈和儿子,后面也是妈妈和儿子。"我们都笑了。(《散步》)

儿化是朗读重要的考点,朗读作品中标注"儿"字的必须加以处理,另外,一些作品在朗读时,儿化处理可以增加作品的口语化色彩,这是朗读技巧的灵活使用。有几篇作品儿化需要着重练习,例如老舍的作品《济南的冬天》,短文中大量的儿化成为部分应试者的失分点。文章中一些有儿化标注的词语必须要儿化处理。

最妙的是下点儿小雪呀。看吧,山上的矮松越发的青黑,树尖儿上顶着一髻儿白花,好像日本看护妇。山尖儿全白了,给蓝天镶上一道银边。山坡上,有的地方雪厚点儿,有的地方草色还露着;这样,一道儿白,一道儿暗黄,给山们穿上一件带水纹儿的花衣。

有些文章中没有"儿"字尾,但可以进行儿化处理的,如"他自己调制了一种汽水(儿),向过路的行人出售""花生的味(儿)美""我们家前院(儿)就有位叔叔"。

(四)停顿的处理

朗读短文时,我们既不可能一字一停,也不可能没有停顿一口气读完。适当的停顿,能够使结构清晰、语义鲜明、节奏感强,而且给人以回味和思索的余地。停顿必须服从结构或语义表达的需要,不能割裂语义。

在多数情况下,朗读的停顿方式跟用标点符号的方式是一致的,这种按照文章字面上的各种标点符号进行的句读停顿比较好把握。

1. 如今在海上,/每晚和繁星相对,/我把它们认得很熟了。/我躺在舱面上,/仰望天空。(《繁星》)

2. 只是麦收时节,/门前摊了麦子,/奶奶总是要说:这块丑石,/多碍地面哟,/抽空把它搬走吧。(《丑石》)

停顿不能完全受标点符号的制约,在没有标点符号的地方常常也有一些表示语法关系的停顿,叫语法停顿。语法停顿的时间一般比较短促。

1. 于是/我马上爬上自行车,/而且/自己骑给他看。/他/只是微笑。(《父亲的爱》)

2. 我常想/读书人/是世间幸福人,因为/他除了拥有现实的世界之外,还拥有/另一个/更为浩瀚/也更为丰富的世界。(《读书人是幸福人》)

3. 很久以前,/在一个/漆黑的/秋天的/夜晚,我泛舟在/西伯利亚/一条阴森森的河上。(《火光》)

4. 莱伊恩自信/只要一根坚固的柱子/足以保证大厅安全,他的"固执"/惹恼了市政官员,险些/被送上法庭。(《坚守你的高贵》)

朗读中还要注意逻辑停顿,也就是为了强调某个事物或突出某个语义、某种感情所做的停顿,这种停顿是由说话人或朗读者的意图和感情决定的,因文而异、因人而异,没有确定的规律。

1. 如果/你只是要借钱/去买毫无意义的玩具的话,/给我回到你的房间/睡觉去。好好想想/为什么/你会那么自私。我每天/辛苦工作,没时间/和你玩儿小孩子的游戏。(《二十美金的价值》)

2. 牡丹/没有花谢花败之时,要么/烁于枝头,要么/归于泥土,它跨越萎顿/和衰老,由青春/而死亡,由美丽/而消遁。(《牡丹的拒绝》)

(五)语流中轻重音的处理

尽管普通话的句子都是由词、短语组成的,各个词和短语在句子中都发挥着不同的作用,但是,在表达语义和思想感情方面,各个词或短语的重要性并不完全相同。朗读中对重要的词语加以强调,不仅可以避免朗读时的单调,还可以突出句子的主要意思,或者强调词语的某种特殊含义。重音读得恰当与否,直接影响内容的表达。要读准重音,首先要选准重音。重音的确定受言语目的、意图、情感的制约,朗读时,应以文章的内容为依据,根据具体的语言环境,句子同上下文之间的联系与呼应,做出准确的判断。

  1. 没有一片树叶,没有一缕炊烟,没有一粒泥土,没有一丝花香,只有水的世界,云的海洋。(《可爱的小鸟》)

此句中,加点的字作为突出强调的重点,应该重读。

  2. 但妈妈却明白我只是个孩子。(《父亲的爱》)

此句中,加点的字应该轻读,这样的必读轻声在语流中处理得当可以使得语流自然。

  3. 你以为这是什么车?旅游车?"(《父亲的爱》)

此句中,父亲的情绪比较激动,在表现情感时,加点字需要重读。

(六) 语速

  语速在朗读中是非常重要的。朗读的快慢一般是由文章的思想内容决定的。《普通话水平测试用朗读作品》中的60篇朗读作品,总体上说大多应该采用舒缓、中等的语速。语速过快既不符合朗读的要求,也容易造成语音含混,出现"吞字"现象;而语速过慢则会给人不流畅的感觉。所以在朗读时,语速过快或过慢都会影响朗读效果。一般以每分钟朗读音节把握在150—200个之间较为适当,同时也要从作品的整体节奏特点出发,把握全篇的基本语流速度,朗读者应该根据作品的内容和体裁,确定速度,做到有快有慢,快慢适中,使感情的表达更加丰满和细腻,使朗读富有表现力和感染力。

  不同文体的语速整体处理也略有差异,比如《海洋与生命》,说明文的语速就整体比较慢、平缓;而像《二十美金的价值》这样的文章,朗读的语速在作品具体细节的处理中就有快有慢,富于变化。

(七) 语调的合理表达

  说话或朗读时,语句声音总是有高低升降的变化,这种变化就是句调。句调是句子的语音标志,它是贯穿于整个句子之上的,往往在句末音节上表现得较为明显。同一个句子用不同的句调表现出来,可以表达不同的含义,呈现出变化,使得语言富有表现力、感染力。

  森林,是地球生态系统的主体,是大自然的总调度室,是地球的绿色之肺。森林维护地球生态环境的这种"能吞能吐"的特殊功能是其他任何物体都不能取代的。(《"能吞能吐"的森林》)

  这样的句子全句语势平直舒缓,没有明显的升降变化。一般来说,文章的开始、平铺直叙的章节以及表示深思、庄严、冷淡、悲痛、迟疑等感情的句子多用这种句调。

  (1) 每天大量的海水究竟都流到哪里去了?(《神秘的"无底洞"》)

  (2) 你以为这是什么车?旅游车?"(《父亲的爱》)

这样的句子前低后高,语势上升,多用于疑问、反问、惊奇、号召、呼唤等。

是的,智力可以受损,但爱永远不会。(《一个美丽的故事》)

这样的句子前高后低,语势渐降。一般用来表示肯定、感叹、赞美、祝愿或心情沉重等感情。

在朗读的时候,语势的高低升降没有固定模式,只有确切地把握了作品的内容、思想、感情,才能准确读出语势的高低升降、起伏变化,使作品的朗读充满活力。

(八)忠实于原文,不能增字、漏字、改字或颠倒语序

朗读是有一定文字参照的口头表达形式,应该严格依据所提供的文字材料,将其转换为有声的语言。测试时,应试者由于心情紧张等,往往出现增字、漏字、改字,以及颠倒词序、句序的现象,产生错误扣分。为避免这种不必要的扣分,在学习普通话的过程中,应该反复地练习《普通话水平测试用朗读作品》中的 60 篇短文,才能达到熟练、顺畅的朗读效果。

第五节　普通话测试命题说话的应试技巧

一、命题说话测试的内容

普通话水平测试第四项为"命题说话",系统会从 30 个话题中选取两个,应试者可以从给定的两个话题中任选一个话题,围绕该话题连续说一段话,时间不少于 3 分钟。"命题说话"是对应试者普通话综合运用能力的检测,不仅考查应试者普通话语音的标准程度,还对说话人的心理素质、文化水平、语言表达能力等提出了一定要求。

普通话测试前三项测试都是凭借文字的,说话测试没有文字可凭借,在围绕特定命题说话的过程中,考生既要考虑普通话的标准规范,又要考虑内容的组织和语言的流畅度,这就加大了应试的难度。说话测试占总分的 40%,即 40 分,是决定应试者普通话等级的关键项。

二、命题说话测试的要求及应试技巧

"命题说话"作为普通话水平测试的一项重要内容,不同于日常生活中随意的口语表达,它有一些更为具体的要求。具体要求如下。

(一)语音标准、语调自然

"命题说话"的 3 分钟表达,要求所有音节都达到普通话的标准,即声、韵、调正确,无系统性缺陷,无方音语调。

语音面貌对应试者的成绩影响最大,这是对应试者综合语感的考查。因为语音面貌反映的是一个人普通话水平的基础,也最能反映出应试者的普通话水平和表达能力。声母、韵母、声调是普通话语音系统中最基本的内容,所以,在"命题说话"这一项中,要想规范普通话语音,还是要从基本做起,训练方法及其技巧在前面普通话基本知识以及单音节、多音节词语中已经有所介绍。

和有文字可凭借的朗读项不同,"命题说话"并不过分地追求字正腔圆,而是要语言的整体表达自然舒适。在朗读中有不同的语调类型,如高升调、低降调、平直调、曲折调等,考生根据不同的朗读内容加以处理就会有不同的朗读效果。但在说话时,语调会随说话人的心境、态度、情绪的变化而表现为更丰富的变化,语调上应呈现出日常口语的自然状态,不需要刻意追求语调的加工。

说话表达还容易受到方言语调和民族语言声调的影响,更容易出现"跑调"的现象,影响整体的语感。说话语调的练习很难在短期内见到效果,需要将联系贯穿在日常的学习和生活中,多听、多练、多模仿,日积月累,逐步提高自己普通话的语感,这样才能做到语调自然舒适。

(二)围绕指定的话题展开

"命题说话",顾名思义,应试者在测试时的话语表达是要围绕一定话题展开的,除普通话的标准程度以外,还要求考生的3分钟说话内容不离题。

普通话水平测试第四项共提供了30个话题,涉及的范围跟我们每个人的生活密切相关,都是我们熟悉的选题,每个题目都可以结合自身进行展开。但由于种种原因,对于这些看似简单的题目,很多人又觉得无话可说,这就需要应试者提前熟悉30个说话题目,进行分析,做好充分的准备,这样才能从容应考。说话离题不同于作文离题,命题说话不要求立意特别高、结构特别严谨,只要围绕话题大致展开即可,这项扣分主要是针对恶意离题等投机行为,是惩罚性扣分。考生在考前训练时可对话题进行分类,从而更好地把握话题,展现内容。命题说话要求说够3分钟,并不要求说话内容的完整性,内容没说完也没关系。

(三)语速适中、避免缺时

控制说话节奏,测试前最好能试试在规定的时间内能说多少内容,以便控制说话的节奏。一般来说,说话时正常语速为一分钟240个音节,超过270个音节为过快,低于170个音节为过慢。在准备的时候,一定要准备充分,准备内容的时长最好要超过3分钟,因为在测试时,由于紧张等因素,语速通常比平时的语速快,许多人提前就把准备的内容说完了,这样说话不足3分钟,会出现缺时扣分的情况。《普通话水平测试实施纲要》对说话时间不足予以了严格规定,具体如下:说话不足3分钟,酌情扣分:缺时1分钟以内(含1分钟),酌情扣1分、2分、3分;缺时1分钟以上,酌情扣4分、5分、6分;说话不足30秒(含30秒),本测试项成绩计为0分。只要提前做好准备,缺时项的扣分是完全可以避免的。

（四）突出口语表达特征

说话是人们为了达到交际的目的，运用有声语言交流思想、传递信息、表达感情的一种言语实践活动。在日常生活中，人们常常要用到"口语""口语表达""口才"等概念。实际上，说话与这些概念是有差别的。口语和书面语的区别在于：口语灵活简短，变化多端，用词通俗易懂，多采用俚语、俗语和方言词语，多省略句、独词句、非主谓句，多插入、移位、追补、省略、重复、修正等手段，生动活泼，短小精悍，便于口头交际，口语变体有多种形式，包括独白、演说、讲解、对话、交谈、辩论等；书面语在口语基础上加工而成，用文字记载下来，由于可以反复思考、斟酌修改，所以显得严谨、规范，条理清晰，结构比较复杂，句子比较完整。书面语还可以分为政论变体、法律变体、文艺变体、科技变体等。

说话就是讲究一个"说"字，不是念书，不是朗诵，也不是演讲。在普通话水平测试中，说话不能一字一顿，生硬呆板，也不能过于渲染，发力过猛。作为口语语体，说话从词汇到句子表达，都有相应的要求，说话不同于演讲和朗诵，要注意尽量平实。

一般来说，口语在用词方面更习惯于用一些双音节或多音节词语，在口语交际过程中，话语内容的传递具有临场性和暂存性，不可能像书面语那样，通过接收一方的视觉反复辨认领会，因而，口语清楚、明白、无歧义的交流原则使得在说话时会更多地使用双音节词或多音节词。

由于说话具有言语与思维的协调同步性、表述形式的简散性、表达过程的临场性等特点，口语句子主要表现为以下特点。第一，口语句子的短小一般表现为定语少而短，零句较多。第二，口语句子比较简略。用简略的形式表示比较复杂的意思，这种情况在口语里尤为明显。第三，口语句子可以重复、强调。脱口而出的语言难免有表达上的缺陷，因此口语中会有适当的重复或强调。

（五）词汇和语法规范

普通话是以典范的现代白话文作为语法规范的，在"命题说话"测试项里，"语音面貌"有"方音"的扣分项目，要求词汇、语法规范。

一般说来，每个方言区都会有一些具有地域色彩的方言词或者特有的语法习惯，在转化成普通话时，一时转换不过来，就会使语言的表达不规范，甚至影响沟通和理解。例如"你吃饭了吗？"，很多方言区习惯说"吃饭了吗你？"；"你吃不吃苹果？"，有的方言说成"你吃苹果不吃？"。这样的表达即使在声韵调上没有问题，也属于不规范的表达。还有些人在日常语言中养成了一些不规范的口头禅，测试中会不经意流露出来，造成失分。另外，还要注意一些网络流行词语，这些词语广泛出现在日常语言中，对日常语言造成很大的影响，这些词语在测试中属于不规范用词，需要避免。

（六）表达语句通顺、自然流畅

"命题说话"是一种单向说话，应试者需要根据说话题目，在规定的时间内说出一段内容完整、表述清楚的话来,说话的规范和流畅程度是重要的考查目标,即应试者3分钟的说话要内容连贯、语句通顺、语气自然、语流顺畅。要做到自然流畅,可以从以下几方面入手。

首先,要消除紧张心理,从容应试。在普通话水平测试中,由于说话这一测试项没有文字可凭借,许多人表现为临场心理紧张、怯场,以至于将原来准备好的内容忘得一干二净,思维混乱,词不达意,甚至突然口吃,说不出话来。这些现象主要是应试者精神压力过大、心理素质较差所致。在说话测试前,要努力使自己处于一种坦然、自信、舒缓、松弛的状态之中,比如尽快熟悉测试环境,消除在陌生环境易形成的紧张感,也可以试着深呼吸,稳定情绪,消除胆怯心理,从容应试。

另外,要提前备稿,但不能背稿。这一测试项的目的不在于考查说话的内容是否有新意、是否有趣、是否感人,语言表述是否精彩,其重心是测试应试者的语音、词汇、语法是否规范,言语是否流畅。因此,不必在内容上去花太多的功夫,要把主要注意力都放在如何用普通话去组织材料,把话说得语音标准、词汇及语法规范、语气自然、口语色彩浓厚、连贯流畅即可。应试者应提前熟悉说话题目,但在测试时不能有背诵的痕迹,要做到自然陈述,娓娓道来。说话的自然流畅度还要求应试者在说话时不能有过多、过长的停顿,可以适当使用语气词"吧""吗"或一些口头禅"这个""那个"等,但不可过多使用。

本章附录包括《国家普通话水平测试模拟题(一、二项)》《国家普通话水平测试用朗读题目》《国家普通话水平测试用说话题目》《国家普通话水平智能测试注意事项》。

第六章 附录

引用作品的版权声明

为了方便学校教师教授和学生学习优秀案例,促进知识传播,本书选用了一些知名网站、公司企业和个人的原创案例作为配套数字资源。这些选用的作为数字资源的案例部分已经标注出处,部分根据网上或图书资料资源信息重新改写而成。基于对这些内容所有者权利的尊重,特在此声明:本案例资源中涉及的版权、著作权等权益,均属于原作品版权人、著作权人。在此,本书作者衷心感谢所有原始作品的相关版权权益人及所属公司对高等教育事业的大力支持!

与本书配套的二维码资源使用说明

  本书部分课程及与纸质教材配套数字资源以二维码链接的形式呈现。利用手机微信扫码成功后提示微信登录，授权后进入注册页面，填写注册信息。按照提示输入手机号码，点击获取手机验证码，稍等片刻收到4位数的验证码短信，在提示位置输入验证码成功，再设置密码，选择相应专业，点击"立即注册"，注册成功。（若手机已经注册，则在"注册"页面底部选择"已有账号？立即注册"，进入"账号绑定"页面，直接输入手机号和密码登录。）接着提示输入学习码，需刮开教材封面防伪涂层，输入13位学习码（正版图书拥有的一次性使用学习码），输入正确后提示绑定成功，即可查看二维码数字资源。手机第一次登录查看资源成功以后，再次使用二维码资源时，只需在微信端扫码即可登录进入查看。